故宮

博物院藏文物珍品全集

故宮博物院藏文物珍品全集

海上名家繪畫

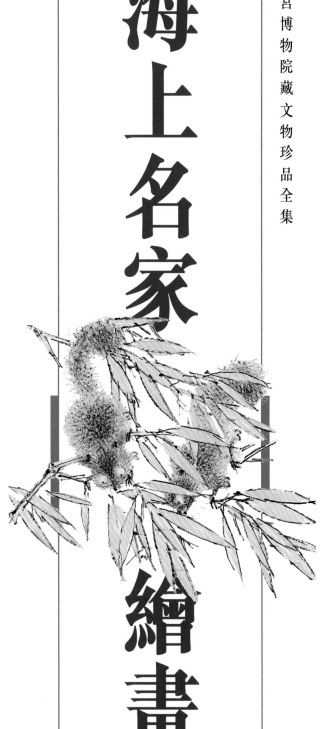

主編：潘深亮

商務印書館

《海上名家繪畫》

Paintings by the Famous
Artists in Shanghai Region

故宮博物院藏文物珍品全集

The Complete Collection of Treasures
of the Palace Museum

主　　編	……………………	潘深亮
副 主 編	……………………	袁　杰
編　　委	……………………	孔　晨　聶　卉
攝　　影	……………………	馮　輝　劉志崗　趙　山

出 版 人	……………………	陳萬雄
編輯顧問	……………………	吳　空
責任編輯	……………………	陳　杰
裝幀設計	……………………	三易設計有限公司
出　　版	……………………	商務印書館（香港）有限公司 香港筲箕灣耀興道 3 號東滙廣場 8 樓 http: // www.commercialpress.com.hk
製　　版	……………………	中華商務彩色印刷有限公司 香港新界大埔汀麗路 36 號中華商務印刷大廈
印　　刷	……………………	中華商務彩色印刷有限公司 香港新界大埔汀麗路 36 號中華商務印刷大廈
版　　次	……………………	2022 年 8 月第 1 版第 2 次印刷 © 1997 商務印書館（香港）有限公司 ISBN 978 962 07 5210 0

故宮博物院藏文物珍品全集

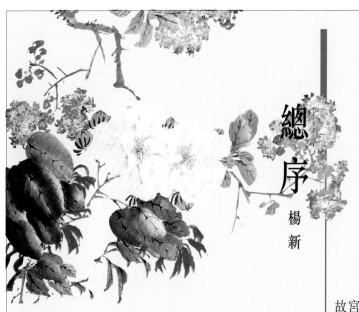

總序

楊新

　　故宮博物院是在明、清兩代皇宮的基礎上建立起來的國家博物館，位於北京市中心，佔地72萬平方米，收藏文物近百萬件。

　　公元1406年，明代永樂皇帝朱棣下詔將北平升為北京，翌年即在元代舊宮的基址上，開始大規模營造新的宮殿。公元1420年宮殿落成，稱紫禁城，正式遷都北京。公元1644年，清王朝取代明帝國統治，仍建都北京、居住在紫禁城內。按古老的禮制，紫禁城內分前朝、後寢兩大部分。前朝包括太和、中和、保和三大殿，輔以文華、武英兩殿。後寢包括乾清、交泰、坤寧三宮及東、西六宮等，總稱內廷。明、清兩代，從永樂皇帝朱棣至末代皇帝溥儀，共有24位皇帝及其后妃都居住在這裏。1911年孫中山領導的"辛亥革命"，推翻了清王朝統治，結束了兩千餘年的封建帝制。1914年，北洋政府將瀋陽故宮和承德避暑山莊的部分文物移來，在紫禁城內前朝部分成立古物陳列所。1924年，溥儀被逐出內廷，紫禁城後半部分於1925年建成故宮博物院。

　　歷代以來，皇帝們都自稱為"天子"。"普天之下，莫非王土；率土之濱，莫非王臣"（《詩經·小雅·北山》），他們把全國的土地和人民視作自己的財產。因此在宮廷內，不但匯集了從全國各地進貢來的各種歷史文化藝術精品和奇珍異寶，而且也集中了全國最優秀的藝術家和匠師，創造新的文化藝術品。中間雖屢經改朝換代，宮廷中的收藏損失無法估計，但是，由於中國的國土遼闊，歷史悠久，人民富於創造，文物散而復聚。清代繼承明代宮廷遺產，到乾隆時期，宮廷中收藏之富，超過了以往任何時代。到清代末年，英法聯軍、八國聯軍兩度侵入北京，橫燒劫掠，文物損失散佚殆不少。溥儀居內廷時，以賞賜、送禮等名義將文物盜出宮外，手下人亦效其尤，至1923年中正殿大火，清宮文物再次遭到嚴重損失。儘管如此，清宮的收藏仍然可觀。在故宮博物院籌備建立時，由"辦理清室善後委員會"對其所藏進行了清點，事竣後整理刊印出《故宮物品點查報告》共六編28冊，計有文物117萬餘件(套)。1947年底，古物陳列所併入故宮博物院，其文物同時亦歸故宮博物院收藏管理。

二次大戰期間，為了保護故宮文物不至遭到日本侵略者的掠奪和戰火的毀滅，故宮博物院從大量的藏品中檢選出器物、書畫、圖書、檔案共計13427箱又64包，分五批運至上海和南京，後又輾轉流散到川、黔各地。抗日戰爭勝利以後，文物復又運回南京。隨着國內政治形勢的變化，在南京的文物又有2972箱於1948年底至1949年被運往台灣，50年代南京文物大部分運返北京，尚有2211箱至今仍存放在故宮博物院於南京建造的庫房中。

中華人民共和國成立以後，故宮博物院的體制有所變化，根據當時上級的有關指令，原宮廷中收藏圖書中的一部分，被調撥到北京圖書館，而檔案文獻，則另成立了"中國第一歷史檔案館"負責收藏保管。

50至60年代，故宮博物院對北京本院的文物重新進行了清理核對，按新的觀念，把過去劃分"器物"和書畫類的才被編入文物的範疇，凡屬於清宮舊藏的，均給予"故"字編號，計有711338件，其中從過去未被登記的"物品"堆中發現1200餘件。作為國家最大博物館，故宮博物院肩負有蒐藏保護流散在社會上珍貴文物的責任。1949年以後，通過收購、調撥、交換和接受捐贈等渠道以豐富館藏。凡屬新入藏的，均給予"新"字編號，截至1994年底，計有222920件。

這近百萬件文物，蘊藏着中華民族文化藝術極其豐富的史料。其遠自原始社會、商、周、秦、漢，經魏、晉、南北朝、隋、唐，歷五代兩宋、元、明，而至於清代和近世。歷朝歷代，均有佳品，從未有間斷。其文物品類，一應俱有，有青銅、玉器、陶瓷、碑刻造像、法書名畫、印璽、漆器、琺瑯、絲織刺繡、竹木牙骨雕刻、金銀器皿、文房珍玩、鐘錶、珠翠首飾、家具以及其他歷史文物等等。每一品種，又自成歷史系列。可以說這是一座巨大的東方文化藝術寶庫，不但集中反映了中華民族數千年文化藝術的歷史發展，凝聚着中國人民巨大的精神力量，同時它也是人類文明進步不可缺少的組成元素。

開發這座寶庫，弘揚民族文化傳統，為社會提供了解和研究這一傳統的可信史料，是故宮博物院的重要任務之一。過去我院曾經通過編輯出版各種圖書、畫冊、刊物，為提供這方面資料作了不少工作,在社會上產生了廣泛的影響,對於推動各科學術的深入研究起到了良好的作用。但是,一種全面而系統地介紹故宮文物以一窺全豹的出版物,由於種種原因,尚未來得及進行。今天,隨着社會的物質生活的提高,和中外文化交流的頻繁往來,無論是中國還是西方,人們越來越多地注意到故宮。學者專家們,無論是專門研究中國的文化歷史,還是從事於東、西方文化的對比研究,也都希望從故宮的藏品中發掘資料,以探索人類文明發展的奧秘。因此,我們決定與香港商務印書館共同努力,合作出版一套全面系統地反映故宮文物收藏的大型圖冊。

要想無一遺漏將近百萬件文物全都出版,我想在近數十年內是不可能的。因此我們在考慮到社會需要的同時,不能不採取精選的辦法,百裏挑一,將那些最具典型和代表性的文物集中起來,約有一萬二千餘件,分成六十卷出版,故名《故宮博物院藏文物珍品全集》。這需要八至十年時間才能完成,可以説是一項跨世紀的工程。六十卷的體例,我們採取按文物分類的方法進行編排,但是不囿於這一方法。例如其中一些與宮廷歷史、典章制度及日常生活有直接關係的文物,則採用特定主題的編輯方法。這部分是最具有宮廷特色的文物,以往常被人們所忽視,而在學術研究深入發展的今天,卻越來越顯示出其重要歷史價值。另外,對某一類數量較多的文物,例如繪畫和陶瓷,則採用每一卷或幾卷具有相對獨立和完整的編排方法,以便於讀者的需要和選購。

如此浩大的工程,其任務是艱巨的。為此我們動員了全院的文物研究者一道工作。由院內老一輩專家和聘請院外若干著名學者為顧問作指導,使這套大型圖冊的科學性、資料性和觀賞性相結合得盡可能地完善完美。但是,由於我們的力量有限,主要任務由中、青年人承擔,其中的錯誤和不足在所難免,因此當我們剛剛開始進行這一工作時,誠懇地希望得到各方面的批評指正和建設性意見,使以後的各卷,能達到更理想之目的。

感謝香港商務印書館的忠誠合作!感謝所有支持和鼓勵我們進行這一事業的人們!

1995年8月30日於燈下

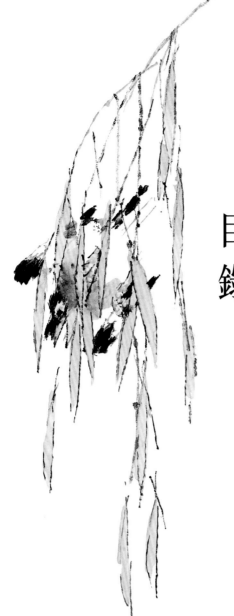

目錄

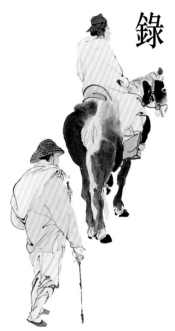

文物目錄

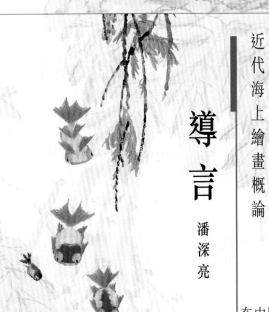

近代海上繪畫概論

導言

潘深亮

在中國近代歷史 (1840－1911年) 的巨幅畫卷上，描繪了文明古老的中國終於被轟開了國門，而不得不面對一個嶄新世界的無情挑戰。劇烈動蕩的政治局面，外來經濟的莫大衝擊，不可避免地給思想、文化、藝術領域帶來了巨大影響，與此同時，中國畫壇也發生了令人目眩的變化。最顯著的標誌就是畫壇中心移向南方，其間又以上海最為繁盛，各地畫家紛紛來滬，名流如林，畫會紛起，轟然掀起一股富於時代氣息的新潮流。對於這股新潮流，後人或以畫家羣相呼，稱為"海上畫家"，或以地域流派相稱，謂之"海上畫派"，簡稱"海派"。

"海派"稱謂的由來及其類型

"海上畫家"或"海上畫派"並非當時所具的稱呼，而是後世美術史論家對其所加的稱謂。這兩者的含意、範圍也有所區別。

鴉片戰爭後，上海被闢為通商口岸，並迅速發展成為東南地區最繁華的大都會，工商貿易盛極一時，從而吸引了眾多畫家紛至沓來，僑居賣畫，此為形成"海上畫家"稱呼的初始。至1919年，楊逸的《海上墨林》已專記上海畫家，收錄自宋至清畫家七百餘人，這應該是"海上畫家"稱謂的由來，但畫家上下跨度近千年，故不含流派之意。

至於"海派"之稱，作為開創一代新風，又獨領風騷百年的繪畫流派之專稱，並為美術史界所認同而沿用至今，大約在本世紀二、三十年代，其與清末民初京劇"海派"與"京派"之論，三十年代文學界"海派"、"京派"之爭不無關聯。

所謂"海派"，是指寓居在上海或在上海附近以賣畫謀生的一批畫家，也包括那些雖然不在上海，但在畫風上與"海派"接近或對"海派"畫風有開創作用的畫家。

依據文獻記載和作品風格，屬於“海派”的主要畫家有：張熊、朱熊、任熊、任薰、任頤、王禮、虛谷、朱偁、周閑、胡遠、趙之謙、蒲華、錢慧安、吳慶雲、楊伯潤、王震、吳友如、沙馥、胡錫圭、吳穀祥、陸恢、吳昌碩、高邕、陳衡恪、程璋等人。

“海派”的陣營比較龐雜，不僅人數眾多，而且來自不同地區，由於各人的出身經歷、生活體驗、個性愛好、師承傳統、文化修養、創作生涯等方面的不同，即使在同一時代、相同地域氛圍和藝術思潮影響下，在選擇和接納的因素方面也會呈現出異性，故而形成的風格也不很一致。同時，以上海為中心的東南地區，有着悠久的文化傳統，尤其文人畫的傳統根基深厚，它與新興的都市文化思潮，同時影響着“海派”畫家，因所受影響側重面的不同，也會造成風格的差異。所以，“海派”的藝術風格呈現出多樣化的特徵，概括而言，可分為兩大類型：

一類呈較濃鬱的都市文化特徵，以職業畫家為主體，代表人物有張熊、朱偁、虛谷、任熊、任頤、沙馥、錢慧安等。他們一般出身低微，文化素養不高，以鬻畫為生，創作主要適應社會和市場需要，尤其迎合新興市民階層和工商業主的趣味。作品題材多為城市羣眾所喜聞樂見的歷史傳說故事或戲曲小說等，從而使衰微已久的人物畫得以復興。藝術形成注重通俗易懂和清新明快，為此很重視造型、筆墨、色彩等繪畫基本功，強調寫實，以形傳神，甚至吸收西法的陰陽明暗、立體透視諸法，並普遍敷以色彩，以增強物像的真實感。藝術格調流於世俗化，多反映社會生活中的世態人情和日常生活的事物景致，主要迎合平民百姓的志趣願望和工商業主的審美心態。此類畫家中又存在兩種傾向，一種較重視學習傳統，尤其吸取文人畫優點和長處，創作中傾注着真切感受，或抒寫情懷，或針砭現實，使內容具一定思想性。技藝上也廣擷博取，洋為中用，敢於革故鼎新，具獨創性。作品意趣清新活潑，雅俗共賞，其中傑出者為虛谷和任頤。另一類主要適應商品經濟需要，作品具濃重的商品化、世俗化傾向和行家氣息，風格比較單一，可以錢慧安、吳友如為代表。

另一類“海派”畫家則多保留傳統文化特徵，以一批文人畫家為主體，代表人物有趙之謙、胡遠、吳海、高邕、吳昌碩等。他們大多出身書香門第，有的曾任官吏或幕僚，有較廣博的文化修養，精通古文，擅長詩書，繪畫主要承繼文人畫傳統，恪守“以畫自娛”、“聊寫胸襟”的宗旨，雖落魄而不得不以賣畫謀生，仍堅持高雅的畫品。作品題材以山水和四君子為多，並常藉畫寄情言志。形式上強調神韻，不求形似，多運用“逸筆草草”的寫意之法，尤長水墨法，略施色彩，顯得清雅明潔。不少畫家還將書法甚至治印之法融入繪畫，使筆墨更富韻味。畫面常常是詩書畫三位一體，相得益彰。其藝術格調傾向於"雅"，多抒寫文人高士的思想心態和畫家本人的情感氣質以及超凡脫俗的志向和清高幽雅的審美意趣。其中佼佼者為趙之謙和吳昌碩，他們在開拓文人花鳥畫的題材、立意和新貌方面都有建樹。

"海派"的共同特徵

"海派"繪畫既存在多樣風格和兩大類型，同時也呈現出共同的流派特徵，主要表現為畫家的職業化，作品的商品化，題材的大眾化，審美的世俗化以及形式上的新穎性和風格上的民族性，而都市氣息與民族風格的有機結合，則成為"海派"藝術的精髓。

1 畫家的職業化

近代上海成為畫家廣集中心，許多畫家來滬寓居或活動，主要目的就是賣畫謀生。原就以畫為業的職業畫家如任頤、任薰、蒲華、錢慧安等自不待言，一些擅長繪畫的在野文人和曾任小官的畫家，來滬後也都以"硯田為生"，如虛谷、趙之謙等人。趙之謙曾自稱"廿年賣畫求生活"，虛谷有詩云："閑中寫出三千幅，行乞人間作飯錢。"

海上畫家普遍職業化的特徵，使原來的職業畫家與文人畫家相互對峙、攻訐的情況有了改變，兩者關係已變為相互切磋、提攜了。

在上海畫壇，職業畫家與文人畫家交誼篤厚、合作密切的例子比比皆是，如任頤就是經文人畫家胡公壽的介紹來到上海，並在其幫助、扶持下得以立足、揚名；文人畫家吳昌碩最初學畫也深得任頤指授。面對大都市勃興的商品經濟和激烈的市場競爭，作為同一行業的畫家，為求得生存，就必須同心協力，相互扶持，以不斷提高畫藝，增強競爭力，拓寬市場，這也是職業畫家與文人畫家攜手共勉的重要客觀原因。

畫家的職業化，也使過去以交流畫藝、聯絡感情、聊以自娛為主的雅集活動，逐漸衍變為具行會性質的畫會。這些畫會兼具交流、觀摩、收藏、展覽和銷售等職能，製訂有詳細的章程則例，並建立了常設機構，定期組織活動。較著名的有光緒中葉的"海上題襟館金石書畫會"、光緒末年的"豫園書畫善會"等。這些畫會不僅為畫家切磋藝事、加強聯繫、增進交誼提供了條件，如"豫園書畫善會"成立章程，即公議了該會書畫出售的價格："四尺內整張直幅，壹羊(洋)，四尺外加一尺，加半羊(洋)，紙過六尺另議。對開條幅另議，對開條幅照整張例七折。橫幅照直幅例加半。手卷每尺、冊頁每張各半羊(洋)。紙扇同上，鏡屏加倍。匾對及碑版壽屏，書撰不能合作者，歸專件例論潤，畫例照書例加倍，點品工細、長題及金箋、綾絹均照例加倍。"畫會的出現，既推進了畫家的職業化和作品的商品化，也使畫家羣體得以聚集在一個藝術機構內，從而增強了凝聚力和競爭力。畫會的興盛，亦成為"海派"具較多共性特徵和重要原因之一。

2 作品的商品化

畫家的職業化必然形成作品的商品化。商品化最顯著的特徵之一是作品明碼標價，並根據畫家聲譽高低或社會需求程度定價。如任頤初至滬時，名聲未顯，畫價很低廉，鄭逸梅在《藝林散葉》中記述：任頤的畫扇"潤筆三角，甚矣其廉。"以後"畫名大噪"，求畫者接踵而至，即使出高價也很難如願，《清朝野史大觀》記載："山陰任伯年繪人物有聲，久居蘇(實為滬)求畫者踵接。然性疏傲，且嗜鴉片煙，髮常長寸許，每懶於濡毫，倍養潤貲，不一伸紙。紙絹山積，未嘗一顧。"任頤之子任預，仰仗其父聲譽，畫價亦不低，"至窘迫時，與以金乃立應，頗得重價"。文人出身的吳昌碩，藉畫謀生後所取潤格也相當高，超過清中期揚州畫派諸家，據《西冷藝叢》記載，他的潤格"堂扁三十兩，齋扁念兩。楹聯三尺六兩，四尺八兩……屏條三尺八兩，五尺十六兩。山水視花卉例加三倍。"

商品化的特徵之二是作品要適應買者的需要和趣味，買者越多，聲譽越著，畫價越高。吳慶雲的山水得以出名，據楊逸《海上墨林》分析，即由於"畫甚投時"，"粵人深喜之"；朱偁的畫所以"聲譽赫然"，也離不開廣幫商人的推重，張鳴珂《寒松閣談藝瑣錄》載朱偁"晚年厭苦扇頭小品，雖潤筆日增而乞者越盛，蓋經商者皆思得一筆，出入懷袖以為榮也。"

3 題材的大眾化和審美的世俗化

以職業化和商品化為前提的繪畫創作，其題材內容和審美趣味必須適應社會需要，上海作為繁華的工商業大都市，服務對象主要是廣大的市民階層和新興的工商業主，作品的內容和趣味就必然帶有大眾化和世俗化的特徵。

海派繪畫的取材大多通俗易懂。人物畫則多是大眾喜聞樂見的歷史故事、神話傳說和戲曲小說，如昭君出塞、羲之愛鵝、蘇武牧羊、女媧補天、麻姑獻壽、八仙過海、風塵三俠、鍾馗捉鬼、西廂記等，這些題材富有故事性、情節性和知識性，深受羣眾喜愛。不少人物畫還直接表現社會現實生活或新鮮事物，如諸多的人物肖像，送別、牧牛、送炭圖等。吳友如的風俗記事和時事新聞畫，及時反映現實和市井生活、都市新貌，富有新奇感，頗吸引觀眾。花鳥畫也多為日常生活中習見的花卉、蔬果、禽鳥，如牡丹、水仙、藤蘿、葡萄、枇杷、雞鴨、燕雀之屬，均為大眾所熟悉。有些內容還寓有吉祥富貴之意，如歲朝清供、紫綬金章、四季平安、松鶴、鴛鴦等，其喜慶的主題極受民眾歡迎。

大眾化的題材自然散發出世俗化的情趣。世俗化情趣中，雖難免出現為迎合小市民口味的市儈氣，如錢慧安、吳友如的若干作品，但從總體和主流看，海派繪畫所傳達的是新興市民和工商積極向上的進取精神，追求新奇的藝術趣味和開朗活躍的思想情愫，與傳統文化中日趨僵化、程式化，並充塞着沒落文人頹唐情緒的某些文人畫相比，更透出一股清新、蓬勃氣息，如虛谷、任頤、蒲華的作品。即使像趙之謙、吳昌碩這些植根於文人畫傳統的畫家，也追求雅俗共賞的趣味，在作品中以平凡的物象、活躍的形態、明快的色彩和質樸的意趣。

4　形式上的新穎性

海派繪畫形式上的新穎性主要反映在個性化的筆墨語言，融會西法的藝術技巧，獨具匠心的構思佈局等方面。

海派畫家在共同反映時代心聲的同時，也注重突出個性，除在題材內容和情感意識上傾注個人深切感受外，在筆墨形式上也力求獨闢蹊徑，創立自身面貌。如任頤曾從民間藝術的寫真術、製陶術中吸取營養，並廣泛宗學徐渭、陳淳、石濤、朱耷、揚州八怪等文人水墨寫意技法以及惲壽平的沒骨法，陸冶、王武等人的設色法，在寫生的基礎上，遂形成工寫結合、形神兼備、清新明快的筆墨風格。虛谷在宗學傳統基礎上，將華嵒的疏朗鬆秀、金農的古拙厚實、程邃的蒼勁生澀融為一體，創立了冷峭雋美的新風格。趙之謙和吳昌碩均承繼文人畫傳統，將寫字、治印之法融入繪畫，然又有各自獨特的追求，使兩人的筆墨風格也各呈其趣，趙之謙古樸沉雄，吳昌碩豪放渾厚。

融會西法也是使"海派"繪畫的筆墨形式富有新穎性的重要原因。上海開埠以後，西方藝術如潮水般地湧入，繪畫上的西法也隨之流佈，許多海派畫家都直接或間接地受到影響或啟迪，明暗、透視、設色諸法被不同程度地吸收，遂使畫風為之一新。其中以任頤最為突出，他曾從上海徐家匯土山灣圖書館主任劉德齋學習鉛筆素描和速寫法，還曾畫過人體寫生，掌握了較紮實的寫實技能，故塑造的形象準確、生動、傳神，同時還吸取水彩畫的着色法，使其作品的敷色亦多明快清麗、流潤和諧之韻。吳友如亦具紮實的西法寫生功底，所作風俗時事實畫的場景、人物以及比例、結構、透視，均富真實感。吳石遷的山水具較強縱深透視感，程璋的花鳥富明暗立體感，無疑也多受到西法的一定影響。即使是主宗文人畫傳統的趙之謙、吳昌碩等人，亦常用西洋紅着色，使畫面增添了鮮麗和新穎感。

海派畫家的構思佈局雖各有所能，但獨特新穎、不落俗套是共同特色。任頤的構思佈局尤見豐富新巧，許多常見的題材，經他重新佈置，立見新意，同一題材屢見創作，也很少雷同。如他所畫《風塵三俠圖》，現存尚有七幅，情節、環境、意態、畫法均不相同，各有情趣；多幅《一望關河蕭索》、《鍾馗圖》也境界、情致迥異。虛谷花鳥的空間結構亦甚獨特，通過物象的動靜、亂正對比和形體的幾何變形，突出了畫面的形式美感，構思巧妙。他反覆所畫的金魚、仙鶴、赤練蛇等，各呈現不同的形式美，或活躍，或寧靜，或歡快，或神祕。

5 風格上的民族性

海派繪畫雖呈現上述諸多特性或新意，但總體風範並未遊離於民族傳統，尤其是文人畫的傳統，從內容到形式都保持了傳統文化的優長。

在內容方面，最突出的是"緣物抒情"，藉畫抒寫主觀情感，或對人生世態的認識，或對身世際遇的感慨，或對內心世界的披露，使作品具鮮明的"畫如其人"之民族特色。任頤的許多人物畫，正表達了對民族興亡的關注，對現實社會的針砭和對自身遭遇的感歎。他在《蘇武牧羊圖》上題詩曰："身居十里洋場，無異置身異域"⁽¹⁾，在《持劍鍾馗圖》上款題云："不繪鍾馗趨殿時，寫他彈鋏哦新詩。如今畿服稱寧服，無勞先生吸魅魑。"⁽²⁾又作多幅《關河一望蕭索》，聲稱"有感於斯，常繪其圖"。⁽³⁾他的另一軸《洗耳圖軸》高邕曾題有"近來怕聽傷時語，終筆還留《洗耳圖》"。這些作品都鮮明地披露了他憂國憂民的思想。趙之謙所繪的幾幅《鍾馗圖》，主旨也不在表現"辟邪啖鬼"，而着重傾吐個人情感，如所作《沒骨鍾馗像》軸，有題詩曰："廿年賣畫求生活，畫得鍾馗都沒骨，問我為何畫此乎，唯唯諾諾裝糊塗。年年五月五，近近遠遠，家家戶戶，鍾馗無數，志在趨時，萬不宜摹古。標題猥鄙宗語錄，朝夕拜觀當人譜。"畫家用沒骨法畫低頭哈腰的鍾馗，是對為求生活，無奈趨時，沒有骨氣的一種自嘲，同時藉鍾馗微笑中含嘲弄、恭維中帶滑稽相的形態來揶揄世態，具明顯的諷時之意。他的另一幅《鍾馗扇面》，藉鍾馗喻人諷世的意圖更加明曉。此畫面畫鍾馗面遮紙扇，腳登高蹻，旁有羣鬼簇擁，自題詞曰："甚麼東西是紙扇，遮將面孔可憐見，滿腔惻隱，周身懵懂，黑地昏天翻舊譜。半分錢，憑挪動。仗師傅，才慎空。賴兄長，且增重。打燈籠，本有外甥承事，細作神通軍帳坐，婁羅鬼溷天門洞，湊眼前節約罵端陽，題詞總。"以鬼喻人，嬉笑怒罵，已類似漫畫。吳昌碩更是充分發揮文人畫之長，詩畫相配，通過題詩來抒寫胸襟。如為任頤《鍾馗斬狐圖》作跋曰："鬚眉如戟叱妖狐，顧九堂前好畫圖。路鬼揶揄行不待，願公寶劍血模糊。狐能夠形為好女子，遇之老馗而遁形之技左矣，呵呵。"（天津文物公司藏）傾吐了他"欲掃盡人間妖孽"的意願；為王震《人物四條屏》題詩云："顆粒無收草不青，風排岩壑水齊城。種田今日田如石，勸種心田看晚成。""大風拔木禾難起，雷電從之六合中。短句吟成淚沾臆，同思大廈杜陵翁。天作風災，窮黎無告，一亭王君繪成，題二十八字哀之。"表達了他對風災水患造成人民流離失所、飢寒交迫慘景的關切和同情；又如他在自作的《梅竹圖》中題詩云："點點梅花媚古春，葉葉燈火點清貧。缶廬風雪寒如此，著個吟詩缶道人。"在《水墨松梅圖》中題詩云："根堅節固壽萬年，風霜歷盡歲寒天。棟梁材料無人識，臃腫偏能得自全。"流露了自身懷才不遇、貧困落魄的苦憤、鬱悶之情。這些緣物抒情的作品，針對現實有感而發，具有較深刻的思想性。

在形式方面，海派畫家所創的新風都植根於傳統文化的土壤，在此基礎上生發、結果。綜觀海派畫家的藝術淵源，與前代名家都存在一定的承繼關係。人物畫主要受陳洪綬、費丹旭、曾鯨影響；花鳥畫中的工筆一路主要繼承宋人餘緒，寫意一路則沿續陳淳、徐渭、朱耷及揚州八怪的傳統；山水畫主要承襲董其昌、清初四王正統派系。另外還吸取了新安派、民間藝術和西洋畫之長，廣擷博取，融會貫通，創立一代新風。

"海派"的主要畫家

"海派"畫家數以百計，其中最突出的代表為虛谷、任熊、任頤、趙之謙、吳昌碩，他們的藝術成就堪稱海派藝術的縮影。另外還有錢慧安、吳友如兩人，他們的藝術也具有一定代表性。

（一）虛谷

虛谷長期寓居上海。善畫蔬果、花鳥、人物和山水。他的梅、蘭、竹、菊畫，淡逸清新，蘊含着傳統文人畫蕭疏清雅的意趣和虛靜空靈的藝術美感，如方若《海上畫語》所評："使人對之氣靜，較時譬管弦場中一聲清磬也"。他的蔬果花鳥畫，與沈周、華嵒、八大等前代文人畫家相比，則有着明顯的不同。前者往往借物言志，寄寓淡泊名利的安貧樂道思想，藝術形象帶有明顯的象徵性和寓意性。而虛谷則淡化了這些物象外加的意涵，着重發掘自然生物本身的固有特性，對自然天趣的追求，遠遠超越“借物言志”的規範，這是虛谷在藝術上突破舊文人畫藩籬的一個重要表現，也是虛谷藝術思想中平民意識的反映。

虛谷還畫一些諸如“紫綬金章”題材，其原意是指功成名就，官至顯貴。虛谷則利用紫藤和金魚的形象來象徵“紫綬金章”，以迎合某些人炫耀富貴的心理。其他諸如壽桃、仙鶴之類的畫，都寓有吉祥祝福之意。此類題材反映了虛谷諧俗的傾向，虛谷堪稱海派諧俗和以俗為雅的先驅者，然而他在處理這些題材時，仍然保持清新樸拙的藝術格調，遂形成諧俗而又不流於淺薄的獨特面貌。

虛谷的花鳥畫還有着獨特的空間結構，形體組合也十分注意相互之間的能動關係，如《紫藤金魚圖》軸，畫三條金魚在紫藤倒掛的池水中飄游，金魚的游姿與垂掛的紫藤呈同一方向，造成了向外馳張的動勢，擴大了視覺空間，從而產生舒展豁朗的形式美感。虛谷在物象造型方面，常常適當地採取誇張變形手法，追求一種稚拙的美。比如他畫的金魚或扁魚，頭部和眼睛都是方形，軀體也以方筆勾出，改變了金魚輕盈柔美的自然形態，有意地賦與其笨拙木訥的外相，從而更深刻地揭示了對象的神理。誠然，虛谷作品並非都是變異的，他所畫的松鼠就很寫實，“變異”只是他花鳥畫技法破格創新的一個方面。

虛谷筆下充滿生機和野趣的花鳥，是通過清雋冷峭的筆墨形式表達出來的。他的運筆，沉着而不飛揚，在中鋒順勢的筆法中，參用乾澀峭利的逆鋒和側鋒，柔順與拗執的筆致相反相成。在運墨上，以淡墨為主，同時妙用焦墨和枯筆飛白，從而收到燥潤互補，層次豐富的藝術效果。虛谷成功地將筆墨的柔與剛、順與逆、濃與淡、乾與濕的各種因素巧妙地結合起來，最後形成秀勁、生拙、明快、淡宕的獨特筆墨形式。

虛谷花鳥畫的師承來自多方面，主要師法揚州畫家華喦；來上海寓居後，又受海派畫家朱偁、胡璋、吳昌碩的影響；約五十歲以後，才把程邃畫山水生澀峭勁的筆意用之於花鳥畫，從而形成與惲南田正統派迥然不同的風格。

虛谷還擅長山水、肖像畫，山水畫主宗新安畫派的程邃，“畫法全是程穆倩晚年作”，後來又受到弘仁、華喦、金農的影響。肖像畫早期繼承傳統肖像重墨骨的傳統，用筆工細，勾中有染，筆墨洗練，構圖簡潔，代表作品有《沈麟元蓴山釣徒像》等。晚年的肖像畫，進一步吸收了西洋畫中注重明暗變化和人體解剖結構的長處，使肖像畫具明暗、凹凸的立體感。至於人物的衣紋，顯然脫胎於揚州八怪中的羅聘，但又融會了書法用筆之法，故綫條凝重老辣，灑落剛勁。這種樸厚剛正的用筆為虛谷所獨具。

(二) 任熊

任熊曾至上海賣畫。工人物、山水和花鳥。他的人物畫師法陳洪綬，花鳥畫有雙勾重彩和寫意兩種面貌，前者繼承宋代畫風的餘緒，後者受徐渭、陳淳和惲壽平沒骨法的影響。任熊的山水畫，既有陳洪綬的古樸神韻，又有藍瑛蒼勁含蓄的特色。代表作有《十萬圖冊》，青綠重設色，畫法精工細膩，筆意典雅，位置天成，是任氏山水傑作。全畫擺脫了過去有些作者單純追求筆墨趣味、任意堆砌的舊習，富有強烈的藝術感染力。另一件代表作為《姚大梅詩意圖冊》，共十大本，120開，題材內容有人物、鬼神、山海、奇獸、花鳥、蟲魚、樓台、仙閣等，作者運用工細或寫意等不同筆法，盡力塑造符合原詩意境的各種不同人物形象，構思新奇，出神入化。正如當時評者所云："用筆之奇特，設想之變幻，敷色之濃艷，悸心眩目，幾於拍案叫絕"。

(三) 任頤

任頤長期寓居上海，以賣畫為生。擅長肖像、人物、花鳥和山水，畫風清新明快，是海派中的佼佼者。關於他繪畫的淵源，主要來自五個方面：

其一，學習、繼承了民間藝術的優秀傳統。任頤的父親A雲是民間肖像畫藝人，任頤很小就從父親那裏學到了"勾勒取神，不假渲染"的寫真術。此外任頤還學習紹興、蘇杭一帶民間藝術，為他的繪畫打下了基礎。

其二，學習"二任"、陳洪綬的風格，並上溯至唐宋，主要繼承工整縝密的雙勾填彩法和"二任"怪誕的造型技巧。

其三，學習八大、華嵒等寫意派的傳統。由於他悟得了八大山人用筆之法，畫風遂由陳洪綬的"軀幹偉岸"轉為流暢、奔逸。

其四，吸收西洋繪畫的某些技法，如藝術人體解剖結構、素描、透視、賦色等，以充實中國畫技法。

其五，師法自然。任伯年外出時，隨時把看到的生動形象勾描下來，作為創作的素材，他在一幅《鬥牛圖》中題：「丹青來自萬物中，指甲可當畫筆用，若問此花如何成？看余袍上指甲痕。」[4] 存世作品中也有不少屬速寫式的寫生稿。

任頤在廣泛學習傳統的基礎上加以創新，形成了清新、活潑、明快的畫風，富有鮮明的時代感。他的肖像畫造型準確，形象生動，具有鮮明個性，如《任淞雲像》、《高邕之像》、《吳淦像》和《三友圖》等，都充分利用了綫條的造型能力並吸取西畫的某些長處，準確地刻畫出人物的形與神。人物畫也形象生動，活潑風趣，內容大多是民間傳統、歷史故事和神話傳統等老百姓喜聞樂見的題材，代表作品有《蘇武牧羊圖》、《風塵三俠圖》、《干莫練劍圖》等。任頤的花鳥畫，生動、活潑、甜美，題材大多來自田園風光和自然景物，通俗親切。從畫風上看分工筆和寫意兩種，前者用筆嚴謹，形象準確，設色艷麗，格調富麗堂皇，畫法學陳老蓮和二任的雙勾填彩法；後者為寫意花鳥，下筆敏捷，飛動自如，充滿了衝刺性動勢，畫風受八大、華喦的影響，代表作品有《風柳羣燕圖》、《九思圖》、《天竹白頭圖》、《玉棠富貴圖》等。任頤的山水畫，早年癖好石濤，晚年窺探元人山水勝境，多為率筆寫意，用筆疾速超脫，皴擦逸致，結構緊湊，色調絢美，富有金石的韻味。代表作品有《柳岸納涼圖》、《雲山策馬圖》等。

(四) 錢慧安

錢慧安自幼習畫，宗學華喦、改琦、費丹旭等人，專工人物、仕女畫，寓居上海賣畫為生。因畫名甚著，光緒中期應楊柳青作坊之邀，北上天津，居住在齊健隆和愛竹齋兩家畫店內，指導年畫創作，「為出新裁，多擬故典及前人詩句，色致淡勻，高古俊逸」(蔡繩吾《北京歲時記》)，在一年多時間內，共繪製了上百種新的畫樣，擴大了年畫的銷路。後返回上海，宣統元年 (1909) 在上海城隍廟的豫園得月樓成立「豫園書畫善會」，錢慧安被推舉為會長，越二年而卒，終年七十八歲。

錢慧安的人物仕女畫，大都以傳說故事為題，多寓有吉祥之意。人物面相渲染得體，具立體感。代表作品有《人物故事屏》、《烹茶洗硯圖》軸 (上海博物館藏)、《雜畫圖》冊 (遼寧省博物館藏）。他還畫過許多《紅樓夢》題材的作品，亦別開生面。其風格、情調更具世俗化特徵，代表了"海派"諧俗的主流面貌。

（五）吳友如

有關吳友如的事迹，據《飛影閣畫報》自述"小啟"所云："弱冠後遭赭寇之亂，避難來滬，始習丹青。"時間約在咸豐十年（1860）前後。光緒十年（1884），"應點石齋書局之聘專繪畫報，寫風俗記事畫。"（楊逸《海上墨林》）十餘年內共創作了數以千計的時事新聞畫，風行一時。光緒二十四年（1898）《點石齋畫報》停刊後，又自創《飛影閣畫報》。

吳友如兼善各科，人物仕女、山水界畫、花鳥蟲魚，靡不精能。擅長工筆、白描法，兼作寫意人物。造型洗練準確，場景浩繁又佈置有序，具較強寫實能力。所取題材多為市井日常生活、社會新奇事物和重大歷史事件，以現實性和新聞性取悅觀眾。如《點石齋畫報》創刊時，正值中法戰爭爆發，畫報就連續表現此一事件，先後繪製了"力功北寧"、"自取撓敗"、"基隆懲寇"、"吳淞形勢"、"法犯馬江"、"法人棄屍"等圖畫，與報紙新聞遙向呼應，深受大眾喜愛。畫報畫幅採用上文下圖的格式，用文字詮釋畫面。畫法基本採用"白描法"，黑白分明，便於印製和普及。其內容和形式均具鮮明的大眾化、通俗化特色，並具趣味性、新奇性、世俗性等特徵。

（六）趙之謙

趙之謙的書法宗法鄧石如，又參以隸書、魏碑。篆刻取法秦漢，又揉合"浙派"、"皖派"之長，並常以鐘鼎和碑刻字體入印，風格渾樸秀勁。善畫寫意花卉，亦能畫人物和山水，總體風格清新冷雋。

他的花卉畫，師法揚州八怪李鱓和高鳳翰，並上溯石濤和八大，主要繼承狂放而富個性的文人畫傳統。題材內容有新的發展，一方面擴充了傳統花卉畫的內容，如熱帶、亞熱帶的芭蕉、荔枝、鐵樹等。另一方面，又把題材延伸到人們日常接觸的蔬菜、瓜果中，如地瓜、蘿蔔、蒜頭、白菜、枇杷等，使物象顯得親切有趣。在畫法上，寫意同寫實相結合，並把書法的用筆融會於繪畫，誠如他在《墨松圖》自題中所曰："以篆隸書法畫松，古人多有之，茲更間以草法，意在郭熙、馬遠之間"。故而他的花卉畫，筆法遒勁，風格古茂沉雄。在設色上，他喜用大紅大綠畫荷花、牡丹等，敢於突破舊文人畫家崇尚淡雅的陳規，格調趨於從俗，深受大眾的歡迎。存世代表作有《花卉圖冊》。趙之謙兼善繪畫、書法、篆刻，因此，畫面上還經常是詩、書、畫、印四結合，相得益彰。同時，他還善於將寫字、治印之法融入繪畫，使筆法蒼勁有力，入木三分，飛動飄灑，富有動感。另外，詩、書、畫、印通用的美學法則，如虛實、向背、隱現、疏密、剛柔、奇正、開合等等，也用之於繪畫之中，使畫面更富情趣。趙之謙在詩、書、畫、印四結合方面，從表象到內涵都進了一步，堪稱這方面的典範。

（七）吳昌碩

吳昌碩長期寓居上海賣畫，擅長篆刻、詩文、書畫，尤以寫意花卉著稱。他的突出成就在於以深厚的書法、篆刻、詩文修養入畫，並以"重、拙、大"的力感與意趣，一改清末畫壇柔媚輕俏的陰柔之美而轉向陽剛之美，將矯揉造作的形象變為真率自然，令人耳目一新。

清代以來的花鳥畫領域，湧現出惲壽平、鄒一桂、華喦等名家，他們的風格各有不同，然大體均屬於優美、秀麗的範疇。碑學興起後，畫壇融入了拙厚之碑法，使花鳥畫風產生突變，趙之謙是這種新風的首倡者，他以碑學筆法入畫，使畫風由優雅轉為雄壯。繼趙氏之後的吳昌碩，詩、書、畫、印更勝一壽，遂成為"金石派"藝術的一代宗師。他創立的厚重有力、真率自然、氣勢磅礴的新風，越使輕飄、浮華、纖巧、矯揉之作相形見拙。然而，從內蘊而言，吳昌碩的藝術還是傳統式的，充滿了文人的書卷氣和儒雅之風，只是這種文雅的書卷氣和含蓄的儒雅之風寓於氣魄與力度之中，雄闊中見文雅，縱放中見含蓄。

吳昌碩畢竟是靠賣畫為生的文人，他的雇主主要是有錢的知識階層和富商，前者傾向古典、儒雅的文人傳統作品，後者傾向通俗、有新意、開放性強的作品，因此吳昌碩的創作也着意追求雅俗共賞的效果。他在以篆籀入畫、藉畫寄情的同時，也常常賦以諸俗的因素，如描繪梅、壽桃等市民階層喜聞樂見的題材，運用西洋紅着色，使花卉顏色更加嬌艷和明亮，以迎合市民的口味。強化花卉畫的世俗性，從某種意義上講，也是吳昌碩適應審美潮流的一種革新。

"海派"中還有數以百計的畫家，他們的藝術既受代表畫家風格的影響，也各有自身的追求，在不同方面有所建樹。

"海派"畫家留下了數以萬計的作品，存世之作國內外各大博物館均有收藏，流散民間的為數也不少。故宮博物院庋藏的"海派"作品。包容的畫家比較全面，數量也很可觀，約達上千件，堪與呈本土文化優勢的上海博物館媲美；並且還擁有許多著名畫家的代表作，為研究"海派"不可或缺的材料。本卷所錄屬收藏中的精品，多數為首次發表的作品，大致可反映出故宮博物院收藏"海派"藏品豐富、全面、精美的特點。

註釋：

(1)《南畫大成》，卷七。

(2) 龔產興:《任伯年研究》，第41頁。

(3) 龔產興:《任伯年研究》，第87頁。

(4)〈任伯年兩則畫論〉，《中國畫》，1983，第1期。

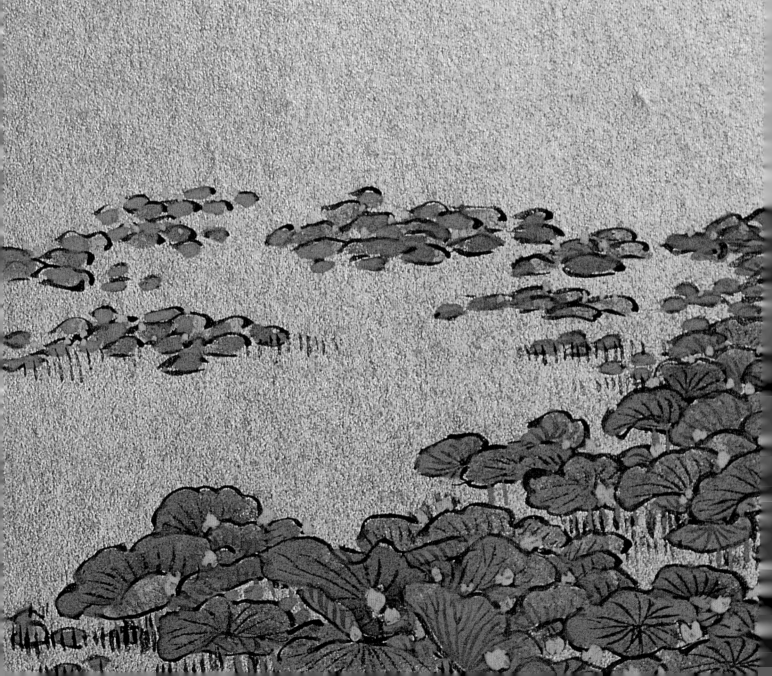

圖版

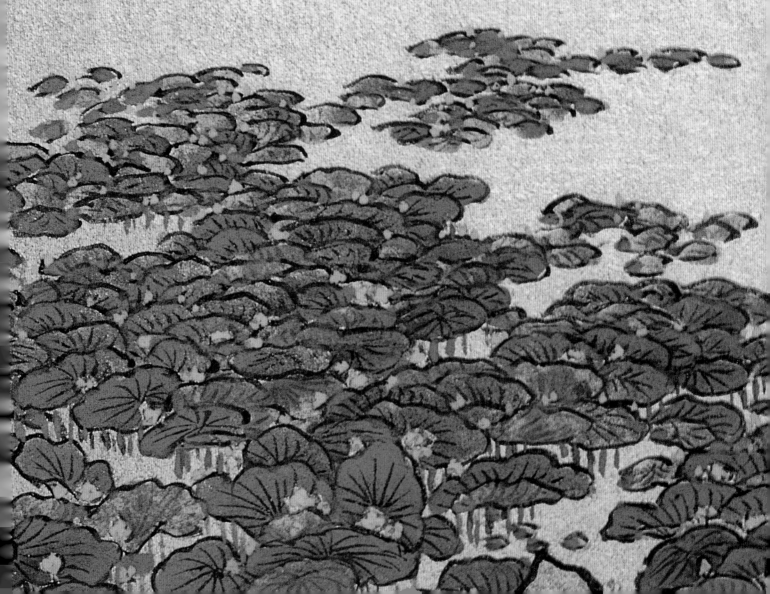

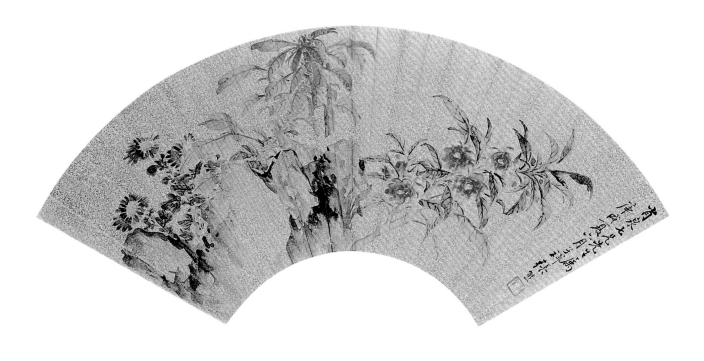

1

張熊 鳳仙花卉圖扇

金箋 設色 縱17.9厘米 橫51.5厘米

Garden Balsam
By Zhang Xiong
Fan leaf, colour on gold-flecked paper
17.9 x 51.5cm

本幅自題："肖泉七兄先生屬，庚戌夏六月子祥張熊"。鈐"子祥"（朱文）。

庚戌為道光三十年（1850），張熊時年四十八歲。

此圖筆法靈動瀟灑，設色妍美和諧，構圖簡潔而又不乏變化，雖為應酬之作，卻也頗具匠心。

扇面畫由於上寬下窄易失平衡，此圖通過點染湖石加強了畫面的厚重感，從而克服了上重下輕的弊端，達到險中求穩的效果。

張熊（1803—1886年），字子祥，別號鴛湖外史，秀水（今浙江嘉興）人，流寓上海。工花卉，縱逸似周之冕，古媚如王武，尤擅大幅牡丹、屏扇巨幛。兼作人物、山水。精篆刻、八分書。平生收藏金石書畫甚富，著有《題畫記》。

2

張熊 山水圖軸

紙本 設色 縱148厘米 橫39.3厘米

Landscape
By Zhang Xiong
Hanging scroll, colour on paper
148 x 39.3cm

本幅自題："山中人號世外仙，芸窗日日
開瑤□。靜中遙焦恍在前，我欲從之知
何年。光緒丁丑小春月中浣，鴛湖七十
五老人子祥張熊。"鈐"子祥畫印"（白
文）。

丁丑為光緒三年（1877）。

圖繪層巒叠翠，平湖叢林，山裏人家。畫
中題詩表現了畫家嚮往山青水秀的世
外桃源生活卻又難以實現的無奈。此圖
為張熊晚年佳作。

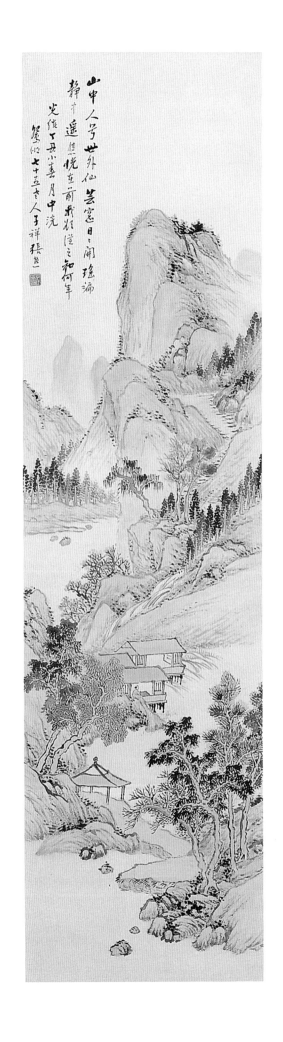

3

張熊　四季花卉屏
紙本 (四屏)　設色　每條縱167.6厘米　橫39.3厘米

Flowers in Four Seasons
By Zhang Xiong
A set of four hanging scrolls, colour on paper
Each scroll: 167.6 x 39.3cm

第一條　畫面自題："光緒四年戊寅秋七月鴛湖七十六老人子祥張熊寫。"鈐"張熊印信"(朱文)、"羃齋軒"(白文)。

戊寅為1878年。

第二條　畫面自題："最是漁郎停棹處,不知仙□不知青。曾見馬扶義,戲擬其意。張熊。"鈐"子祥書畫"(白文)。

第三條　畫中自題："檐花堆紫雪,砌草簇金英。擬忘菴老人於申江客舍。子祥張熊。"鈐"子祥書畫"(白文)。

第四條　畫中自題："秋堦艷卉,仿周少谷筆意,鴛湖老者張熊。"鈐"子祥書畫"(白文)。

前人評張熊的花卉繪畫"縱逸如周服卿(之冕),古媚似王忘庵(武)",此《四季花卉屏》正是典型作品。按周之冕的花卉以勾花點葉為特點,而王武則以畫法工麗,妙奪天真,而稱名一時。張熊在襲諸家傳統、保持工穩畫法的同時,又溢以筆墨滋厚渾融的秀石、叢蘭及花木枝幹等,工中有寫,運筆靈活,構圖主次分明,設色艷而不俗,使畫風由秀雅而趨縱逸,從而漸開海派花鳥畫之先鋒。

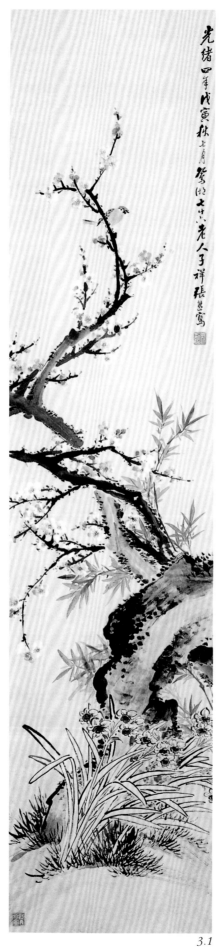

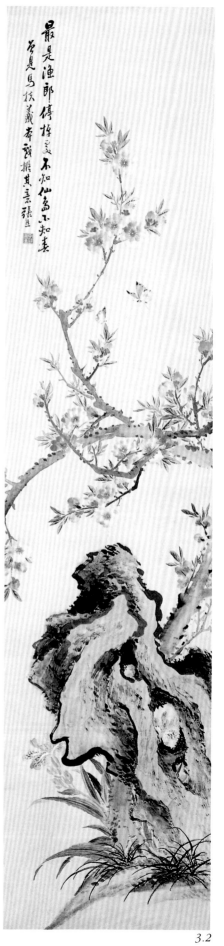

3.1

3.2

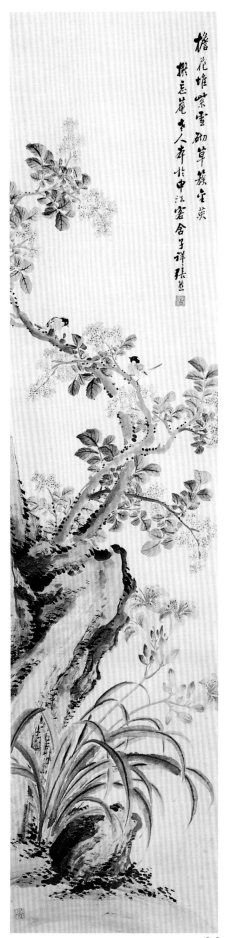

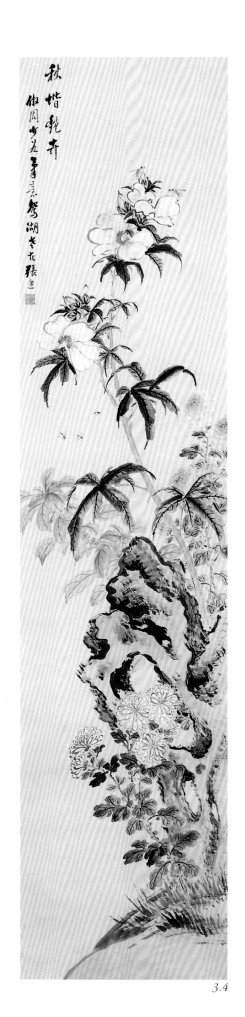

3.3

3.4

4

王禮 花鳥圖冊

紙本（十二開） 設色 每開縱18.8厘米 橫52.2厘米

Birds and Flowers
By Wang Li
Album of 12 leaves, colour on paper
Each leaf: 18.8 x 52.2cm

第一開　畫丁香等花卉。自題"學甌香館而未能盡善。秋言惬意重勘誌。"鈐"秋言書畫"（白文）。

第二開　畫荊棘、蘭草。自題云："合而靈均作憔悴，並頭容易一心難。宵窗偶閱靈芬館集，得此兩語畫之，王禮。"鈐"秋道士"（朱文）。

第三開　畫凌宵。自題云："予偶植凌霄一本，不三年，籬落間延蔓已遍，花葉嬝娜，對之常由寫照。秋道人王禮並誌。"鈐"秋言"（朱文）、"吳江王禮"（白文）。

第四開　畫罌粟花。自題"餓軀不作出門想，飽米囊一院花。己未十月秋道人王禮，秉燭寫於秋水伊人閣上並記。"鈐"秋言書畫"（白文）。

第五開　畫芍藥。自題云："二分明月清如許，不數揚州廿四橋，秋道人王禮。"鈐"秋言"（朱文）。

第六開　畫桃花、小鳥。自題"只有東風偏解事，一枝吹綻碧桃花。秋言禮之畫。"鈐"老秋畫記"（朱文）。

第七開　畫秋菊。自題云："鞠殘猶有傲霜姿，夜窗亂塗，效新羅山人筆，秋道人王禮並誌。"鈐"秋言書畫"（白文）。

第八開　畫紫藤、白頭。自題云："錦帳垂殊，秋道人王禮畫於鶯鬥湖上。"鈐"秋言"（朱文）。

第九開　畫石榴小鳥。自題"擬解弢館筆，禮。"鈐"秋言"（白文）。

第十開　畫梅竹、麻雀。自題云："憑君報與平安信，春到枝頭已十分，秋言王禮。"鈐"王禮印"（白文）。

第十一開　畫金粟花。自題"金粟枝頭十二紅，何年飛入廣寒宮。姮娥只愛青鸞舞，且向瓊樓立晚風。文五峯本，秋言禮。"鈐"秋言"（朱文）。

第十二開：畫鶺鴒。自題云："擬南宋魯宗貴畫意，己未十月廿又八日，秋道人禮並誌於鶯脰湖。"鈐"秋言"（白文）。

己未為咸豐九年（1859），王禮時年四十七歲。

此冊自題仿清代的惲壽平、華嵒和南宋的魯宗貴。畫家用筆秀勁灑脫，風格雋秀，大體未脫離上述三家的風範，屬於小寫意一派。全冊構圖簡潔，設色淡雅，為王禮花鳥畫代表作。

王禮（1813—1879年），字秋言，號秋道人，別號白蕉研主，江蘇吳江人。寓居上海，從沈榮學寫意花鳥。行筆尖細灑脫，生動有致，並有創新。人物宗法陳洪綬。

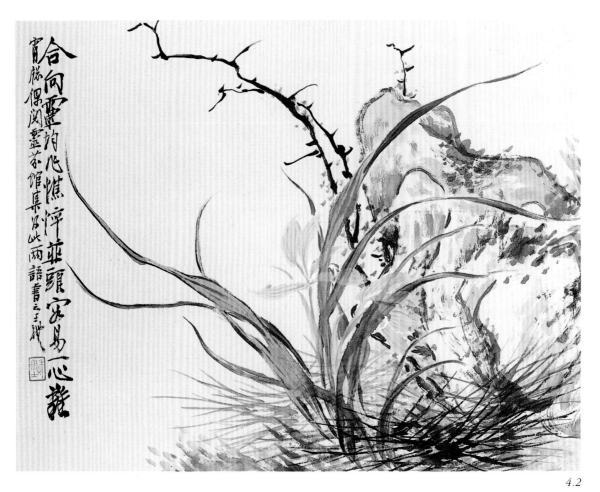

4.2

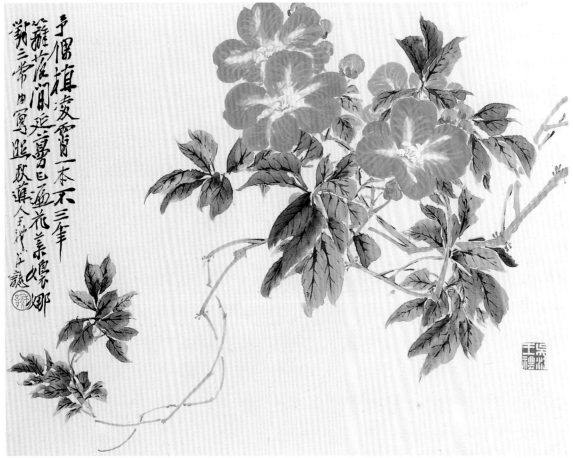

4.3

9

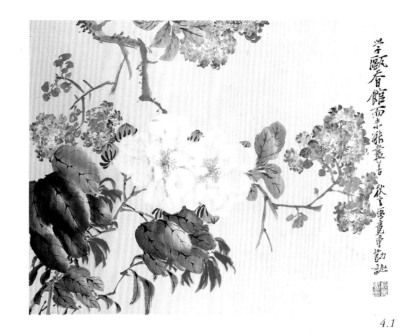

4.1

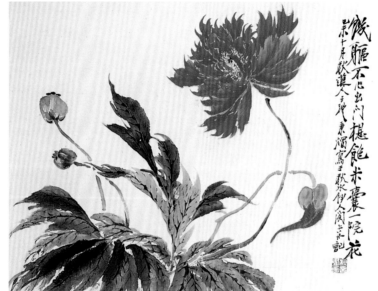

4.4

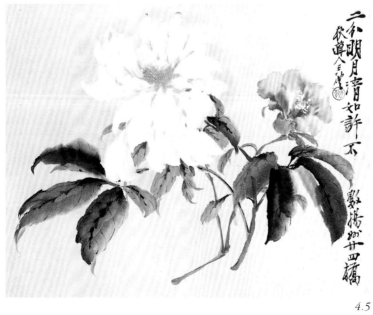

4.5

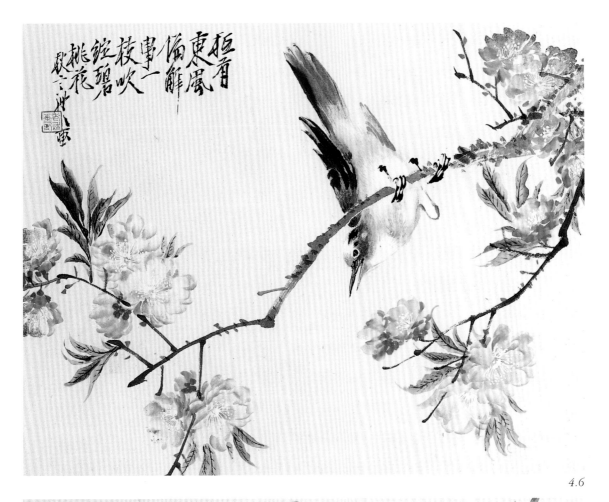

4.6

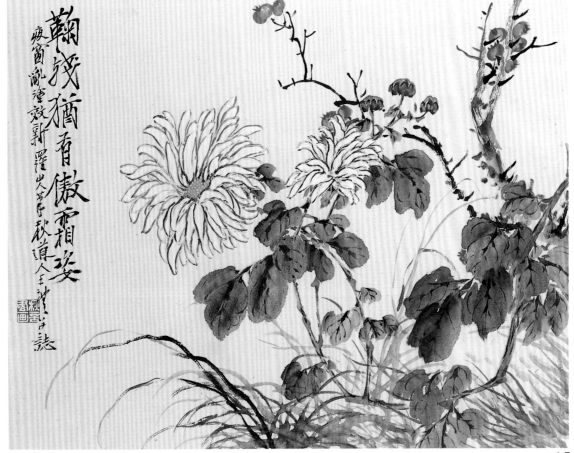

4.7

11

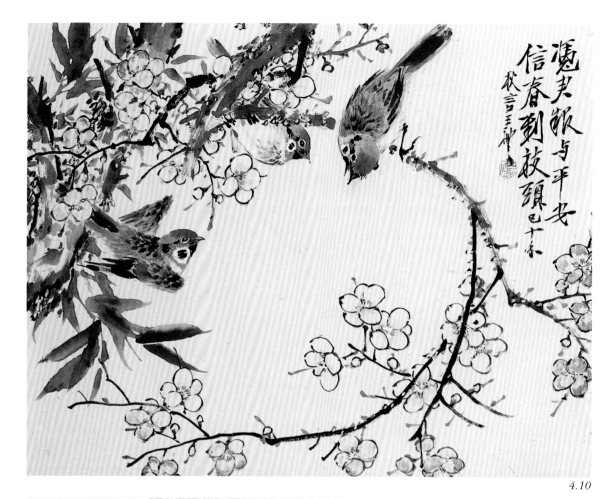

4.10

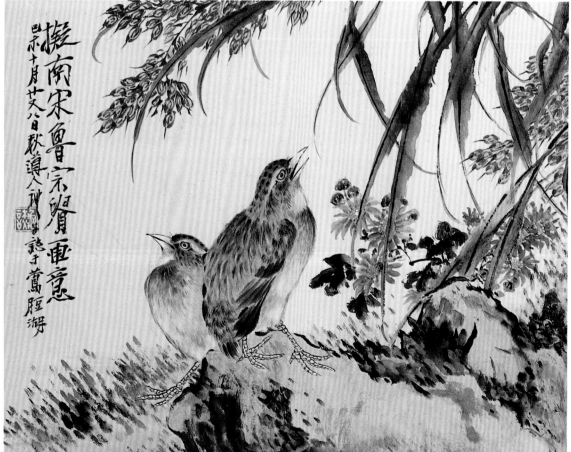

4.12

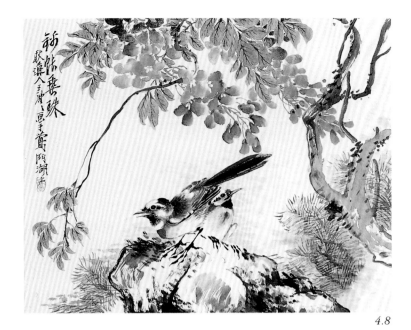

4.8

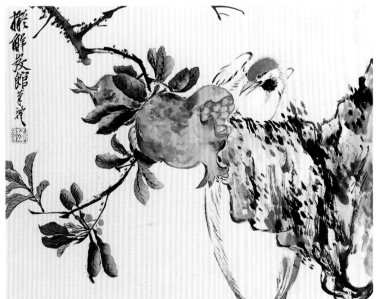

4.9

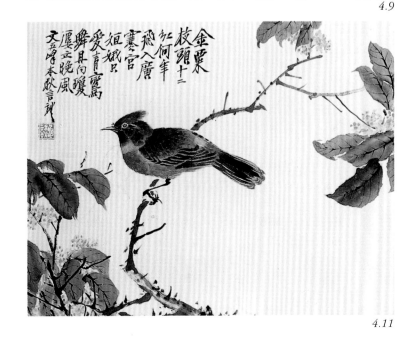

4.11

5

王禮　花鳥圖軸

紙本　設色　縱131.3厘米　橫43.8厘米

Bird and Flowers
By Wang Li
Hanging scroll, colour on paper
131.3 x 43.8cm

本幅自識："綱怡仁兄大人雅屬壬申春
擬唐六如畫蝸寄生王禮。" 鈐 "秋言六十
以後之作"（朱文）。

壬申為同治十一年（1872），王禮時年六
十歲。

唐六如即唐寅。

畫面一鳥高枝長鳴狀，形象生動自然。
石用濃墨勾輪廓，花渲染，墨勾筋，沒骨
與勾勒相融和。雖題擬唐寅筆意，而更
多的是畫家個人風格。

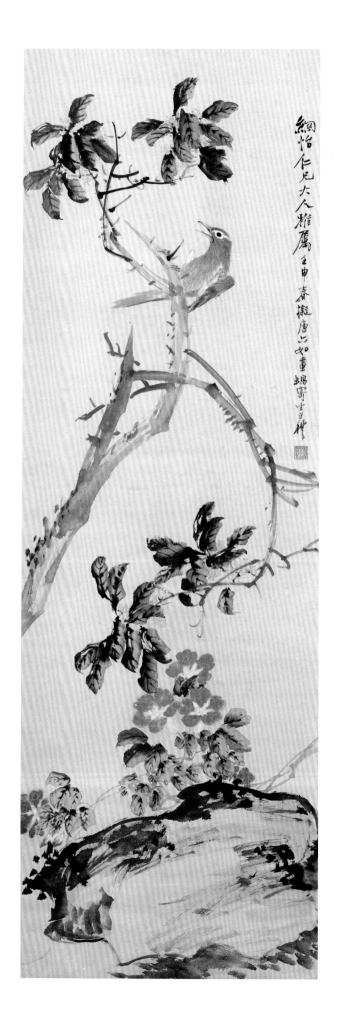

6

王禮 春江知暖圖軸
紙本 設色 縱111厘米 橫52.4厘米

Ducks Swimming in Spring River
By Wang Li
Hanging scroll, colour on paper
111 × 52.4cm

本幅自識："禹鴻臚寫坡公春江知暖圖，
此似其大意，丁丑長夏王禮揮汗於蝸寄
盦。"鈐"秋言六十以後之作"(朱文)。

丁丑為光緒三年(1877)，王禮時年六十
五歲。

禹鴻臚即禹之鼎。

此圖是王禮據宋代蘇軾"春江水暖鴨先
知"詩意而畫。畫面鴨在水中浮游，回首
顧盼，情態優美。

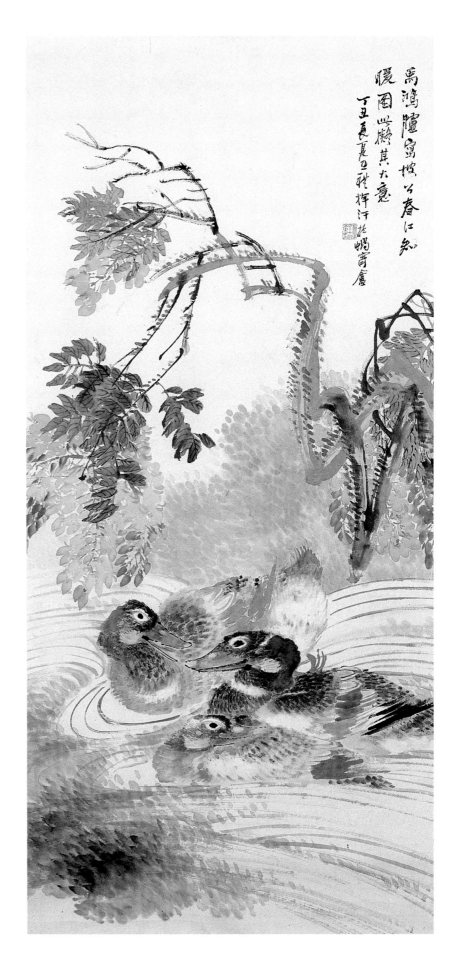

7

王禮 蕉梅錦雞圖軸

紙本 設色 縱114.7厘米 橫47.2厘米

Plum Blossoms and Gold Pheasant under Banana Leaves
By Wang Li
Hanging scroll, colour on paper
144.7 x 47.2cm

本幅自題："鞠潭仁兄大人囑,白蕉研主王禮擬元人畫。"鈐"秋言六十以後作"(朱文)。

王禮是海派繪畫形成期的重要畫家之一。他的花鳥畫曾師法華嵒、惲壽平以及宋人畫法。於工穩秀麗中,又富灑落雋逸之姿。此幅《蕉梅錦雞圖》則彷彿明徐渭大寫意花鳥畫法,在較為雄暢的畫法中,又依然保持着筆致清健的特點,如前人所評:"令人意爽",此是畫家花鳥畫中獨具特色的佳作。

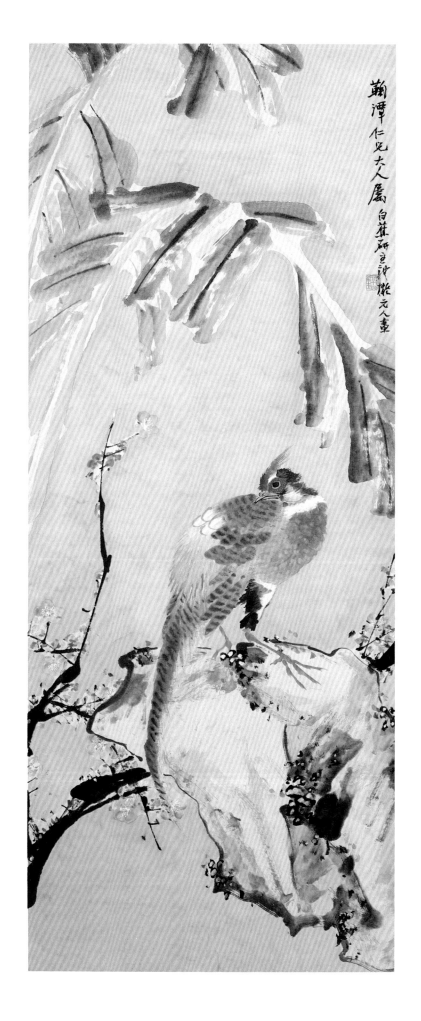

8

王禮 花鳥圖冊

紙本 (十二開) 設色 每開縱31.7厘米 橫44厘米

Birds and Flowers
By Wang Li
Album of 12 leaves, colour on paper
Each leaf: 31.7 x 44cm

第一開　畫桃花、雙燕。自識："春雨江南見文五峯畫幅，摩其大意。"鈐"吳江王禮"(白文)。文五峯即文徵明後人文伯仁。

第二開　折枝茶花，翠鳥登枝。自識："擬錢樵山殿撰筆。"鈐"秋言寫生"(朱文)。

第三開　折枝凌霄花。枝蔓柔美，一喜鵲鳴叫狀。左方自識："見孫漢陽卷摩之。"鈐"秋言寫生"(朱文)。孫漢陽即明代書畫家孫克弘。

第四開　苦瓜懸垂，一鳥飛翔。自識："擬唐六如畫意。"鈐"秋言"(白文)。

第五開　紫藤斜垂水面，一八哥失足落水。鈐"秋言"(朱文)。

第六開　牽牛花沿石攀生，一鳥自空中俯衝。右方自識："荒煙蔓草之間頗多畫趣。"鈐"秋言"(白文)。

第七開　荷花上二鳥戲嬉。左方自識："三十六灣明月裏，有人曾倚玉欄杆。"鈐"秋言書畫"(朱文)。

第八開　粉艷的花朵與潔白的鷺鷥，絢美醒目。鈐"秋言書畫"(朱文)。

第九開　綬帶鳥佇立枝頭長鳴狀。鈐"秋言寫生"(朱文)。荔香鳥語寫嶺南光景。

第十開　折枝海棠，一鳥在空中飛翔。右方自識：小鳥似嫌寒思重，春光已上海棠枝。"鈐"秋言書畫"(朱文)。

第十一開　一鳥倒掛枝頭。右方自識："綏山尋舊迹，玉洞訪仙家。銖衣新製就，碎剪赤城霞。學甌薌 (香) 館筆。"鈐"吳江王禮"(白文)。甌薌館是清初名畫家惲壽平。

第十二開　一鳥鳴於枝頭。鈐"秋言書畫"(朱文)。

此圖冊構圖新奇巧妙，用筆活脫暢快，呈現出雅俗共賞的韻味。

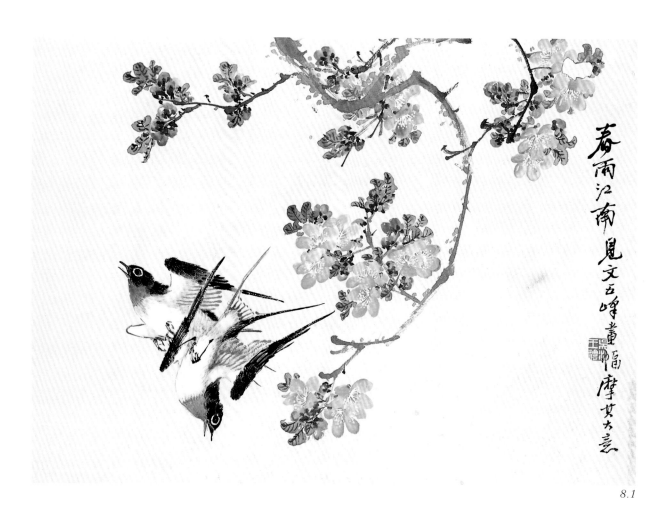

春雨江南見文五峰畫冊摹其大意

8.1

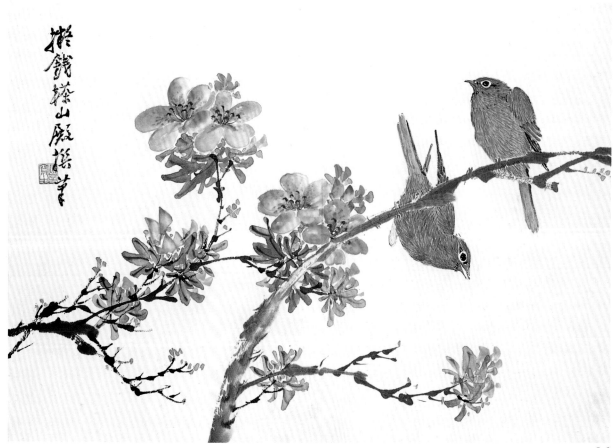

擬錢籜山題機者

8.2

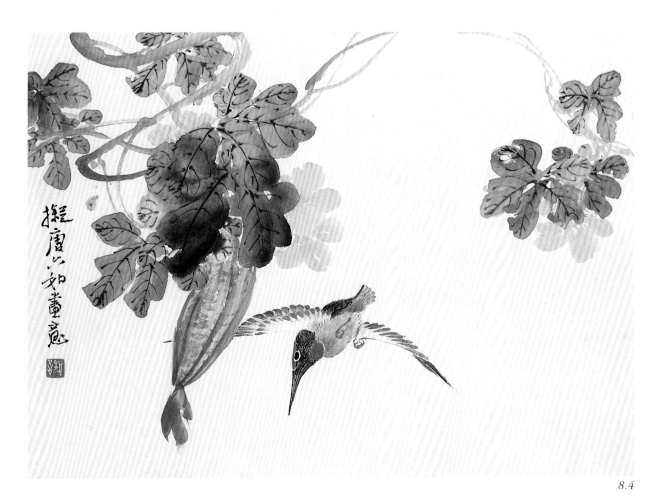

8.4

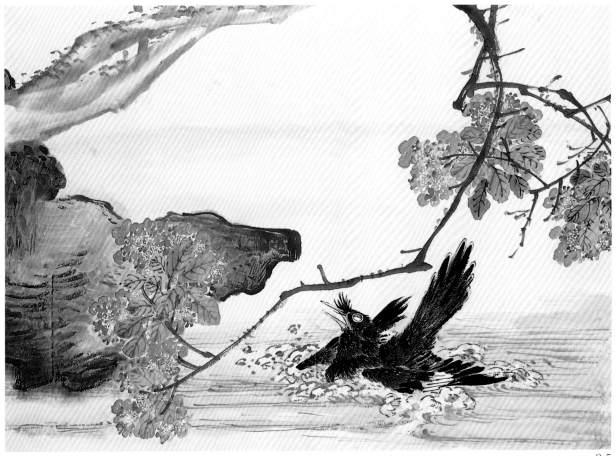

8.5

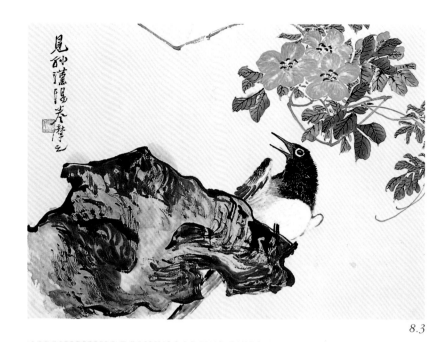

見孤灘陽岑艳□□

8.3

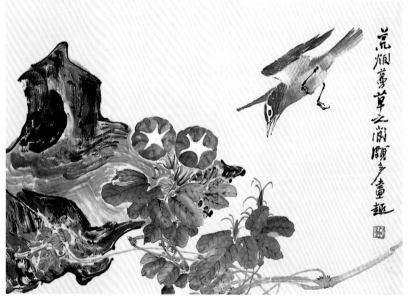

荒煙蔓草之□□頗多畫趣

8.6

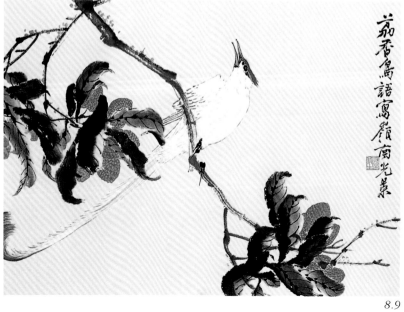

茘香禽語窗頗南光景

8.9

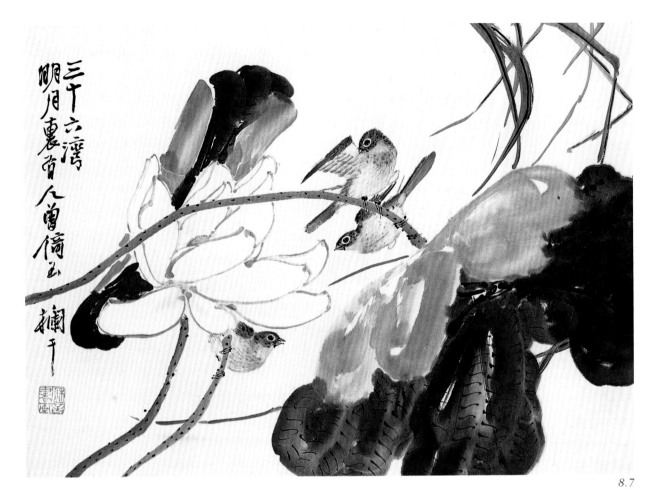

三十六灣
明月裏農者人曾倚玉
闌干

8.7

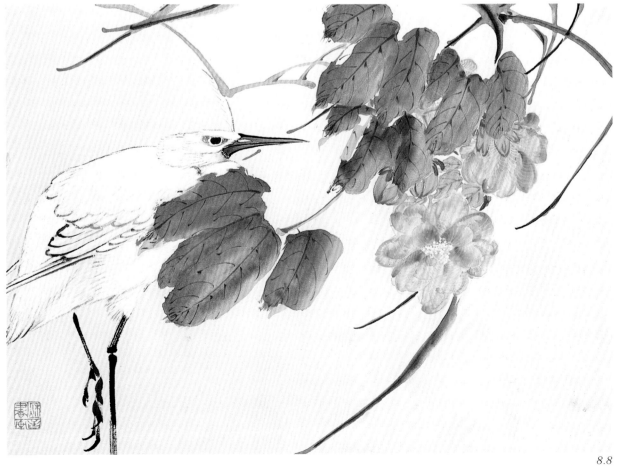

8.8

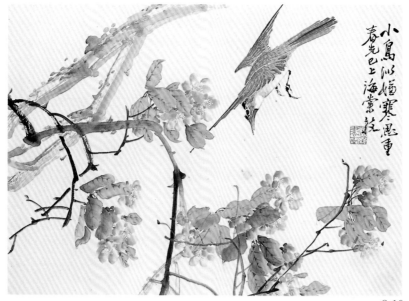

8.10

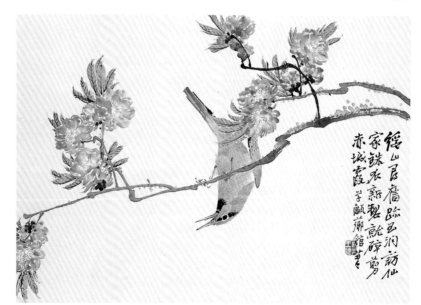

8.11

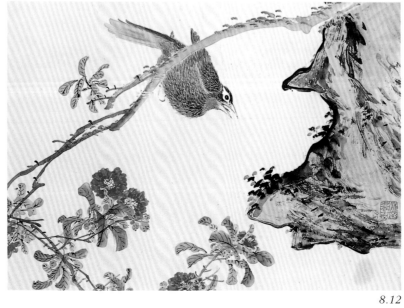

8.12

9

周閑 四季花卉圖屏

紙本 (四屏)　設色　每條縱127.6厘米　橫30厘米

Flowers in Four Seasons
By Zhou Xian
A set of four hanging scrolls, colour on paper
Each scroll: 127.6 x 30cm

此圖屏畫四季花卉,分別為桃花、紫藤、絲瓜和水仙,末幅自題云:"小林仁兄大人法家正是。同治丁卯嘉平周閑呵凍。"鈐"周閑"(朱文)、"周存白"(白文)、"退娛堂"(白文)。

丁卯為同治六年 (1867),周閑時年四十八歲。

是圖為畫家晚年之作。用筆靈活挺秀,雙勾與沒骨、工筆與寫意兼用。構圖平中求奇,設色艷而不俗,學任熊而又有新意。

周閑 (1820—1875年),字存伯,一字小園,號范湖居士,浙江秀水 (今嘉興) 人,後僑居上海。同治初官新陽令。善花卉,尤工篆刻。性簡傲,喜遠遊,與任熊友契,故畫風近任熊而稍變其法。筆法挺秀,韻味深厚,融陳淳、李鱓之長為一爐。著有《范湖草堂詩文稿題畫詩》。

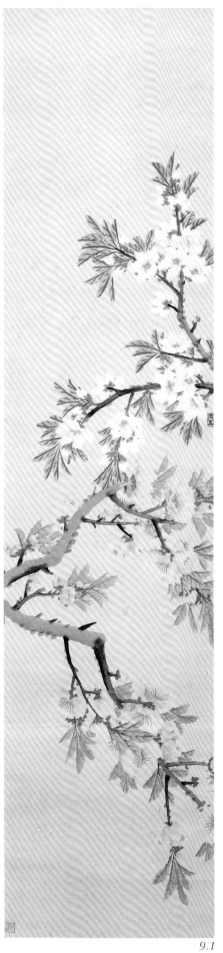

9.1

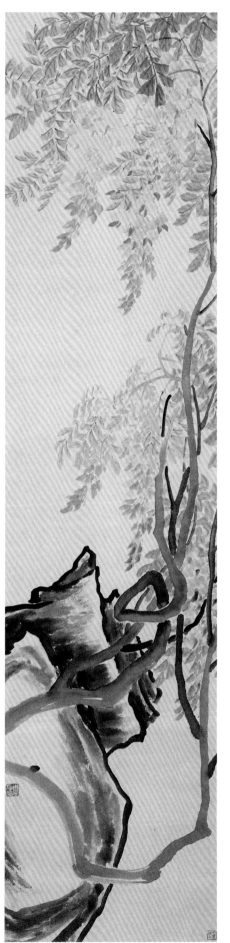

9.2

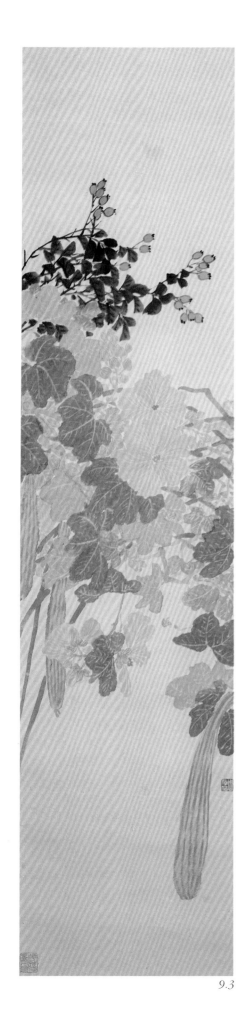

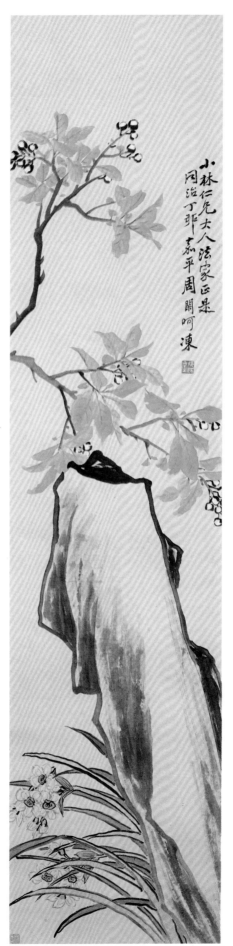

小林仁兄大人法家正粲
同治丁卯嘉平周閑呵凍

9.3

9.4

10

周閑 花卉圖屏

紙本 (四屏) 設色 每條縱177厘米 橫47.8厘米

Flowers
By Zhou Xian
A set of four hanging scrolls, colour on paper
Each scroll: 177 x 47.8cm

第一條　紫藤。自題"幽花含紫電，春蔓走青蛇。范湖居士擬天池道人。"鈐"周閑長生安樂"(白文)。

第二條　山石杜鵑。自題"山居重午，仿孫雪居筆。"鈐"周閑印信"(朱文)、"范湖餘事"(白文)。

第三條　海棠。自題"碎紅一樹浸方塘，范湖居士漫寫。"鈐"周閑印信"(朱文)。

第四條　紅梅翠竹。自題："竹外一枝斜更好。同治甲戌冬日周閑存白。"鈐"范湖餘事"(白文)。

甲戌為同治十三年(1874)，周閑時年五十五歲。

"天池道人"即徐渭。

"孫雪居"即孫克弘。

周閑的花卉畫師法陳淳、徐渭和李鱓，筆法清新活潑，水墨淋漓。此圖稍變其法，即改大寫意為小寫意。圖中杜鵑、紫藤、海棠、梅花的花瓣用沒骨法，圓潤柔韌。花葉用花青、石綠點畫，淡墨勾筋。枝幹、藤條用篆書筆法隨意寫之。此圖屏構圖嚴謹，賦色豐富，花青、石綠、赭石、胭脂交替運用。

據記，任熊曾客居周閑范湖草堂中三年，臨摹古畫。可知周閑亦曾師法前人花鳥畫，如此《花卉圖屏》自題中擬徐渭，仿孫克弘(孫雪居)云云。然論者認為，因其與任熊交厚，其畫風也深受任熊影響。此四條屏畫法工穩，設色冶逸，俱可見其師古人、師友人後之藝術造詣。如其所繪"紫藤"一幅中，畫藤花幾密不透風，而以"春蔓走青蛇"的藤蔓纏繞穿插其間，又顯得疏能走馬。構圖大膽奇絕。畫幅上下所留空白頗多，此是運用書法藝術之佈字間架的特點而成，此畫之繪畫特點與自題詩句又交相輝映，足以體現畫家能夠自立於海上名家中的藝術創造才能。

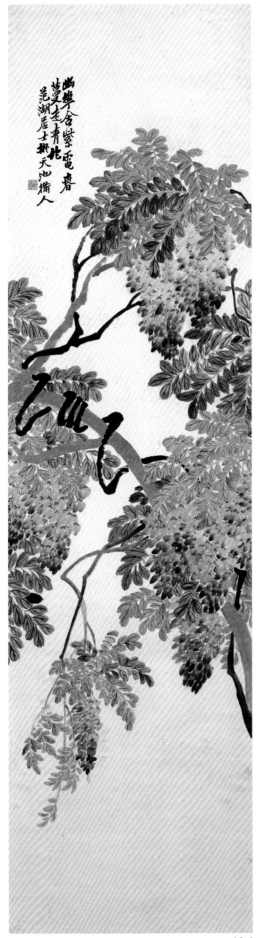

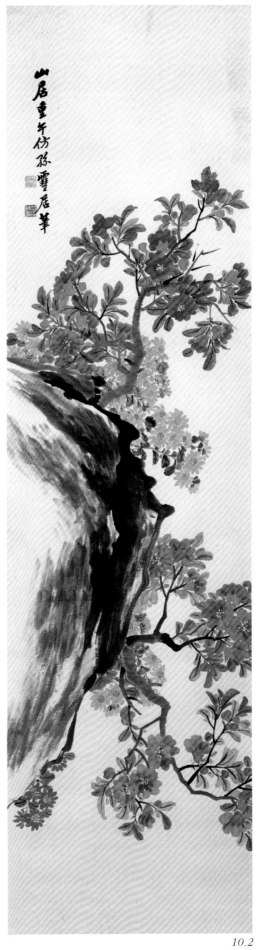

10.1

10.2

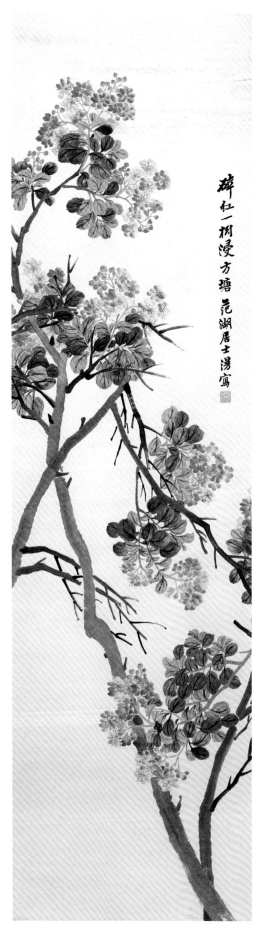

碎紅一樹浸方塘 范湖居士湯寫

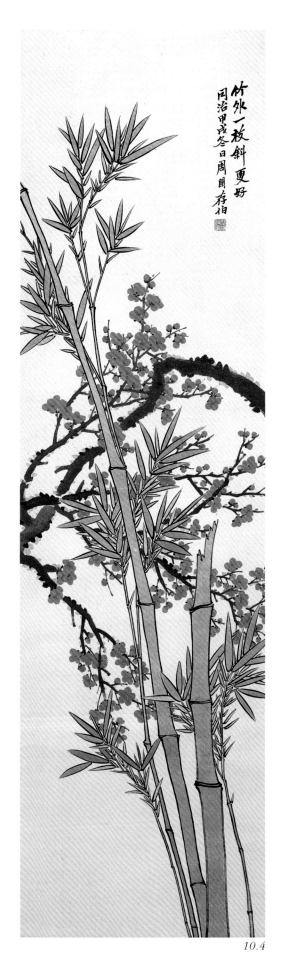

竹外一枝斜更好 同治甲戌冬日周閒存伯

10.3

10.4

28

11

任熊　姚大梅詩意圖冊

絹本　設色　每開縱27.3厘米　橫32.8厘米

Illustrations in the Spirit of Yao Damei's Poems
By Ren Xiong
Two of ten albums, each in 12 leaves, colour on silk
Each leaf: 27.3 x 32.8cm

此圖冊計十冊一百二十開。這裏選其中第一冊和第十冊。

第一冊

第一開　山石、花圃。自題："俯見龍淵深，花田種珊樹。"鈐"熊"（朱文）。

第二開　壺、爵、盤等青銅器皿。自題："熊鐫獸鍑相焜煌。"鈐"渭長"（白文）。

第三開　平岡羣羊。自題"平岡亂木羣羊宅。"鈐"渭長"（白文）。

第四開　雙貓。自題："唐世崑崙姐，虞家白雪姑。"鈐"熊"（朱文）。

第五開　白猿騎龜。自題："白猿如老人，倒騎三足龜。"鈐："熊"（朱文）。

第六開　芍藥、李子。自題："紅藥妝慵青李孕。"鈐"熊"（朱文）。

第七開　菊花盆景。自題："爾花冷苦當怨秋，翻似春饕列修整。"鈐"熊"（朱文）。

第八開　白鷹、鯨魚。自題："下有掣浪鯨，上有睨霄鶻。"鈐"熊"（朱文）。

第九開　孤燈、水仙。自題："獨夜凌波景，孤燈是爾知。"鈐"渭長"（白文）。

第十開　梨花。自題："新種梨花滿扇湖。"鈐"渭長"（白文）。

第十一開　牡丹。自題："姚魏天潢衍洛中。"鈐"渭長"（白文）。

第十二開　果品、蔬菜。自題："飣飷錯葅果，餞歲方開尊。"鈐"渭長"（白文）。

第十冊

第一開　湖邊仕女。自題："側鬢西泠看山色，水葓花影上春綃。"鈐"渭長"（白文）。

第二開　一女子騎駱駝。自題："遼東女子騎駱駝。"鈐"渭長"（白文）。

第三開　下馬彈琴。自題："下馬番腔奏忽雷。"鈐"熊"（朱文）。

第四開　停琴仕女。自題："十三弦底鶯語嬌。"鈐"熊"（朱文）。

第五開　販婦與閨秀。自題："東家大姑珠翠頭，販婦竿挑一褌蟲。"鈐"渭長"（白文）。

第六開　汲水婦人。自題："西鄰蒙帕女，獨汲古井寒。"鈐"渭長"（白文）。

第七開　紈扇仕女。自題："拍竹涼煙上髻多。"鈐"熊"（朱文）。

第八開　乘舟聽笛。自題："團扇桃根可憐曲。"鈐"渭長"（白文）。

第九開　繡花女。自題：小隔紗幬剪翠茸。"鈐"渭長"（白文）。

第十開　仕女與小童。自題："稚女拾墜紅。"鈐"渭長"（白文）。

第十一開　庭院仕女。自題："靜防鸚鵡覺，立露過黃昏。"鈐"渭長"（白文）。

第十二開　仕女戲鞦韆。自題："內家漢戲秘鞦韆。"鈐"渭長"（白文）。

此圖冊是畫家據其好友，著名文學家、書畫家姚燮（號大梅山民）詩意創作而成。當時任熊"下榻姚氏大梅山館"，"暇時復莊（姚氏之號）自摘其句囑予為之圖。燈下構稿，晨起賦色，閱二月餘得百有二十葉"。這組畫堪稱任熊的精心巨作。他以極其豐富的想象力和創作精神，運用兼工帶寫的筆法繪出符合詩意的境界。構圖新穎大膽，敷色濃郁艷麗，畫法變化多樣。據任熊自跋，作品完成於咸豐元年（1851），二十九歲。

任熊（1823—1857年），字渭長，號湘浦，浙江蕭山人。善人物、花鳥、山水、魚蟲、走獸，尤工神仙佛道。宗法明代陳洪綬，人物造型多誇張變形。道光二十二年（1848）他結識周閑，留居其處三載，臨撫古畫。咸豐元年（1850）又住姚燮家，並為其作《大梅山民詩意圖》冊。嘗寄迹蘇州，往來上海賣畫。與任薰、任頤、任預並稱"四任"，是近代海派畫家之巨匠。又與朱熊、張熊合稱"滬上三熊。"

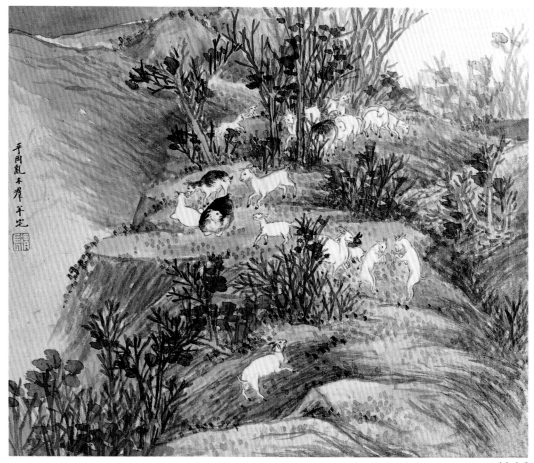

平岡亂本犀羊定
謙

11.1.3

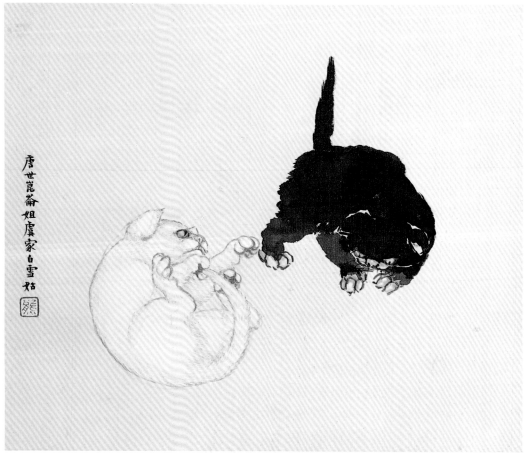

唐世崑蕃
姐虞家白雪猫
然

11.1.4

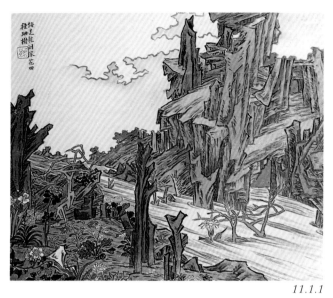

11.1.1

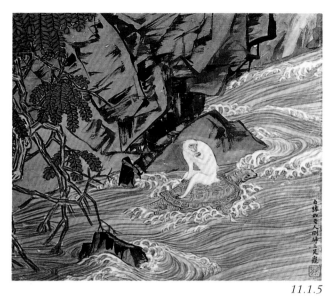

11.1.5

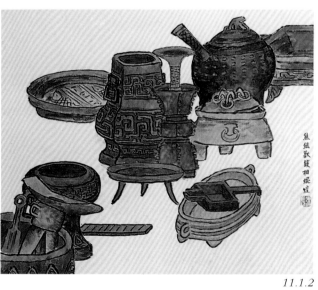

11.1.2

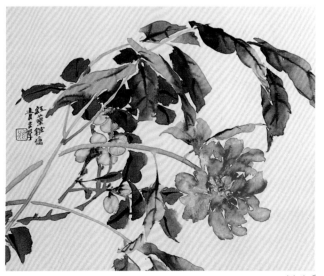

11.1.6

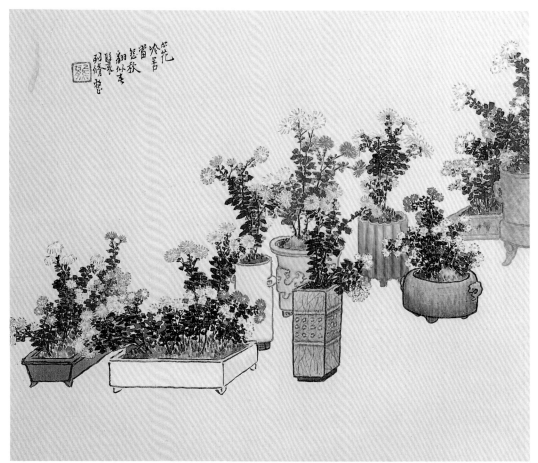

11.1.7

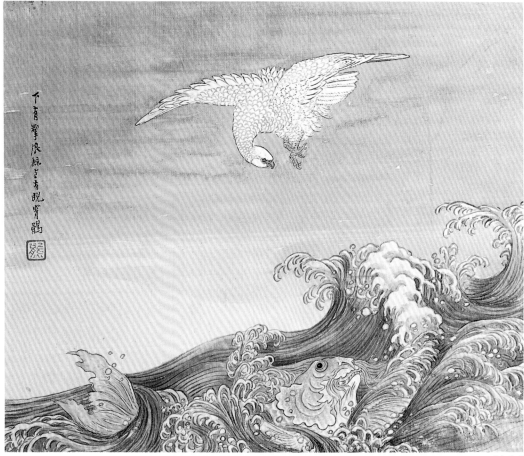

11.1.8

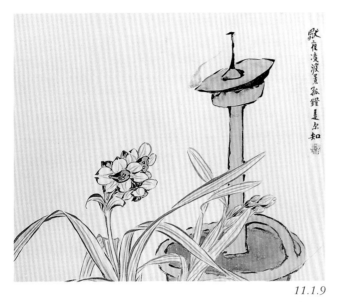

默夜凌波曉孤鐙是尔知

11.1.9

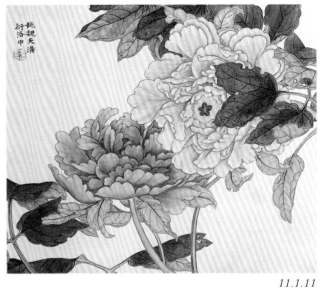

姚魏天潢衍洛中

11.1.11

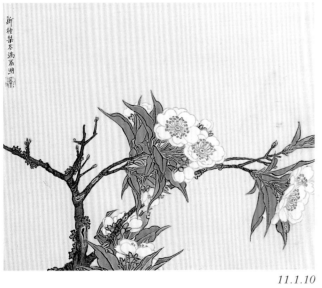

新櫃景荟満扇朔

11.1.10

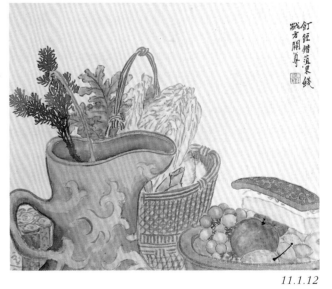

釘腔錯蒲墨錢栽方開尊

11.1.12

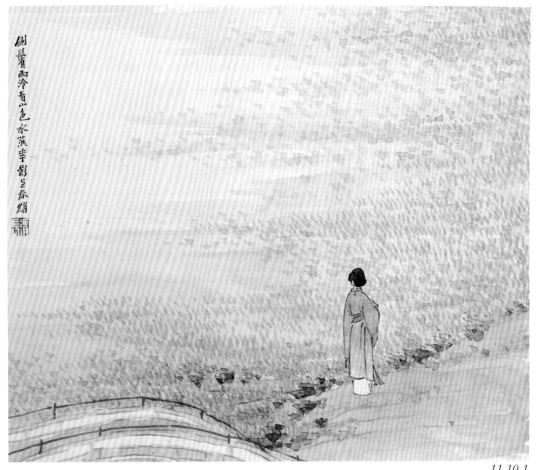

11.10.1

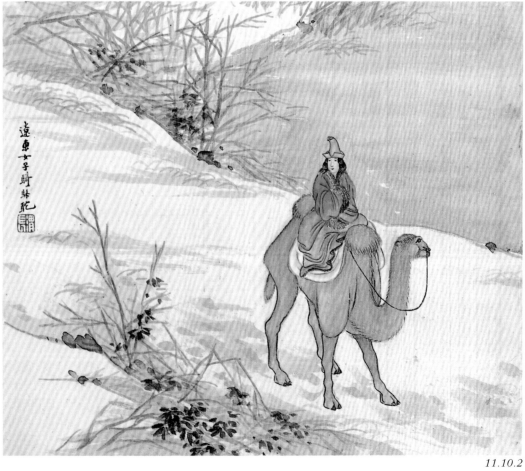

11.10.2

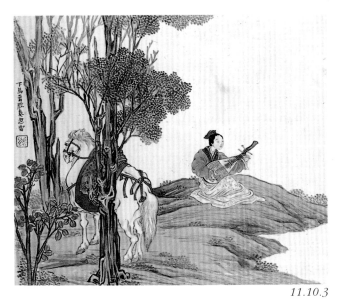

11.10.3

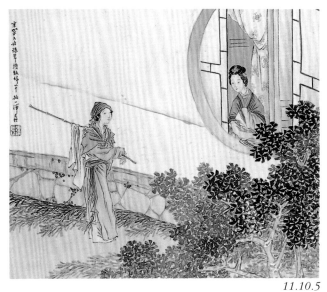

11.10.5

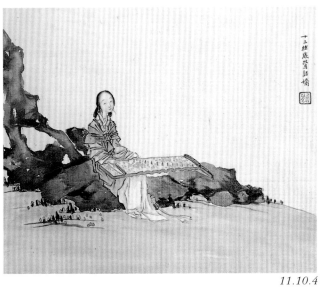

11.10.4

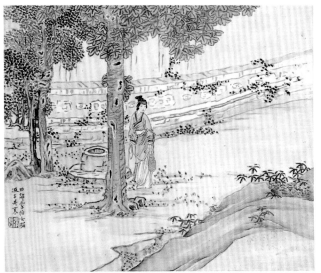

11.10.6

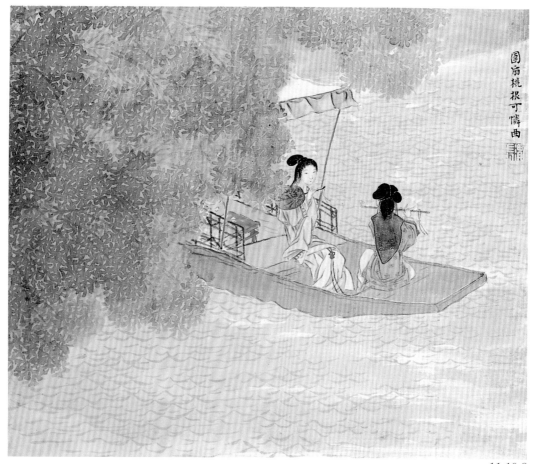

11.10.8

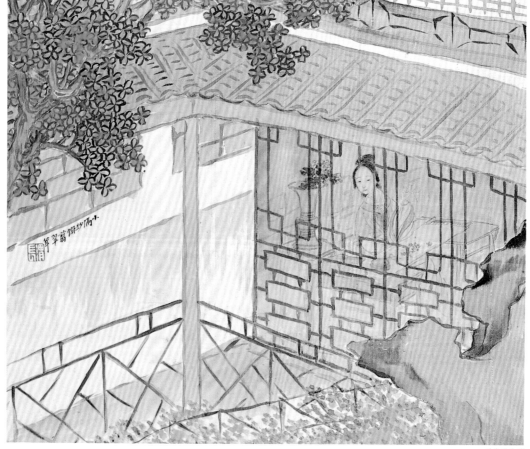

11.10.9

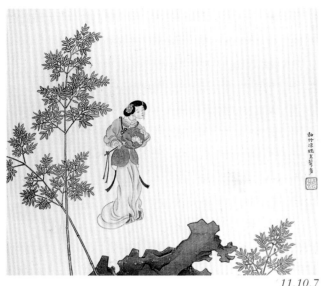

11.10.7

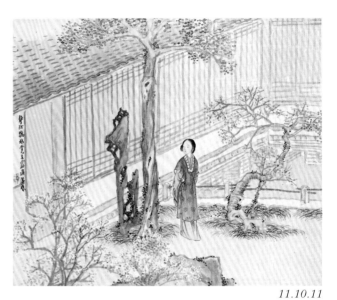

11.10.11

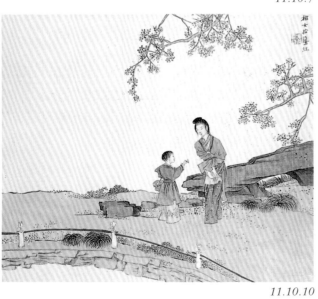

11.10.10

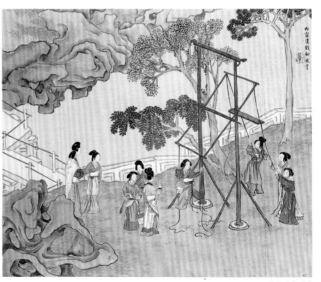

11.10.12

12

任熊 花卉翎毛圖屏

紙本 (四屏) 設色 每條縱136.5厘米 橫31.6厘米

Birds and Flowers
By Ren Xiong
A set of four hanging scrolls, colour on paper
Each scroll: 136.5 x 31.6cm

第一條 柳燕桃花。

第二條 夾竹桃雞。

第三條 湖石紫藤。

第四條 菊花。行書署款:"癸丑重陽前一日,任熊渭長畫於不舍。"鈐"渭長"(朱文)。

癸丑為咸豐三年 (1853),任熊時年三十一歲。

此圖屏屬任熊上乘佳作,圖中禽鳥有動有靜,花卉疏密相宜。柳條柔韌飄蕩,夾竹桃風姿窈窕,紫藤秀麗高雅,菊花偃仰有致。花、葉多用沒骨法,只黃菊作雙勾填色。繪畫風格清麗雋雅,受惲壽平畫風影響。湖石畫法有陳洪綬遺風而又有變化。題材內容取於自然環境,具較強寫實性。

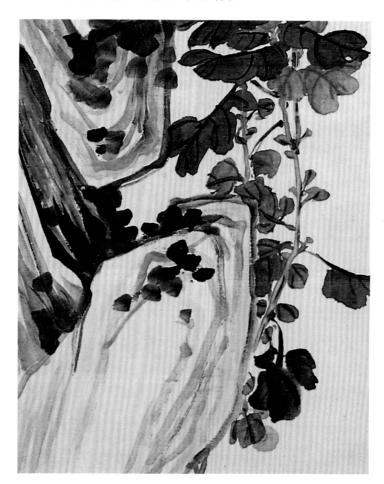

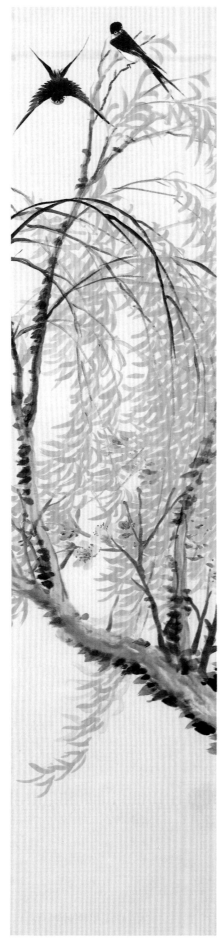

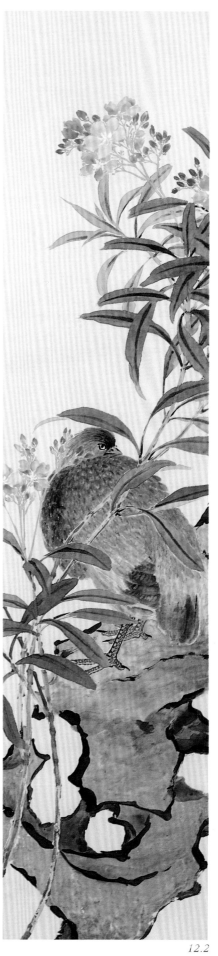

12.1

12.2

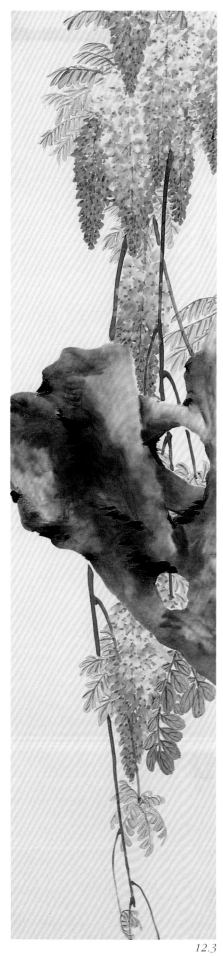

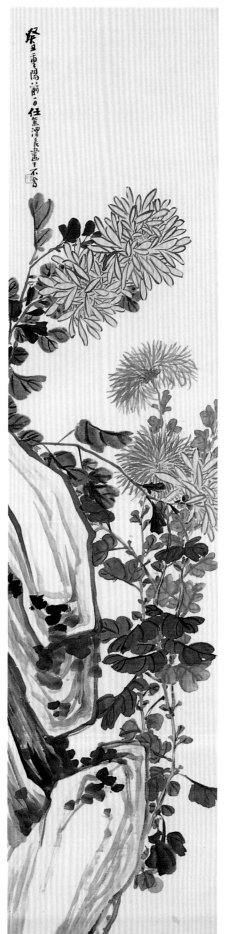

12.3

12.4

13

任熊 花卉圖屏

絹本（四屏） 設色 每條縱126.3厘米 橫33.5厘米

Flowers
By Ren Xiong
A set of four hanging scrolls, colour on silk
Each scroll: 126.3 x 33.5cm

第一條　芍藥。鈐"任熊印"（朱文）。

第二條　萱花、紫藤。鈐"任熊印"（朱文）。

第三條　菊花、芙蓉。鈐"任熊印"（朱文）。

第四條　梅花、水仙、茶花、佛手、天竹。自題："小雲一兄先生
大雅。甲寅冬十一月望後二日。任熊渭長。"鈐"任熊印"（朱
文）。

甲寅為咸豐四年（1854），任熊時年三十二歲。

圖繪四季花卉，艷麗嬌美，葉片以筆鋒的轉動表現翻轉向背，
花朵的圈勾、點染則簡略灑脫。筆墨技法承惲壽平簡淡一格，
其中又參以勾花點葉之法，具工細清麗、秀潤雅潔的情調。每
幅構圖富變化，組合並掛顯現出花卉疏密相間，上下錯落，優
美怡人。

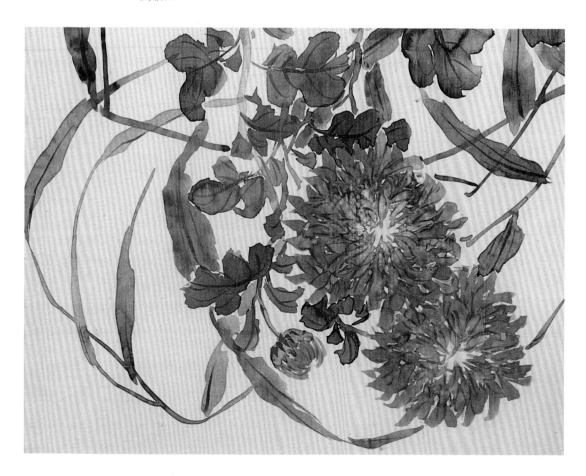

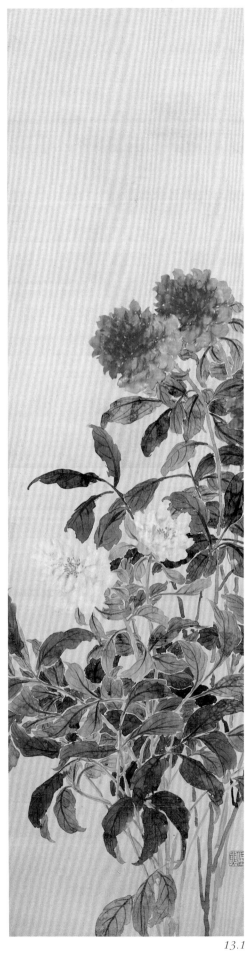

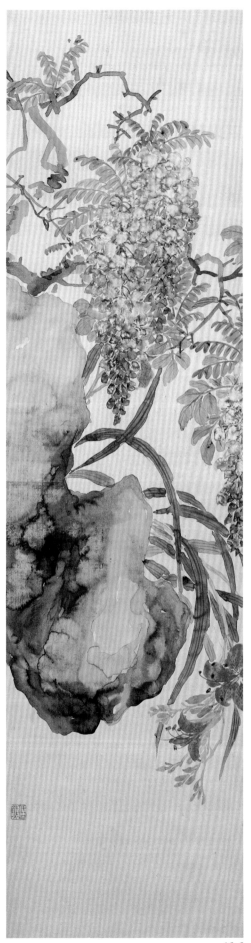

13.1

13.2

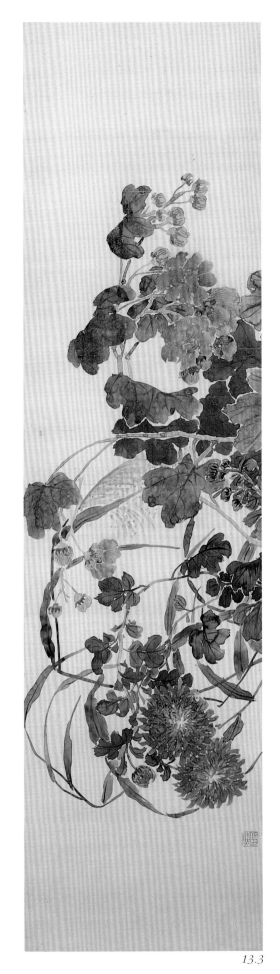

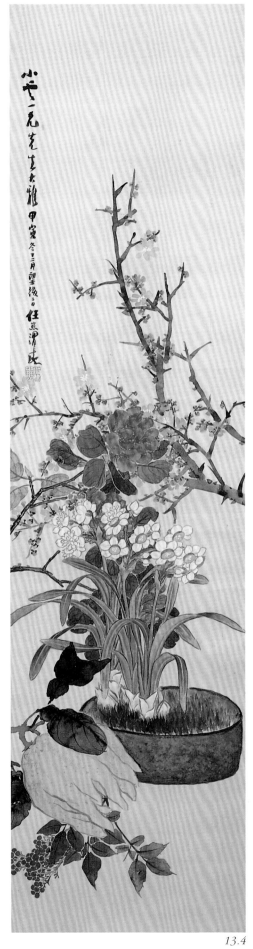

13.3

13.4

14

任熊 花卉圖卷
絹本 設色 縱34.5厘米 橫345.5厘米

Flowers
By Ren Xiong
Handscroll, colour on silk
34.5 x 345.5cm

本幅自題："甲寅二月作於大碧山館，任熊渭長。"鈐"渭長"
（朱文）。甲寅為咸豐四年（1854），任熊時年三十二歲。

全卷用折枝花卉的形式將四季花卉梅、蘭、竹、菊、山茶、牡丹、
荷花、玉簪、月季、天竺、水仙等縱橫交叠繪製，花、葉間偶見
蜂、蝶、甲蟲、小蛾等昆蟲或飛或落，上下翻轉，頓使靜止的畫
面生機勃勃，充滿動感。

本圖採用花草連續交插佈置、沒有段落之分的構圖形式，密而
不塞，疏而不散。創作技法亦不拘泥一式，既有宋人雙勾法，周
之冕勾花點葉法，又有惲壽平沒骨法。而用於補景的石塊則更
多地保留着陳洪綬的遺風。草蟲刻畫更是細緻入微。此圖充分
顯示出畫家深厚的繪畫功力。此外，在繁密的百花叢中，畫家
又頗富新意地設置擺放幾種插花、種花的器物：花瓶、瓷壺、陶
盆等，形狀各異，參差錯落，不僅豐富了畫面內容，又平添幾分
生活情趣。

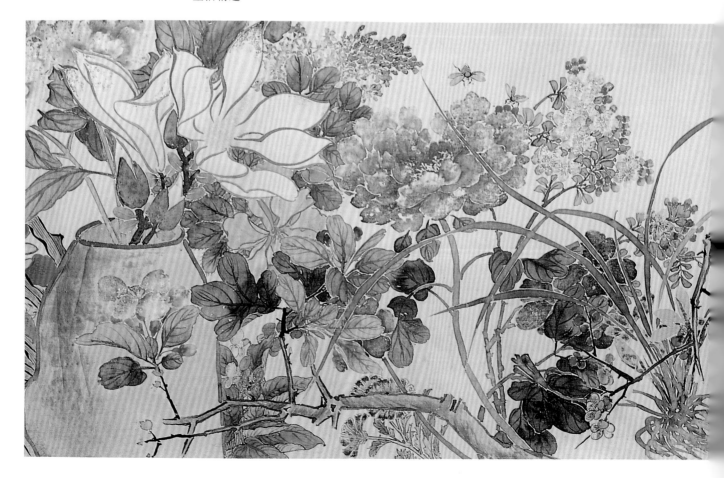

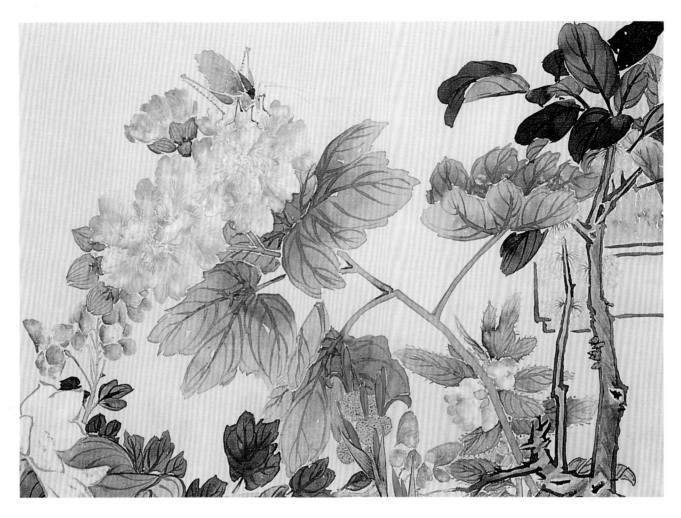

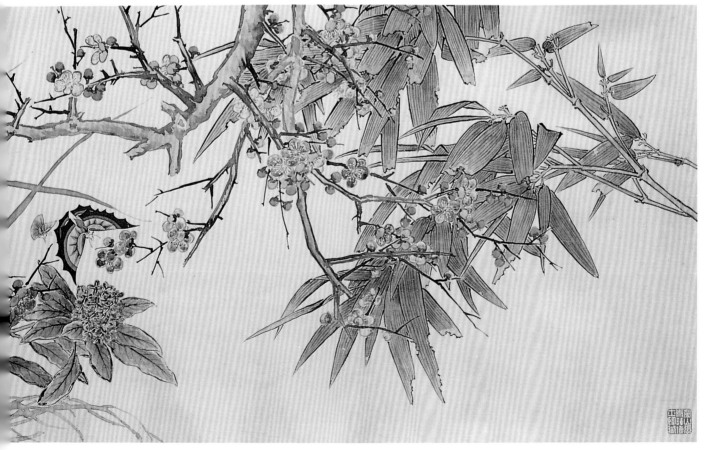

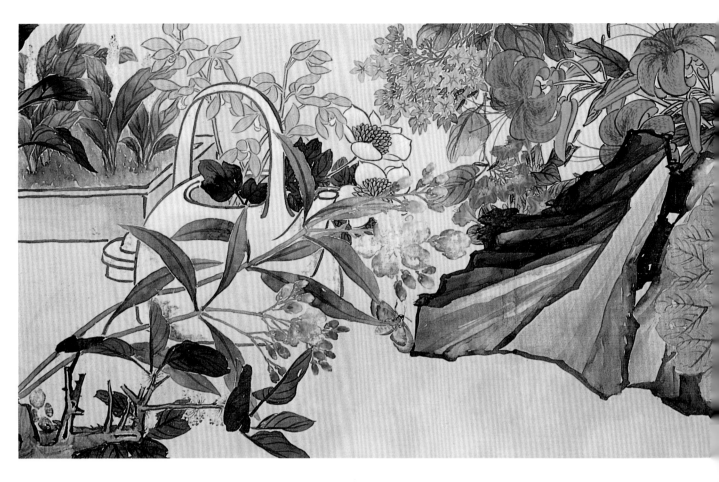

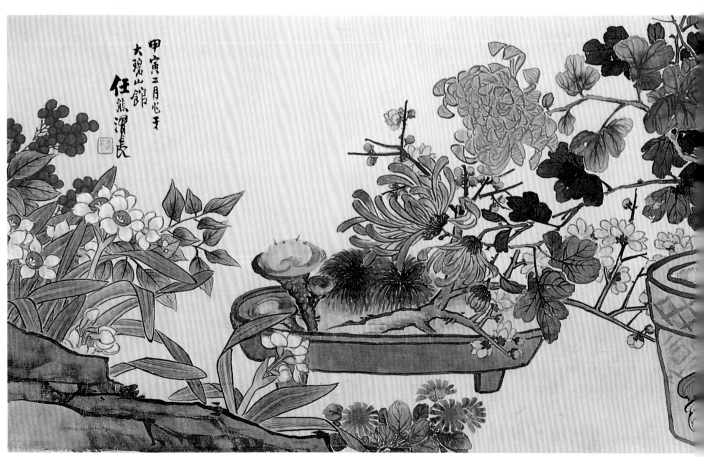

甲寅三月似于
大碧山館
任熊渭長

46

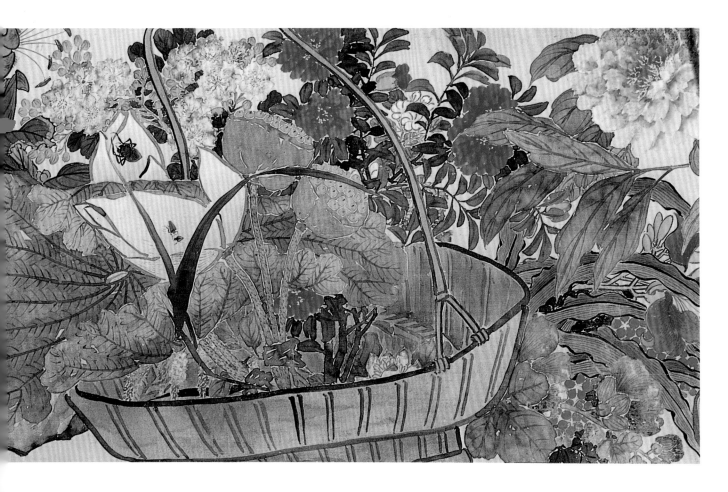

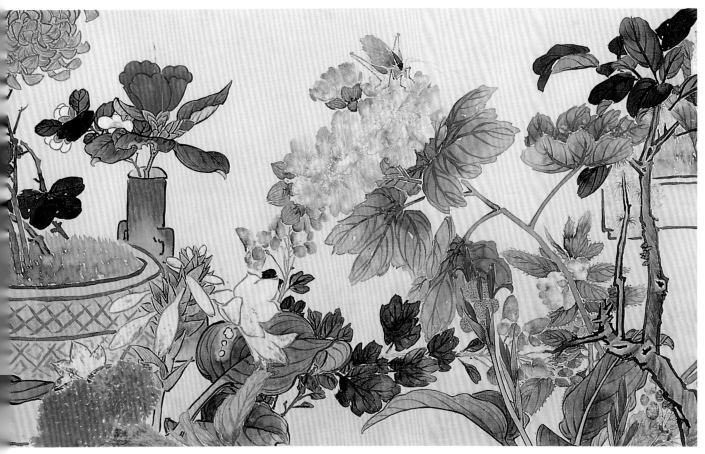

15

任熊　秋林共話圖軸

紙本　設色　縱182厘米　橫57厘米

**Mutual Conversation in Autumn Forest
By Ren Xiong**
Hanging scroll, colour on paper
182 x 57cm

本幅左上方行書署："秋林共話圖師章
侯，畫為蓉台表兄大教。丁巳夏仲弟任
熊渭長。"鈐"任熊印"（朱文）。

丁巳為咸豐七年（1857），任熊三十五
歲，是他逝世前幾個月的作品。

此幅採用平遠式構圖。遠景山巒低矮，
天空留白，稀疏的枯樹枝、紅黃的樹葉，
秋意深濃。圖中人物着墨不多，佔據畫
面甚少，但經細筆勾勒點染卻各具其
姿，仍不失生動傳神之態。畫面表現文
人逸士遊訪名山大川，談古論今，超然
物外的生活情調。

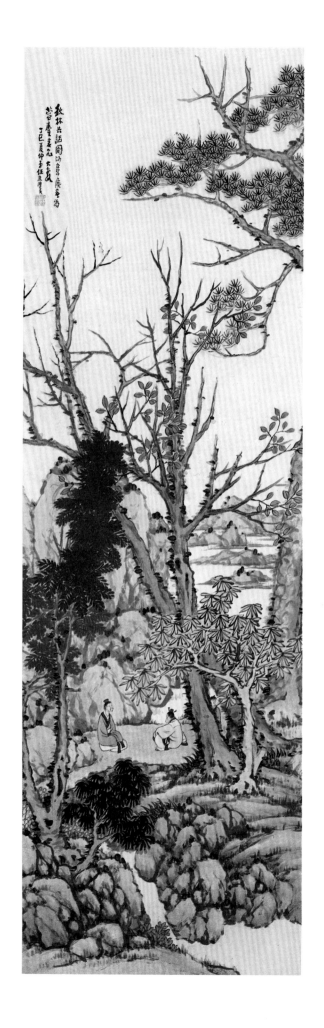

16

任熊　仿崔陳麻姑獻壽圖軸

紙本　設色　縱162.3厘米　橫86.2厘米

**Female Immortal Magu Offering a Birthday
Present in the Style of Cui Zizhong and
Chen Hongshou**
By Ren Xiong
Hanging scroll, colour on paper
162.3 x 86.2cm

本幅自題："法崔陳兩家畫。永興任熊。"
鈐"渭長"（白文）。此圖取材於古代神
話傳說，麻姑是一位女仙，舊時祝賀女
壽者多畫麻姑像贈之，稱"麻姑獻壽"。
此圖雖款云法崔子忠陳洪綬兩家，實則
以陳氏畫法為主，人物衣紋、湖石的勾
畫多有頓挫、轉折，與陳洪綬極似。不同
之處為人物面部未作大膽誇張，神態莊
重大方，表情溫和喜悅。全幅用筆工細
穩健，色彩濃郁鮮艷，為任熊早期人物
畫優秀作品。

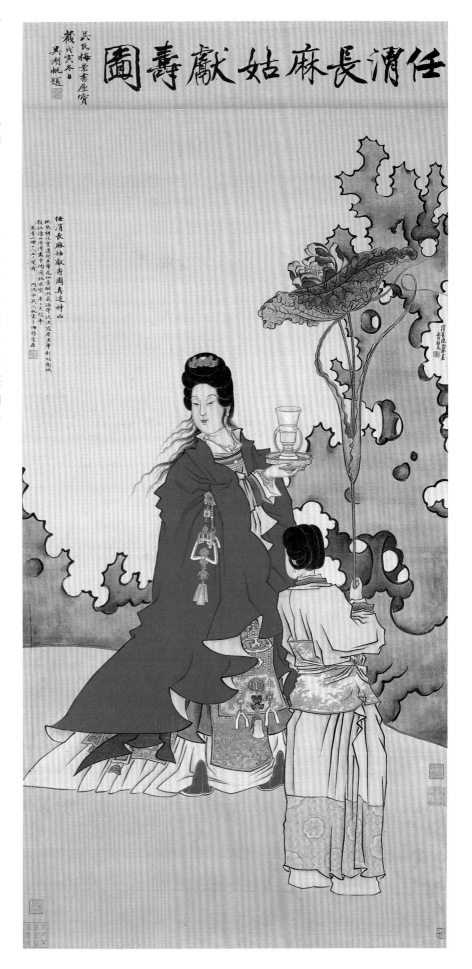

17

任熊　十萬圖冊

金箋本（十開）　設色　每開縱26.3厘米　橫20.5厘米

Landscapes
By Ren Xiong
Album of 10 leaves, colour on gold-flecked paper
Each leaf: 26.3 x 20.5cm

第一開　梅花。自題："萬橫香雪。"鈐"任熊印信"（白文）。

第二開　山岩、溪流。自題："萬壑爭流。"鈐"任熊印信"（白文）。

第三開　荷花。自題："萬點青蓮。"鈐"任熊印信"（白文）。

第四開　翠竹。自題："萬竿煙雨。"鈐"任熊印信"（白文）。

第五開　梧桐、高閣。自題："萬卷詩樓。"鈐"任熊印信"（白文）。

第六開　江水洶湧。自題："萬支空流。"鈐"任熊印信"（白文）。

第七開　松樹。自題："萬松疊翠。"鈐"任熊印信"（白文）。

第八開　石峯。自題："萬笏朝天。"鈐"任熊印信"（白文）。

第九開　秋林。自題："萬林秋色。"鈐"仕熊印信"（白文）。

第十開　雪景、山水。自題："萬峯飛雪。"鈐"任熊印信"（白文）。

此圖冊中每開標題中均有以"萬"字開頭，故稱"十萬圖"。任熊以嫻熟秀潤的綫條，富麗堂皇的色彩，變化自然的構圖，精工細緻的筆觸創作了這本畫冊。

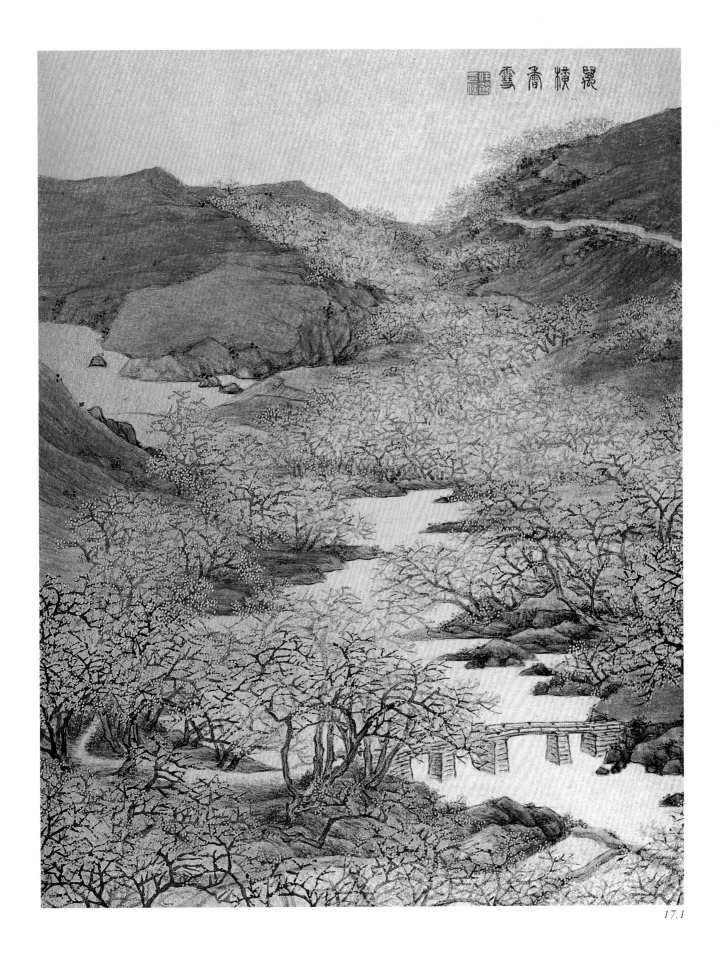

17.1

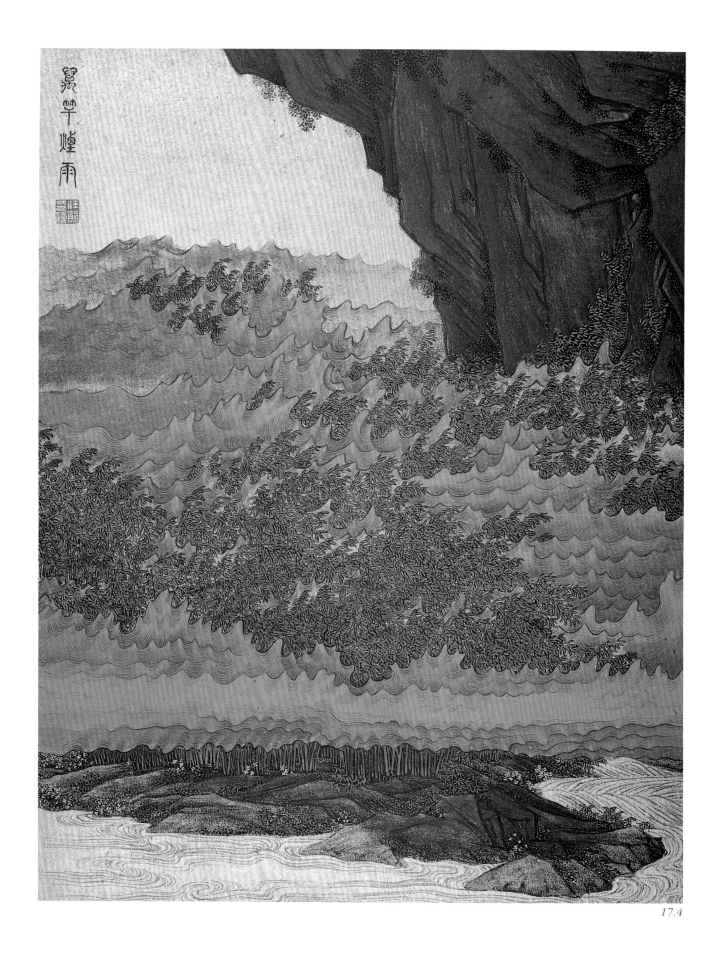

17.4

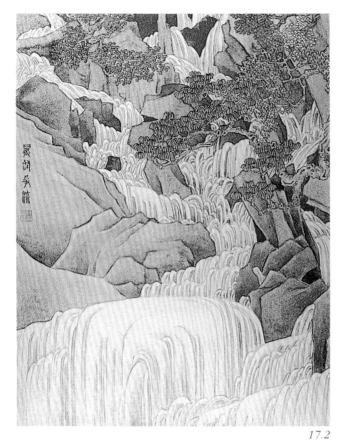

17.2

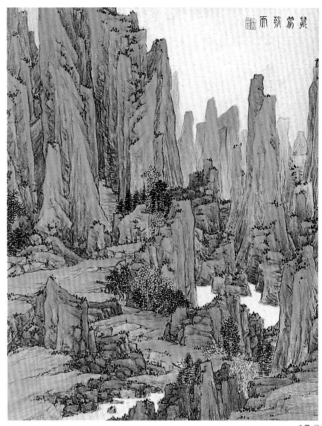

17.8

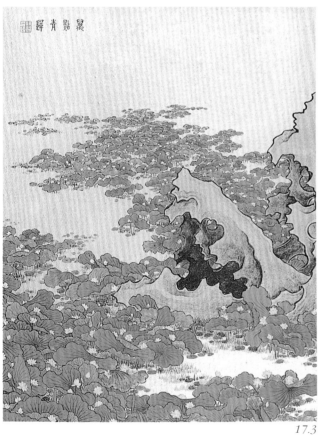

17.3

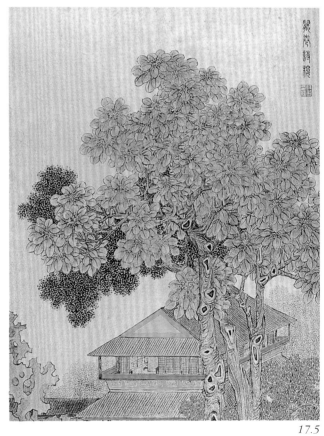

17.5

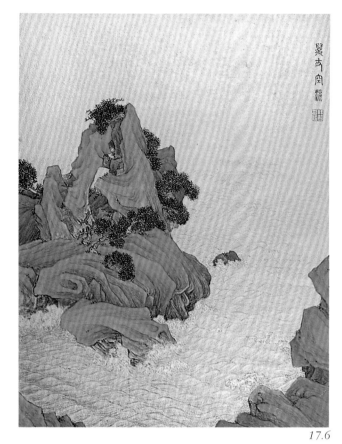

嶩奇岡

17.6

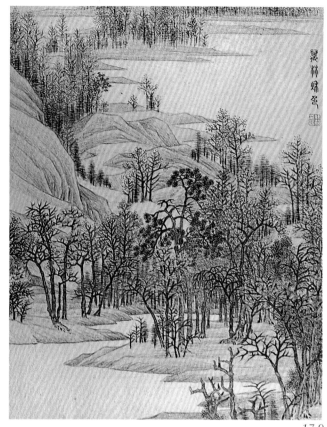

嶩林歸鳥

17.9

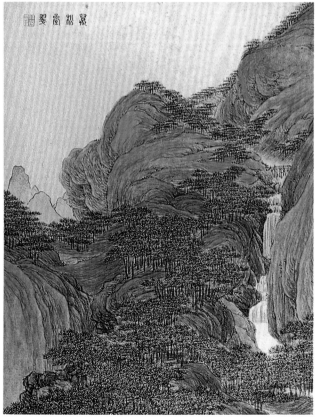

嶩松堂罌

17.7

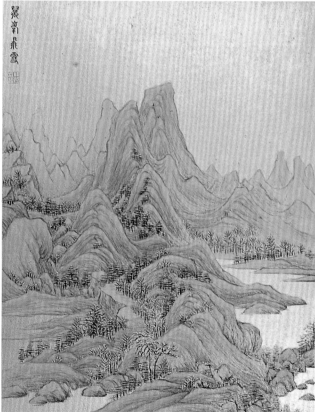

嶩菊飛雪

17.10

18

任熊 自畫像圖軸

紙本 設色 縱177.4厘米 橫78.5厘米

Self-Portrait
By Ren Xiong
Hanging scroll, colour on paper
177.4 x 78.5cm

本幅左側行書:"莽乾坤,眼前何物?赫
笑側身長繫,覺甚事,紛紛攀倚?此則談
何容易?試說豪華,金、張、許、史,到如
今能幾?還可惜,鏡換青娥,塵掩白頭,
一樣奔馳無計。更誤人,可憐青史,一字
何曾輕記!公子憑虛,先生希有,總難為
知己。且放歌起舞,當途慢憎頹(顙)氣。
算少年,原非是想,聊寫古來陳例。誰是
愚蒙?誰是賢哲!我也全無意。但恍然一
瞬,茫茫渺無涯矣!右調《十二時》,渭長
任熊倚聲。"鈐"任熊之印"(白文)、"湘
浦畫"(朱文)。

畫家此幅自畫像,作品未署紀年。然畫
幅上自書詞中有句:"鏡換青娥,塵掩白
頭",應是其晚年作品。又一句"一樣奔
馳無計",點出畫家當時的思想、情懷。
他擅長人物畫,曾師法明末的陳洪綬,
面部以赭色和淡墨加以烘染,凹凸分
明。衣紋中鋒筆多頓挫,全身比例上小
下大,其藝術誇張的特點,正是源於陳
洪綬,然而所袒露的胸肩,以及頭部的
簡練凝神的描繪,都是自創的寫真手
法。這一畫法、畫風,曾深刻地影響了任
伯年諸人的人物畫,成為海派繪畫的一
大特點。

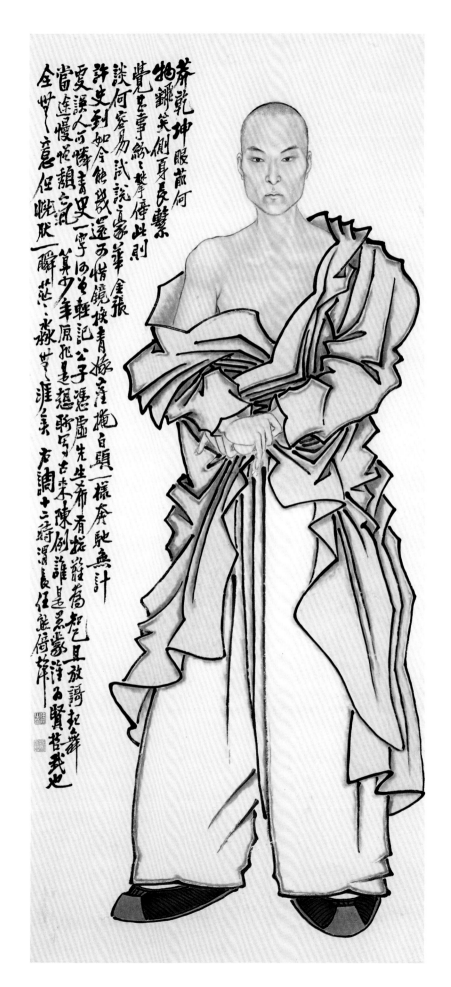

19

任熊 花卉圖屏

紙本（四屏） 設色 每條縱135.5厘米 橫32厘米

Flowers
By Ren Xiong
A set of four hanging scrolls, colour on paper
Each scroll: 135.5 x 32cm

第一條　薔薇。自題："渭長任熊。"鈐"任熊印"（朱文）。

第二條　荷花與墨竹。自題："月明瑤佩，風和韻柔。彼何人斯，若此之艷也。渭長寫意。"鈐"任熊印"（朱文）。

第三條　夾竹桃。自題："渭長略師南沙寫生法於不舍。"鈐印"任熊印"（朱文）。

第四條　葵花與萱草。自題："當軒茂植宜男草，繞砌勻栽向日花。"鈐印"任熊印"（朱文）。

每幅題款位置及書題長短根據畫面佈局安排酌定，協調恰當。繪畫、書法渾然一體，相得益彰。

此圖多以墨、色直接塗染，墨筆勾勒葉脈，細筆點畫花蕊、花瓣。花葉交插錯落，高低起伏，相互映襯。筆法遒勁飛動，墨彩繽紛。

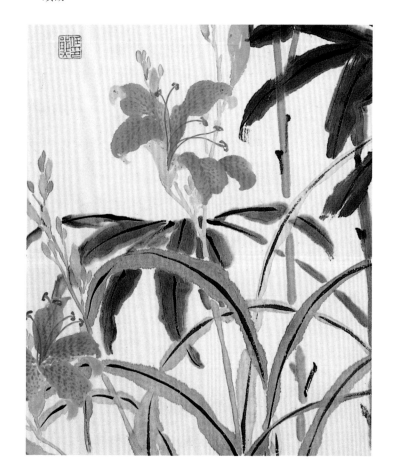

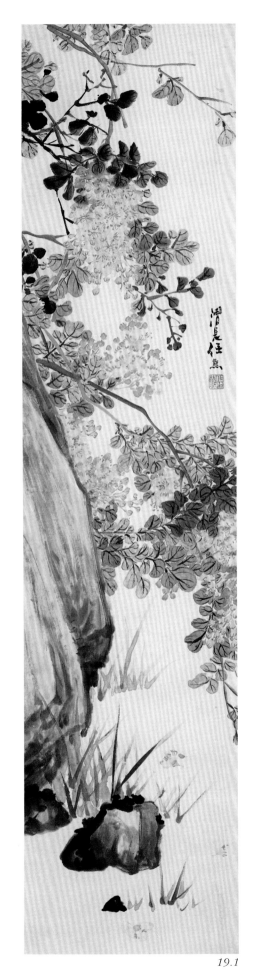

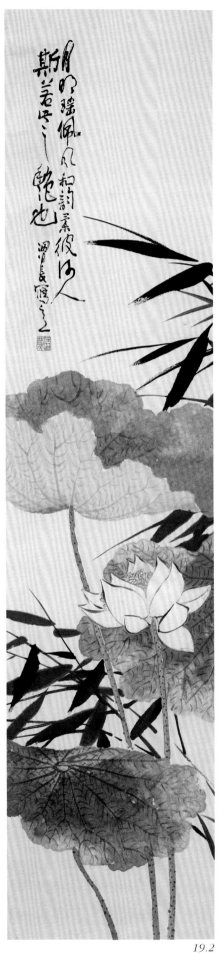

19.1

19.2

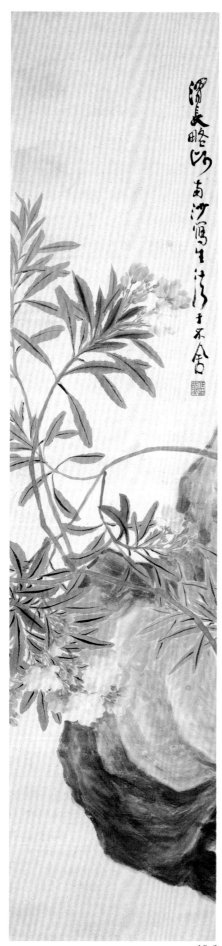

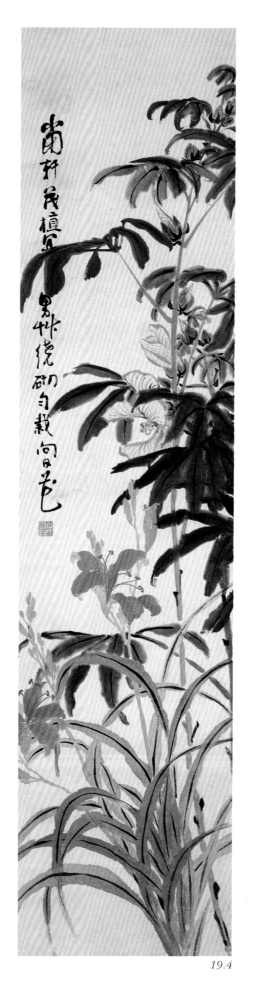

19.3

19.4

20

虛谷 秦贊堯圖像軸
紙本 設色 縱143.5厘米 橫48.3厘米

Portrait of Qin Zanyao
By Xu Gu
Hanging scroll, colour on paper
143.5 x 48.3cm

本幅左側自題"秦醉經四十九歲小像，虛谷寫。"下鈐"虛谷"（朱文）。

畫右秦贊堯自題云："席廣者地，幕大者天。地容我，置身其間。壯不如人，老何求焉?守己安命，庶幾自全。習傳啟後，祖述承先。拜晉陶令，挹宋坡仙。光緒元年六月屬虛谷作圖，即於是晚口占數語，尚未錄出。今檢書筐，適見是圖。戊寅嘉平月第四日贊堯並識。時凍雲四合，門無客到，圍爐靜坐，晏如也。"鈐"秦贊堯印"（白文）。從此題記中得知該畫作於1875年，虛谷時年五十三歲。

秦贊堯，又名秦醉經，文人，生於1827年，卒年不詳。此圖畫秦贊堯身着長衫，手持靈芝，端坐佇立。作者用細綫描出面部輪廓，然後用淡赭色烘染，雙眸傳神，形象逼肖。

虛谷（1823—1896年），俗姓朱，名懷仁，安徽歙縣人。三十歲後出家為僧，但"不茹素，不禮佛"，別號倦鶴、紫陽山民等。"性孤峭"，善畫肖像、花鳥、山水，畫風冷雋，傳世作品較少。

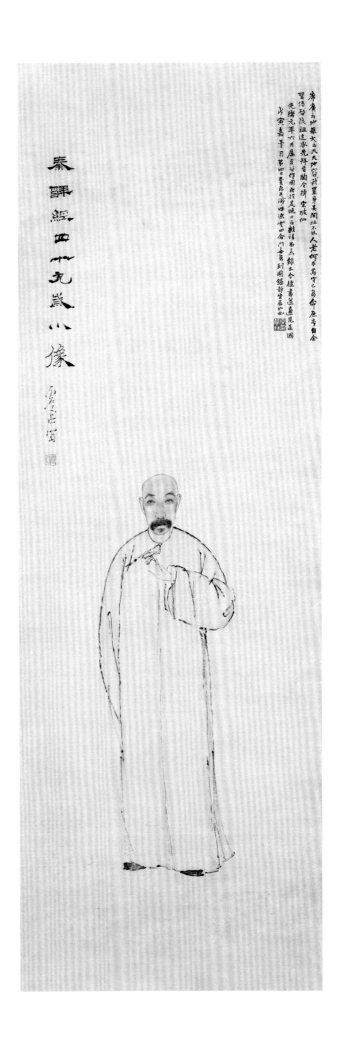

21

虛谷 蜀葵果品圖軸

紙本 設色 縱177.8厘米 橫46.3厘米

Hollyhock and Fruits
By Xu Gu
Hanging scroll, colour on paper
177.8 × 46.3cm

本幅自題："丁丑夏月，虛谷。"下鈐"虛谷書畫"（朱文）。畫下角鈐鑑藏印"海昌錢鏡塘藏"（朱文）。

丁丑為光緒三年（1877），虛谷時年五十五歲。

錢鏡塘為近代收藏家。

畫面瓷瓶內插蜀葵和蜜桃，枝繁葉茂，果實滿枝。瓶外枇杷、百合點綴。瓶及百合用勾染法，蜀葵、蜜桃用沒骨法。葵花的層次感、蜜桃的質感表現得恰到好處。葵葉和桃實用石綠加花青淡染，濃墨畫葉筋，洋紅點花瓣，白粉勾花蕊，設色鮮艷，為虛谷早期蔬果畫代表作。

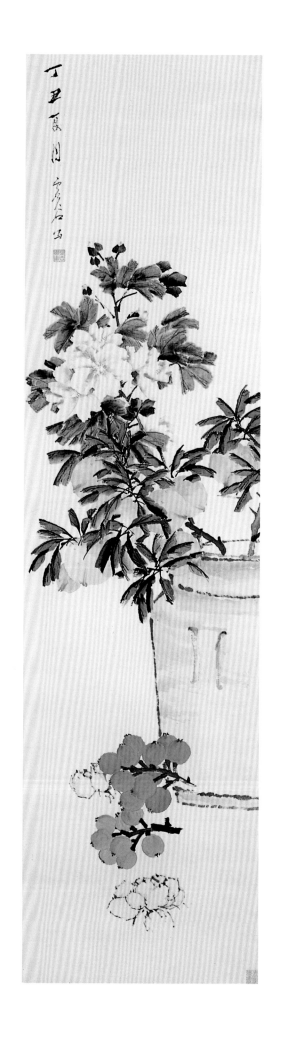

22

虛谷 瓶菊圖軸
紙本 設色 縱126.2厘米 橫57.7厘米

Chrysanthemum in a Vase
By Xu Gu
Hanging scroll, colour on paper
126.2 x 57.7cm

本幅自題："壬午冬月寫於瑞蓮精舍，虛谷。"下鈐"虛谷書畫"(朱文)、左下鈐"三十七峯草堂"(朱文)。

壬午為光緒八年(1882)，虛谷時年六十歲。

圖畫綠磁瓶內黃菊兩枝，一枝上仰，一枝下垂，瓶旁水壺、松枝。以淡墨細筆勾花瓣，淡黃色平塗。葉用淡墨加色點畫，濃墨勾筋，筆法靈活生動，設色雅淡。

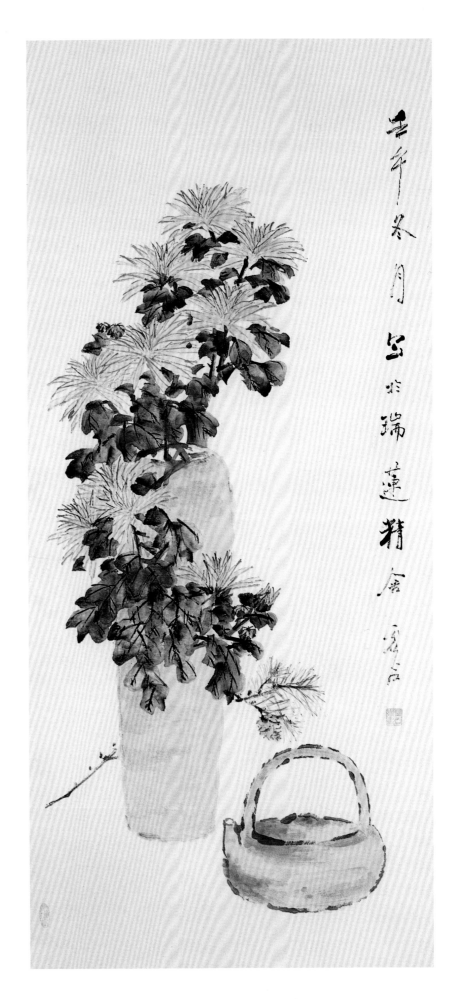

23

虛谷 花鳥屏

紙本（四屏） 設色 每條縱155厘米 橫44厘米

Birds and Flowers
By Xu Gu
A set of four hanging scrolls, colour on paper
Each scroll: 155 x 44cm

第一條　菊鶴圖屏。畫面左上署有"虛谷"二字款，鈐"虛谷"（朱文）。

此圖用高度概括的筆法，寥寥數筆，畫一隻丹頂鶴，一足着地立於坡石草叢中，鶴轉頭啄食羽毛，意態恬適自然。鶴旁黃菊爛漫，葉繁花茂。圖中菊、葉勾點結合，白鶴率筆寫意，鶴腿以淡濃相間的墨色寫之，鶴尾用焦墨點畫，運筆沉着。畫風清新靈動，設色純淨，構圖密而不亂，細微處尤見功力。

第二條　綠竹松鼠圖屏。畫面署有"虛谷"二字款，下鈐"虛谷書畫"（朱文）、右下角鈐"耿耿其心"（白文）。

作者以雙勾填彩法畫翠竹數竿，頂天立地佈滿畫面，滿目青翠。四隻活潑的小松鼠，跳躍於竹枝間，作俯衝直下勢。竹枝縱橫交錯，穿插疏密有致。

虛谷畫松鼠師法華嵒，但華嵒畫松鼠多作跳躍之姿，尾下垂，雙目較小，而虛谷畫松鼠則喜誇張地畫大眼，多取揚尾上翹、俯衝直下之姿。

此圖以乾筆淡墨細勾輕皴松鼠的背、尾，並以焦墨略染其間，再施以淡褐色，更具毛茸茸的質感。

第三條　蘭花金魚圖屏。畫面左上方署有"虛谷"二字款，下鈐"三十七峯草堂"（朱文）。

此圖畫蘭草一叢，生長於陡壁峭坡，蘭葉茂密，蘭花盛開。坡下湖中，四尾大小不等的金魚動態各異。蘭花用筆生拙新奇，特意加長了蘭花的莖葉，似倒垂的柳條一般，別具新意。

第四條　紅梅貍貓圖屏。畫中自題"仿解弢館筆意，時丙戌十月。虛谷。"下鈐"虛谷"（朱文）。

丙戌為光緒十二年（1886），虛谷時年六十四歲。

圖畫紅梅掩映下的一隻貍貓瞬間的生動形象。紅梅含苞欲放的自然天趣，貍貓昂首翹尾、圓睜雙目的情態刻畫入微。筆法簡率，兼工帶寫，構圖主次分明，靜中寓動，設色淡雅，為虛谷畫精品。

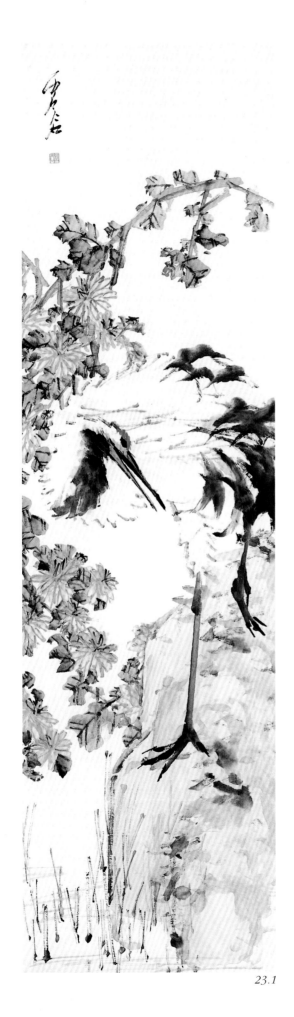

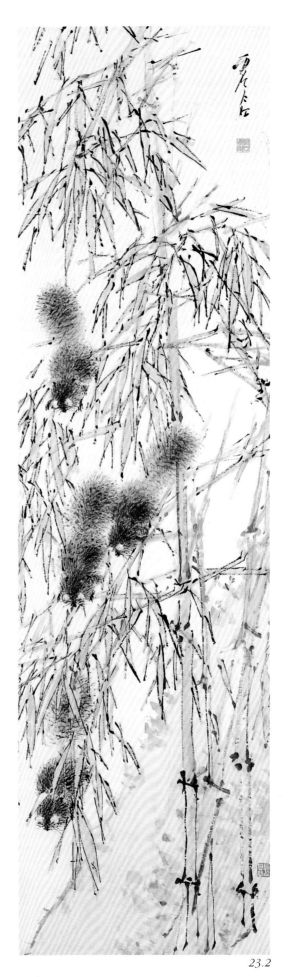

23.1

23.2

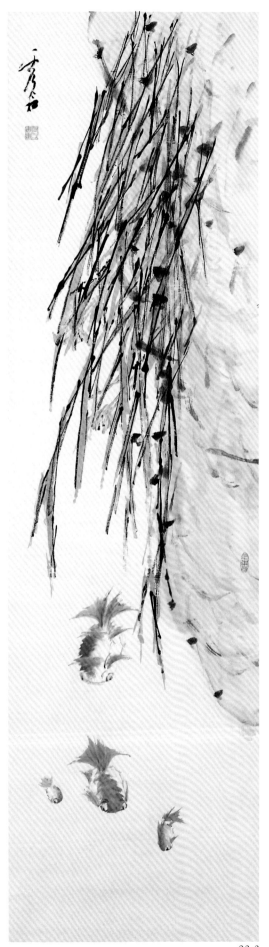

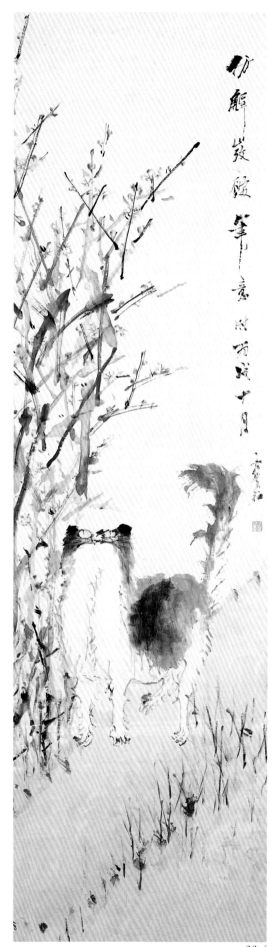

23.3

23.4

24

虛谷 翎毛秋月圖軸

紙本 設色 縱96.5厘米 橫44.7厘米

**A Crow in Autumn Moonlit Night
By Xu Gu**

Hanging scroll, colour on paper
96.5 x 44.7cm

本幅自題："光緒丁亥三月，虛谷。"鈐
"虛谷"（朱文）、"三十七峯草堂"（朱
文）。

丁亥為光緒十三年（1887），虛谷時年六
十五歲。

畫面明月初昇，一寒鴉棲於樹枝。作者
用飛白法畫枯枝，淡墨染天空，烘托出
秋夜淒清蒼涼的意境。

虛谷的花鳥畫，視角獨特，運筆多用側
鋒、逆鋒，且多飛白，筆勢抖動，得"金錯
刀"筆意。在用墨上，喜用淡墨枯筆，並
間雜濃墨。此圖用淡墨側鋒畫枯枝，逆
鋒畫樹幹，造型略誇張，為虛谷成熟期
花鳥畫典型作品。

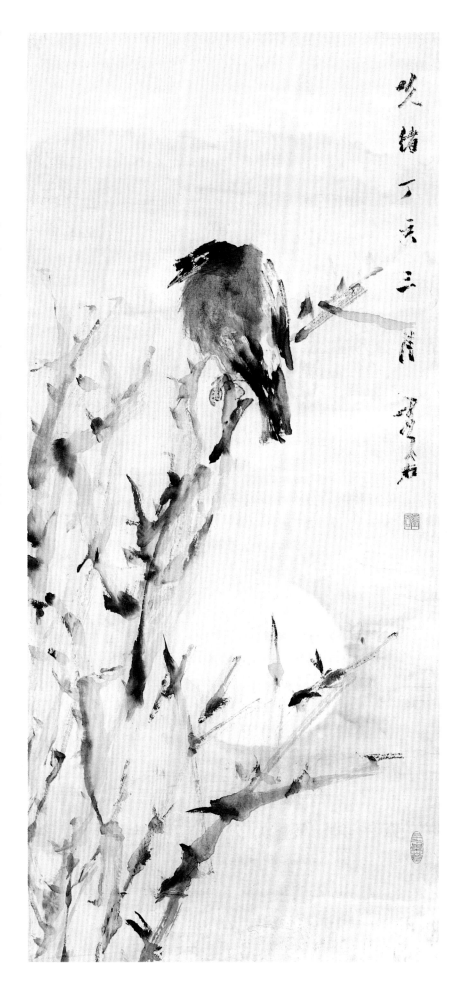

25

虛谷 梅鶴圖軸
紙本 設色 縱248.7厘米 橫121.1厘米

Plum with Cranes
By Xu Gu
Hanging scroll, colour on paper
248.7 x 121.1cm

本幅左上方自題"辛卯春二月虛谷。"鈐
"虛谷"（朱文）、"耿耿其心"（白文）。

辛卯為光緒十七年（1891），虛谷時年六
十九歲。

此圖畫老梅數枝，枝繁花茂，構圖豐滿。
兩隻仙鶴高低相錯佇立於梅幹上。鶴尾
用焦筆點畫，丹頂，白羽，用色艷麗。所
畫梅花，枝如"植戟"。全畫筆法冷雋，技
法嫻熟，氣骨不凡，為虛谷花鳥畫代表
作。

此幅《梅鶴圖》是畫家花鳥繪畫的代表
作品。"梅妻鶴子"是北宋詩人林逋的故
事，因而也成為文人畫家慣寫的題材。
虛谷所繪梅鶴，一雙丹頂鶴立於老梅
上，景物構思迥別於一般的文人繪畫，
所繪老梅枝幹，全用乾筆偏鋒，形成冷
峭新奇的畫風，而雙鶴的紅頂，色澤艷
麗，壓倒羣芳，提醒全畫，尤為匠心獨
運。吳昌碩嘗讚其畫："一拳打破去來
今"，即使是在海派諸家中亦屬獨絕，此
畫正是其典型作品。

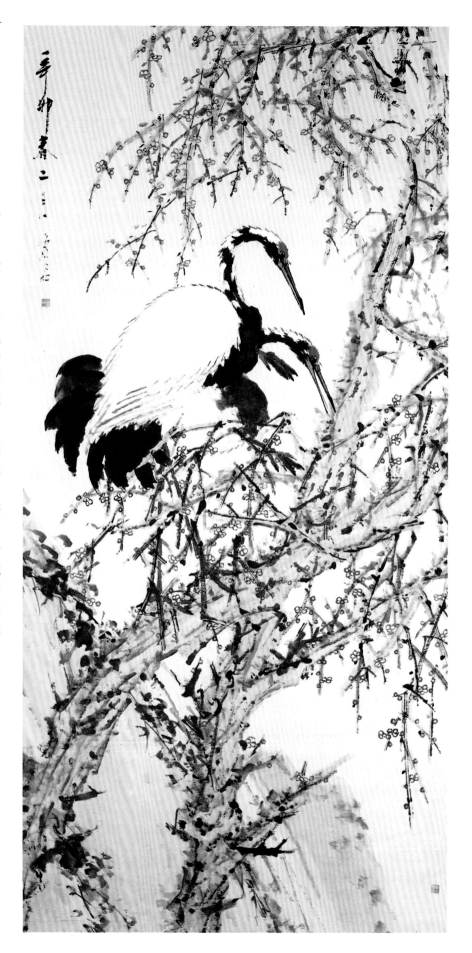

26

虛谷 紫綬金章圖軸

紙本 設色 縱110.6厘米 橫47厘米

Wistaria and Gold Fish
By Xu Gu
Hanging scroll, colour on paper
110.6 x 47cm

本幅右上方自題："紫綬金章。乙未春三月，虛谷寫。"鈐"虛谷"(朱文)，右下鈐"三十七峯草堂"(朱文)，左下角鈐"虛齋珍賞"等印。

乙未為光緒二十一年(1895)，虛谷時年七十三歲。

紫綬金章寓意官至顯貴。此畫以全景式構圖畫藤花披垂，荇藻游魚。藤條用枯筆偏鋒一筆點畫，搖曳多姿，藤花、藤葉用沒骨法，清秀雅麗。金魚色彩艷麗，形象略作誇張，魚身、魚首、魚眼都作方形，具稚拙之美感。

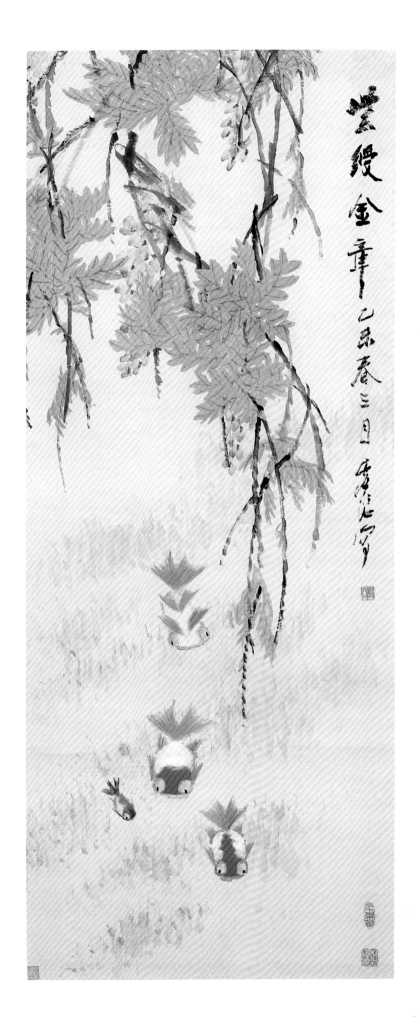

27

虛谷　木石赤蛇圖軸

紙本　設色　縱132.3厘米　橫65.7厘米

Withered Tree, Rock and Poisonless Snakes
By Xu Gu
Hanging scroll, colour on paper
132.3 x 65.7cm

本幅自題："光緒丙申虛谷時年七十有四。"鈐"虛谷書畫"（朱文）、"歲月同光"（朱文）。

丙申為光緒二十二年（1896），故此圖為虛谷在世最後一年之作。

圖畫一棵枯樹從左中向右伸而上，兩條赤鏈蛇盤結屈曲在樹幹上。樹下畫一湖石，周圍衰草叢生。畫中湖石用筆奇峭，枯筆偏鋒勾圈，信手揮成，曲曲彎彎，宛如蛟龍。整幅畫面濃淡、剛柔、疏密交相運用，富有清曠冷雋的韻味。構圖虛實結合，主次分明，靜中寓動，為虛谷精心之作。

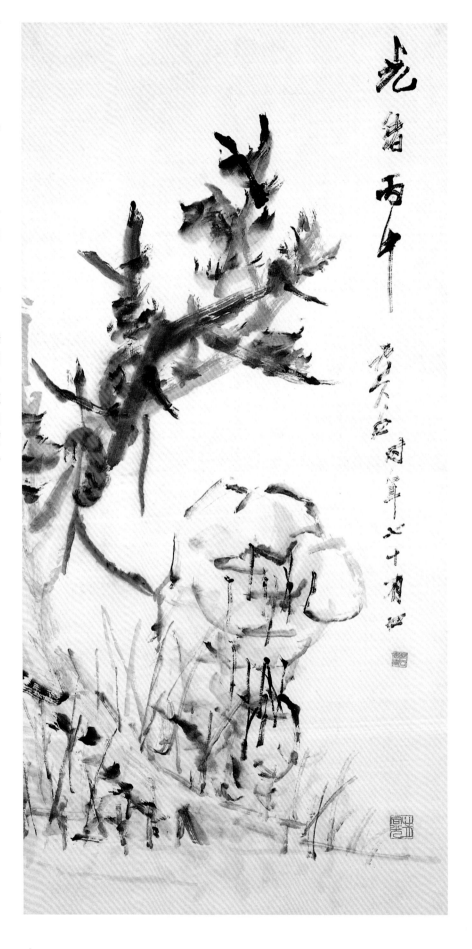

28

虛谷 果品圖軸
紙本 設色 縱60.6厘米 橫29.7厘米

Fruits
By Xu Gu
Hanging scroll, colour on paper
60.6 x 29.7cm

本幅自題："業臣尊兄大人屬即教之，虛谷。"鈐"虛谷"（朱文）。

此圖畫眾多的果品平列畫面，自上而下依次為葡萄、南瓜、蘋果、果仁、百合等。整個畫面佈局均衡，筆法嫻熟，構圖新奇，別有情趣。

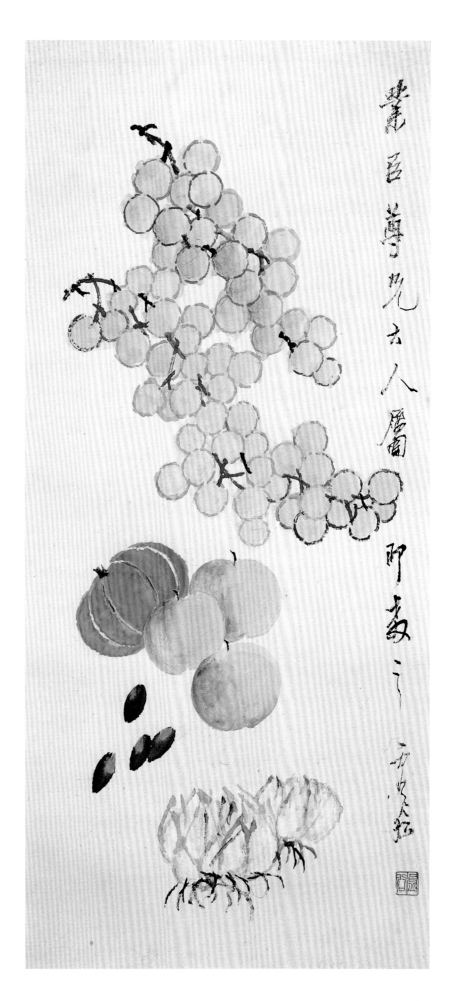

29

虛谷 觀潮圖軸
紙本 設色 縱143.5厘米 橫39.5厘米

Watching the Tidewater
By Xu Gu
Hanging scroll, colour on paper
143.5 x 39.5cm

本幅自識："觀潮圖。寫為靜巖五兄先生
雅屬。虛谷。"鈐"貧佰□□□"（朱文）。
右下角鈐"崇虛盦鑑藏"（朱文）。

畫面二人佇立殿宇中遠眺潮水。人物勾
畫簡略，但山亭殿宇用筆細緻嚴謹，頗
似界畫。山石粗獷簡率，用較重的濃墨
勾斫而成，再敷以淡彩。

虛谷的山水畫師法新安畫派的程邃。程
氏"枯筆乾皴，中含蒼潤"、"以蒼老之筆
寫蕭森之境"的畫風對虛谷的影響較
大。

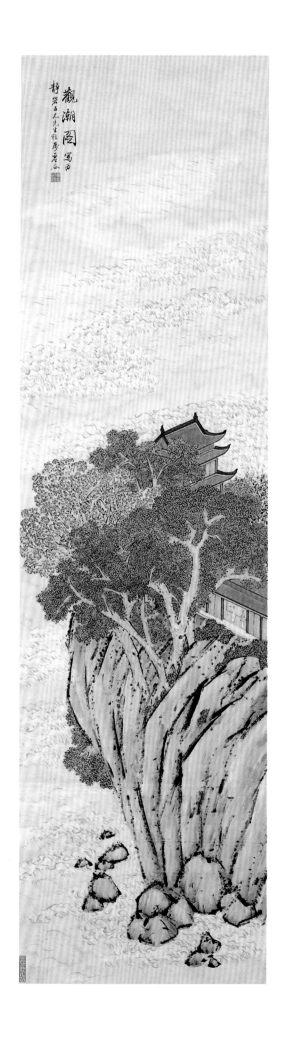

30

虛谷　雜畫冊
紙本（十二開）　設色　每開縱39.5厘米　橫41厘米

Miscellaneous Objects
By Xu Gu
Album of 12 leaves, colour on paper
Each leaf: 39.5 x 41cm

第一開　畫水仙。自題：“同亦蒜也，有雅俗之分也。”鈐“虛谷”（朱文）、“三十七峯草堂”（朱文）。

第二開　畫金魚。自題：“辛卯八月，虛谷。”鈐“虛谷”（朱文）、“三十七峯草堂”（朱文）。

第三開　畫松鼠、竹枝。自題：“仿解弢館，虛谷。”鈐“虛谷”（朱文）、“三十七峯草堂”（朱文）。

第四開　畫枇杷、百合。自題：“寫於覺非盦，虛谷。”鈐“虛谷”（朱文）。

第五開　畫扁魚、大蒜。自題：“倦鶴戲筆，時年六十有九。”鈐“虛谷”（朱文）、“三十七峯草堂”（朱文）。

第六開　畫荷花。自題：“微妙香潔，虛谷。”鈐“虛谷”（朱文）。

第七開　畫蓮蓬。自題：“湖中風味，虛谷寫生。”鈐“虛谷”（朱文）、“三十七峯草堂”（朱文）。

第八開　畫西瓜、柿子。自題：“辛卯八月，虛谷。”鈐“虛谷”（朱文）。

第九開　畫游魚。自題：“水面風波魚不知，虛谷。”鈐“虛谷”（朱文）。

第十開　畫菊花。自題：“還來就菊花。”鈐“虛谷”（朱文）、“三十七峯草堂”（朱文）。

第十一開　畫白貓。自題：“仿解弢館筆，虛谷。”鈐“虛谷”（朱文）、“三十七峯草堂”（朱文）。

第十二開　畫扁魚、竹筍。自題：“辛卯八月，虛谷寫生。”鈐“虛谷”（朱文）、“三十七峯草堂”（朱文）。

此冊畫花鳥蔬果，筆墨脫俗。用淡墨枯筆，同時間雜濃墨。運筆多用側鋒、逆鋒及飛白。構圖別出心裁，豐富多變。賦色多用花青、石綠、白粉。如用花青、石綠畫荷葉，白粉染荷花，赭石畫荷梗，具清新雅致之美感。此圖冊為虛谷晚年佳作。

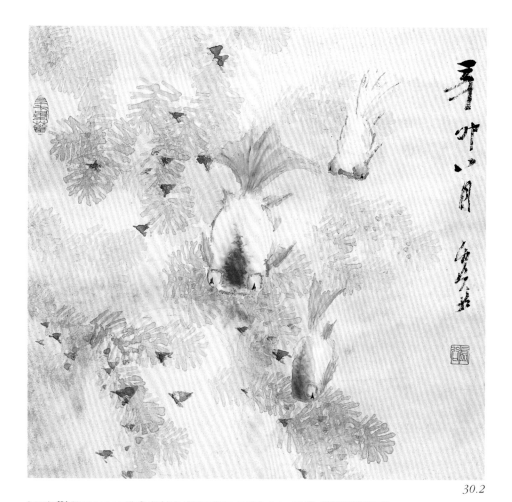

30.2

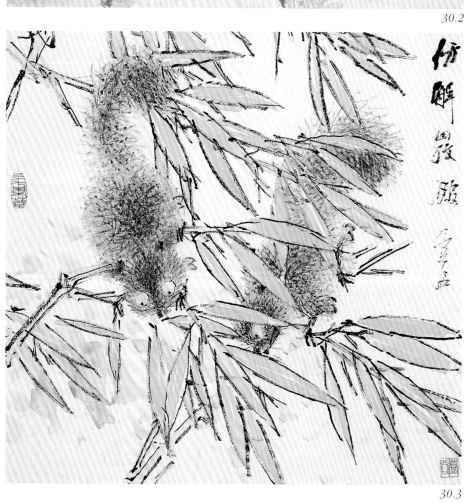

30.3

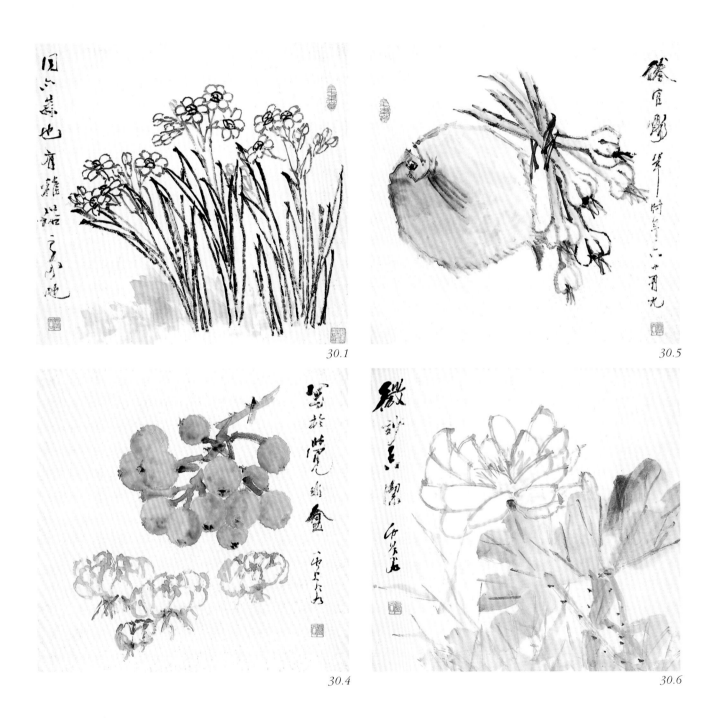

30.1

30.5

30.4

30.6

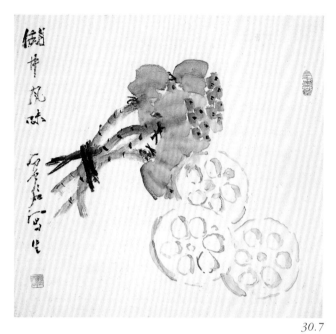

30.7

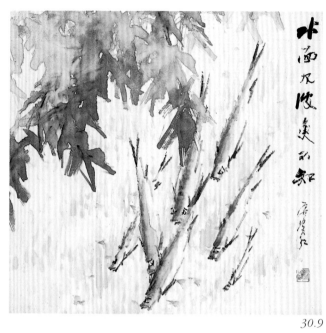

30.9

30.8

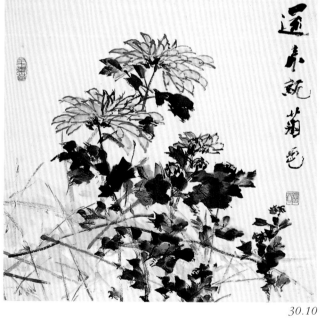

30.10

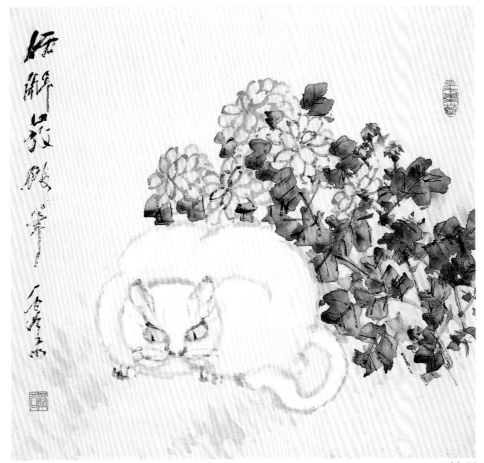

30.11

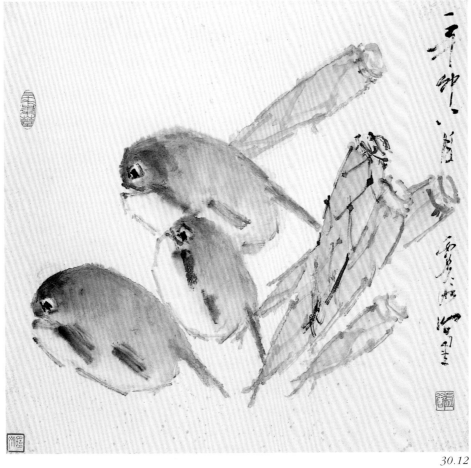

30.12

31

虛谷 楊柳八哥圖軸

紙本 設色 縱115.3厘米 橫51.7厘米

Willow with Mynas
By Xu Gu
Hanging scroll, colour on paper
115.3 × 51.7cm

本幅自題:"薾珊仁兄大人敎正,虛谷時
年七十有二。"鈐"虛谷"(朱文)、"三十
七峯草堂"(朱文)。

圖畫垂柳,枝葉稀疏,三隻八哥,或棲或
飛。枝葉用頓挫之筆,並染以石綠、花青
和赭石。遠處叢竹用濕筆淡墨輕染,與
近景相互映襯。全畫筆致簡率嫻熟,設
色淡雅,為虛谷晚年佳作。

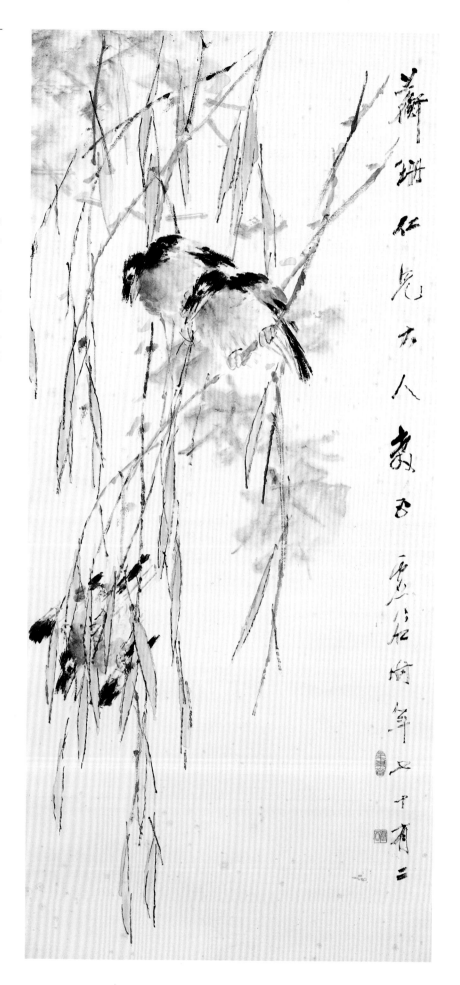

32

虛谷 紫藤金魚圖軸

紙本 設色 縱136厘米 橫66.4厘米

Wistaria and Gold Fish
By Xu Gu
Hanging scroll, colour on paper
136 x 66.4cm

本幅左上方自題："紫綬金章。寫奉仰蓬
方伯大人，虛谷。"下鈐"虛谷"（朱文）。

圖中以沒骨法畫池塘景物。在婉轉伸屈
的淺色藤條上滿綴紫色藤花，滿目錦
繡。藤架下，三尾鮮紅的金魚在池中的
落英中嬉逐，金魚造型誇張變形。全畫
用筆沉穩含蓄，藤條的轉折和魚鰭、魚
尾的勾勒以及畫幅上的款識都顯示出
畫家深厚的功力。鮮麗明妍的設色烘托
出祥和活潑的氣氛。此是虛谷畫作之精
品。

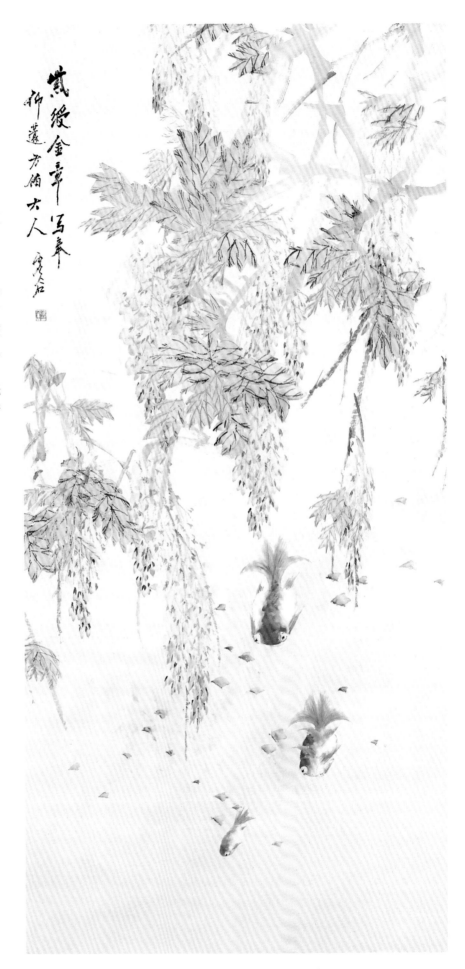

33

虛谷 沈麟元葑山釣徒像軸
紙本 設色 縱116厘米 橫55.7厘米

Portrait of Shen Linyuan, Fishing in
the West Lake
By Xu Gu
Hanging scroll, colour on paper
116 x 55.7cm

本幅右上方自題"葑山釣徒，竹齋先生
五十歲小景，虛谷。"下鈐"虛谷"（朱
文）。

圖上方詩堂有許瑤光和靳菊的題詩和
長題，頌揚此圖的藝術造詣並敍述虛
谷、沈麟元的生平簡歷。鈐有沈麟元、靳
鞠等印多方。

沈麟元，字竹齋，一字卓哉，錢塘（今杭
州）人。清同治至光緒間（1862—1908）
時，官河南浙川廳同知。善書，工山水，
與虛谷同時代人。此圖畫沈麟元頭戴斗
笠，身着白色短袴衣，留短鬚，坐於石上
觀水沉思。山石輕勾淡染，一漁竿橫臥
身後，以點出主題。人物面部用細筆勾
出五官的部位和輪廓，以淡赭加花青渲
染，表現出質感。衣紋簡勁，人物傳神，
表現了沈麟元恬靜、文雅的性格。

"葑山釣徒"，按：蘇東坡浚西湖以葑田
築長堤，名為"蘇堤"。葑山即指西湖，
"葑田"即指架田。

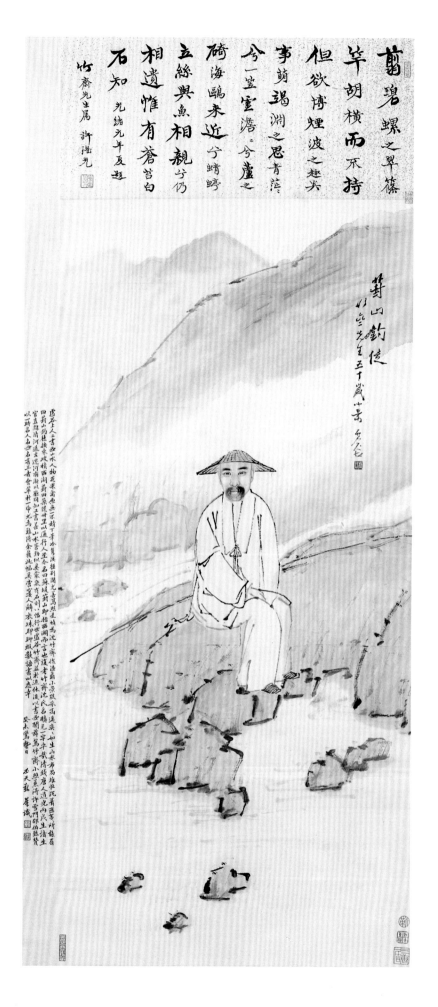

34

虛谷 枇杷卷

紙本 設色 縱44.3厘米 橫95.5厘米

Loquat
By Xu Gu
Handscroll, colour on paper
44.3 x 95.5cm

本幅自題："介生仁兄大人正。虛谷寫。"鈐"虛谷書畫"（朱文）、"三十七峯草堂"（朱文）。

此圖畫折枝枇杷一枝，從左下向右上橫曲出枝，碩果纍纍壓滿枝頭。金黃色的枇杷與濃淡有致的墨葉加強了畫面的色調對比，顯得明快、濃麗。

虛谷畫枇杷造型與眾不同，樹葉略作誇張，像一把把鋒利的小刀，構思新奇。枇杷果金黃透明，多取上昂之勢。設色上虛谷不用一般畫家畫枇杷果常用的藤黃，而用赭石加硃膘，色偏深、紅，極富個性。

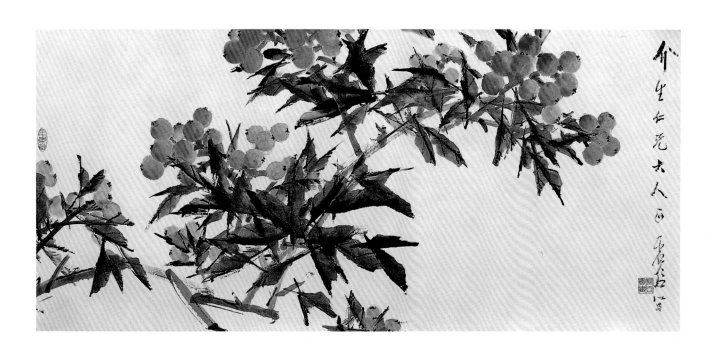

35

虛谷 梅花圖軸
紙本 設色 縱144.4厘米 橫60.7厘米

Plum Blossoms
By Xu Gu
Hanging scroll, colour on paper
144.4 x 60.7cm

本幅自題：“虛谷寫”。鈐“虛谷書畫”
（朱文）。

此畫以側鋒逆疾的筆勢畫滿幅梅花，崢
嶸向上，繁花錦簇，圖中老幹以淡墨畫
出，頓挫有法。樹枝用飛白法，花瓣細筆
勾描。

虛谷一生最愛畫梅，他畫的梅花，枝如
植戟，花瓣或方或勾成多邊形。此畫用
筆冷雋，並融入了蔡邕的“飛白”和李北
海拗峭的筆意，構圖豐滿，運筆凝重，意
境清幽，為虛谷花卉畫佳作。

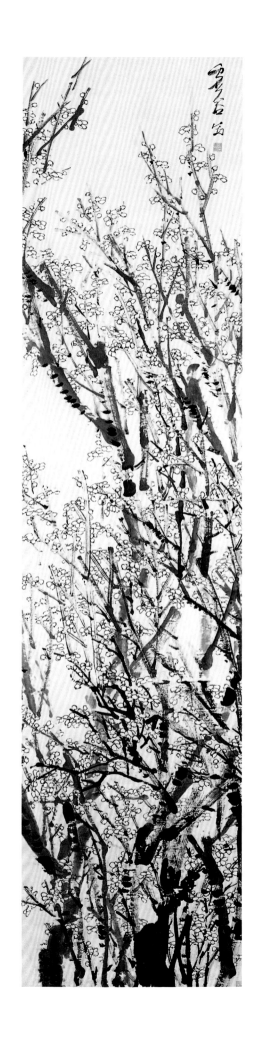

36

虛谷　貓蝶圖軸
紙本　設色　縱128.3厘米　橫38.9厘米

Butterflies and a Black Cat
By Xu Gu
Hanging scroll, colour on paper
128.3 x 38.9cm

本幅自題：子敷仁兄屬。虛谷仿解弢
館。"鈐"舄"（朱文）。

此圖畫園中叢菊盛開，彩蝶飛舞，綠草
如茵，一隻體態肥碩的黑貓昂首注視着
飛蝶。虛谷的花鳥畫脫胎於華嵒，善於
捕捉一瞬間的生動形象再現於紙上。此
圖貓眼略作誇張，專注地窺視彩蝶的神
情刻畫得惟妙惟肖。全畫色彩明淨，清
新有致。

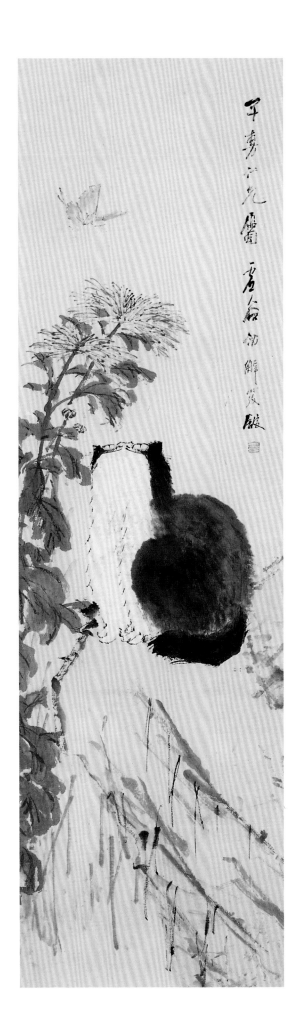

37

虛谷 彭公像軸
紙本 設色 縱125.2厘米 橫63.6厘米

Portrait of Peng Gong
By Xu Gu
Hanging scroll, colour on paper
125.2 x 63.6cm

此圖無名款，根據畫作風格，定為虛谷
畫。

圖中畫一人身着長袍，手持菊花，倚坐
於湖石塊壘上。庭院中雙松挺拔，兩隻
白鶴在綠蔭間閑步。竹籬邊秋樹蘢葱，
叢菊盛開。人物面部刻畫細微，勾染筆
筆精到，墨色渲染適度，虛實對比清晰
自然，加之細勁、簡潔、流暢的衣紋和松
菊花石的映襯，傳神地表現出主人公持
重、悠閑的神態。

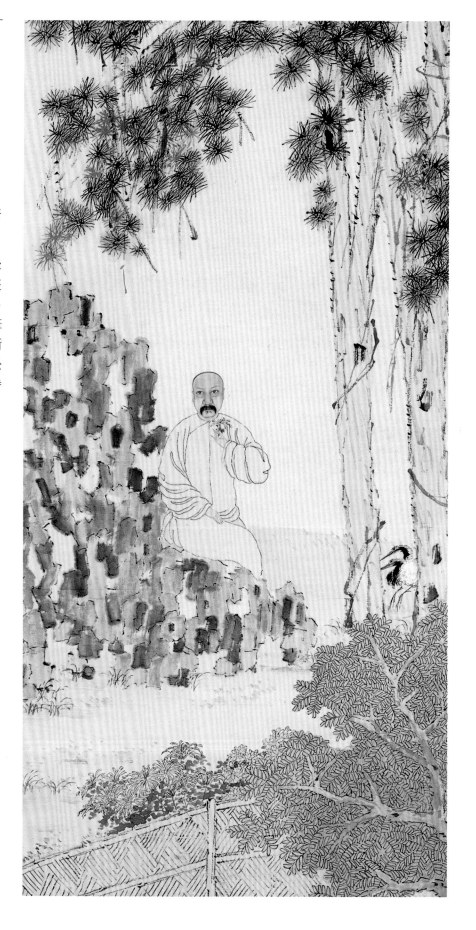

38

胡遠 梅花圖軸

紙本 設色 縱145.6厘米 橫37.4厘米

Plum Blossoms
By Hu Yuan
Hanging scroll, colour on paper
145.6 x 37.4cm

本幅自識："老龍踞懸崖，俯瞰神靈窟。
似欲凌空飛，鱗甲耀白日。辛未之冬為
午喬仁二兄屬即正胡公壽。"鈐"公壽"
（白文）。

辛未是同治十年（1817），胡公壽時年五
十二歲。

整幅畫賦色不多，格調新穎雅逸，用筆
凝重渾厚，樸拙中蘊含剛毅。

胡遠（1823—1886年），字公壽，以字
行，號小焦瘦鶴、橫雲山民，華亭（今上
海松江）人。工詩，善畫山水、花卉，尤喜
畫梅，老幹繁枝，橫斜取勢，集古今諸家
之筆，自成一格。喜用濕筆，雅秀雄健，
得淋漓沉鬱之致。書法出入顏真卿、李
邕間，亦具體勢，與虛谷、任頤關係甚
密，著有《寄鶴軒詩堂》。

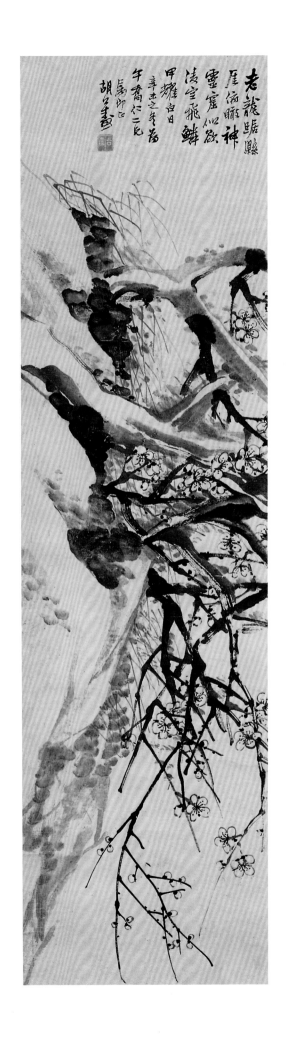

39

胡遠 夏山欲雨圖軸

紙本 墨筆 縱60.5厘米 橫27.1厘米

**Rain Coming in the Summer Mountains
By Hu Yuan**
Hanging scroll, ink on paper
60.5 x 27.1cm

本幅自識："夏山欲雨戊辰夏五寫於寄
鶴軒胡公壽。"鈐"胡公壽私印"（白
文）。

戊辰為同治七年（1868），胡公壽時年四
十六歲。

墨筆作平遠景色，下段近處，曲渚茅堂，
四周松竹雜樹，對面一山突起，其勢高
聳入雲。畫法山石輪廓一波三折，淡墨
橫皴帶點，樹木或漬墨渲染，或點寫夾
葉，墨色有乾濕濃淡之別，富於變化，表
現出夏季草木滋潤。

全幅佈局簡括，境界清曠，用筆靈活，筆
中兼有生拙秀潤的特點。畫風近董其昌
又獨具特色。

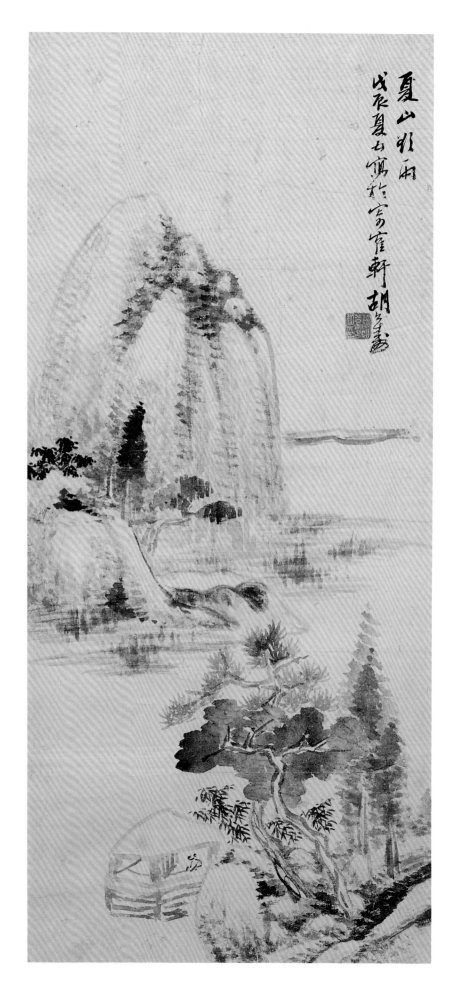

40

胡遠　松樹桃花圖軸
紙本　設色　縱87厘米　橫30.7厘米

Pine Tree and Peach Blossoms
By Hu Yuan
Hanging scroll, colour on paper
87 x 30.7cm

本幅自識："西叔四兄鑑之戊辰二月公
壽。"鈐"公壽"（朱文）、"安定"（白
文）。

戊辰為同治七年（1868），胡公壽時年四
十六歲。

此圖借長松桃花喻意春季復始，萬象更
新。在佈局、用筆上較能集中體現畫家
的典型風格。首先是構圖善於"得勢"。
如所畫蒼松，老幹橫斜屏障間，兩三枝
春桃順勢叢生，已使畫面似大廈之將
傾，然一枝團簇着松針的青松從上方反
向折下，頓使畫面險中生夷。更兼老松、
春桃，團簇的松針與鱗皺老幹之間的對
映，尤富變化而協調。二是畫家喜用濕
墨，如老松枝幹的墨淡而濕，松針墨濃
而潤，可謂是渾論雅秀，得淋漓沉鬱之
致，一改文人畫喜用枯淡筆墨的舊習。

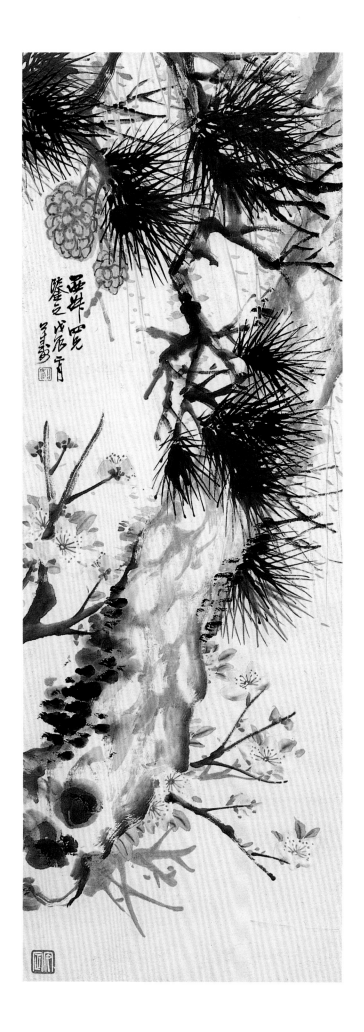

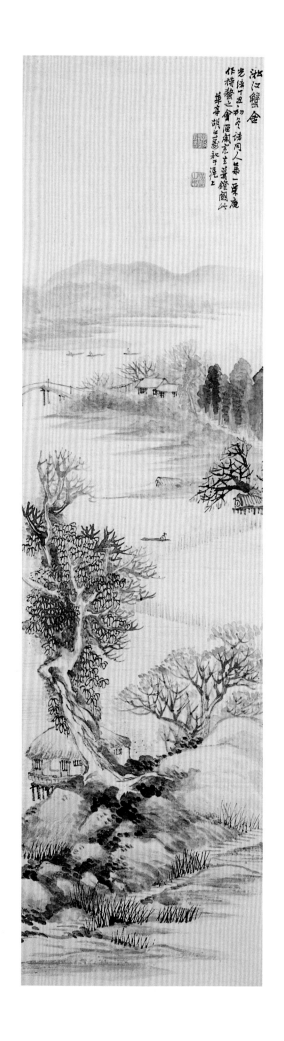

41

胡遠 淞江蟹舍圖軸

紙本 設色 縱148.5厘米 橫39.4厘米

Crab Party in a Place on the Songjiang River
By Hu Yuan
Hanging scroll, colour on paper
148.5 x 39.4cm

本幅自識："光緒丁丑初冬，諸同人集一
粟庵作持螯之會，酒闌客去，籌構鐙圖
此，華亭胡公壽於滬上。"鈐"胡公壽宜
長壽"（白文）、"橫雲山民"（朱文）。

此圖作於光緒三年（1877），胡遠時年五
十五歲。

該畫以水墨淡彩畫遠山紅樹，沙洲蟹
舍，水中漁舟，脈絡分明。此圖是胡遠的
精心之作。

42

胡遠 長松草堂圖軸
紙本 淡設色 縱136.8厘米 橫59厘米

Tall Pine and Thatched Hut
By Hu Yuan
Hanging scroll, light colour on paper
136.8 × 59cm

本幅自識："長松草堂圖白石翁晚年筆
也，光緒甲申七月公壽仿之。"鈐"胡公
壽"（白文）、"橫雲山民"（朱文）。又題：
"昨讀石田畫松卷，恍似徂徠初雪晴。寥
天皚皚風漠漠，松翁依舊鬚眉青。蔽牛
一賞漆園吏，歸鶴幾見遼東了。明朝正
欲入山去，擬屬松根千歲齡。題沈石田
先生所寫雪松長卷近作錄此補空。公壽
又筆。"鈐"公壽長壽"（白文），畫心下
鈐"寄鶴軒"（白文）。收藏印"琴舟過
眼"。

甲申為光緒十年（1884），胡公壽時年六
十二歲。

白石翁指沈周。

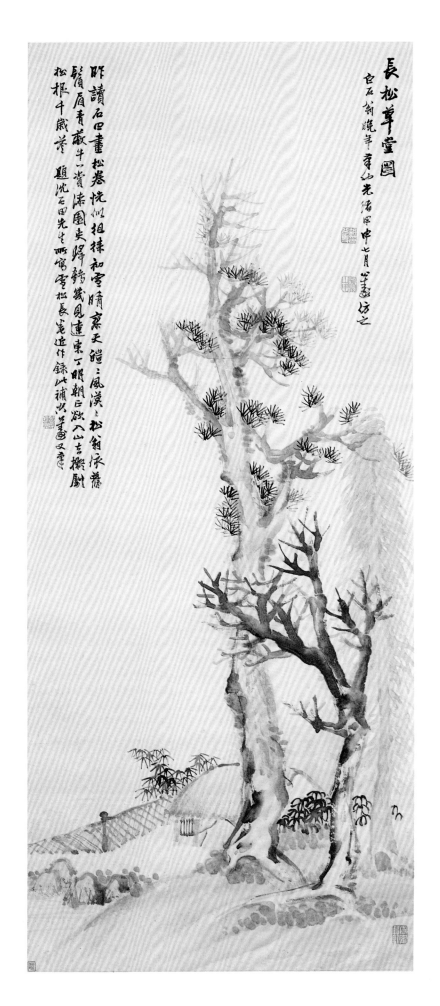

43

朱偁 花鳥軸

絹本　設色　縱116.8厘米　橫54.8厘米

Birds and Flowers
By Zhu Cheng
Hanging scroll, colour on silk
116.8 x 54.8cm

本幅右上自題："庚辰莫春初吉，夢廬朱偁寫於滬江客舍。"下鈐"夢廬書畫。"（白文）。

庚辰為光緒六年（1880），朱偁時年五十五歲。

作品構圖井然有序，畫山桃艷麗，嫩葉翠綠，以濃郁的石綠色在岩石上點成斑斑青苔。岩下兩枝鳶尾花淡雅潔淨。圖中花朵、燕子以沒骨法"撞粉"、"撞水"畫成，水分控制得恰到好處，在濃淡乾濕的變化中顯示出作者深厚的功力。朱偁的花鳥畫細膩秀媚，清麗脫俗，畫面色彩鮮艷，富有情趣。

朱偁（1826—1900年），早年名琛，後更為偁，字夢廬，號覺未，浙江嘉興人，朱熊之弟。工花鳥草蟲，花鳥取法王禮，晚年偶法惲壽平、華嵒等清代著名畫家，亦頗得其趣。

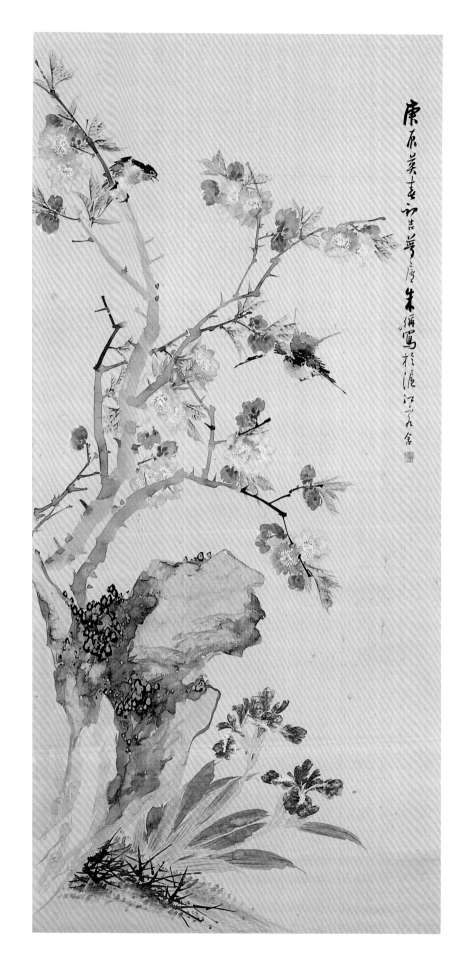

44

朱偁 柏雀水仙軸
紙本 設色 縱182.5厘米 橫47厘米

Narcissus, Cypress and Sparrow
By Zhu Cheng
Hanging scroll, colour on paper
182.5 x 47cm

本幅左上自題："景華仁兄大人大雅之
屬,乙未夏四月望後三日覺未朱偁寫,
時年七十歲。"下鈐"嘉興朱偁印信"
(白文)、"夢廬"(朱文),左下鈐"千年
養之"(白文)。

乙未為光緒二十一年(1895)。

圖中佈局疏密得當,設色清新淡雅。以
乾筆側鋒的飛白效果體現柏樹枝幹的
蒼勁,再用焦筆濃墨攢點出茂密的柏
葉。迎春花枝幹秀挺勁健,行筆如刻畫,
水仙則自然隨意,野趣天生。淡色渲染
再加乾筆皴擦,使小麻雀充滿蓬鬆的羽
毛質感,生機勃勃。

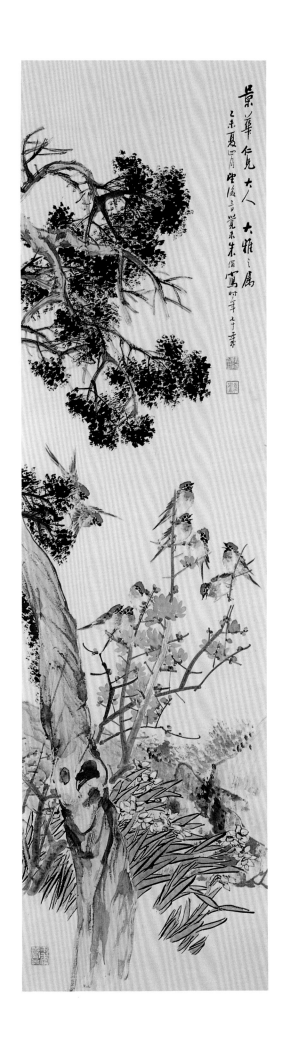

45

朱偁 桃花燕子圖軸
紙本 設色 縱81.4厘米 橫45.8厘米

Peach Blossoms and Swallows
By Zhu Cheng
Hanging scroll, colour on paper
81.4 x 45.8cm

本幅右上自題："花開水為知己,燕來柳
是東人,摺廷二兄大人雅屬。夢廬逸史
寫。"鈐"偁印"(白文)。

此圖從畫風和題款鑑析應為其中晚年
作品。

圖畫桃花盛開,柳枝縱橫交錯,雙燕飛
於花柳間。桃柳不假勾勒,隨意敷彩,落
筆成形,或盛開,或含苞欲放,形態各
異。這種表現手法顯然是受惲壽平沒骨
花鳥畫影響。雙燕形象生動,動感十分
強烈,頗具華嵒花鳥畫神韻。構圖平中
求奇,靜中寓動,畫風清麗秀雅,為朱偁
花鳥畫佳作。

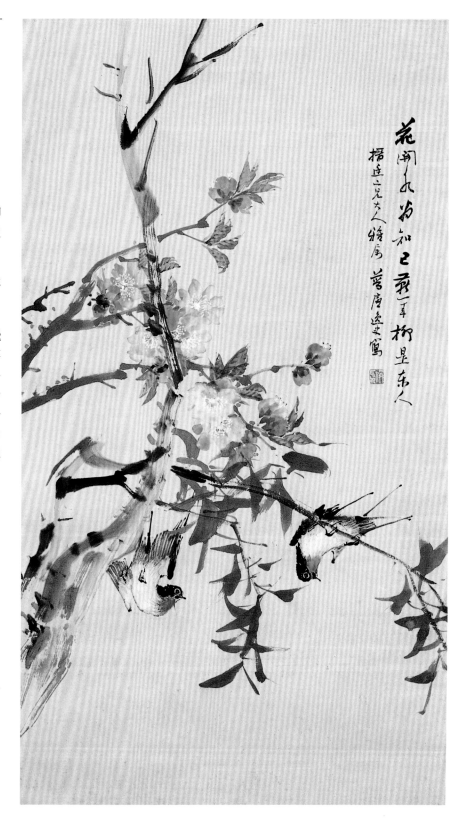

46

朱偁　花鳥冊

紙本（十二開）　設色　每開縱33.7厘米　橫33.5厘米

Birds and Flowers
By Zhu Cheng
Album of 12 leaves, colour on paper
Each leaf: 33.7 x 33.5cm

第一開　畫桃花、白鸚鵡。題："夢廬"。鈐"覺未"（白文）。

第二開　畫三小鴨戲水。題："鴛湖風味，夢廬。"鈐"覺未"（白文）。

第三開　畫一蟬隨梧桐葉飄落。題："梧桐葉落帶蟬飛，夢廬。"鈐"覺未"（白文）。

第四開　畫一畫眉棲於花枝。題："夢廬逸史偁。"鈐"覺未"（白文）。

第五開　畫蘭草、靈芝。題："芝蘭競秀，夢廬仿文五峯法。"鈐"覺未"（白文）。

第六開　畫紫藤、喜鵲。題："夢廬"。鈐"覺未"（白文）。

第七開　畫麻雀、竹菊。題："夢廬"。鈐"覺未"（白文）。

第八開　畫月季、小鳥。題："夢廬"。鈐"覺未"（白文）。

第九開　畫竹枝、山茶和鳥雀。題："夢廬寫"。鈐"覺未"（白文）。

第十開　畫枇杷果和小鳥。題："滬上客偁寫於後四樂齋。"鈐"覺未"（白文）。

第十一開　畫葡萄。題："滿腹珠璣無處賣，閑拋閑擲到葉梢。夢廬。"鈐"嘉興朱夢廬"（白文）。

第十二開　畫喜鵲、梅枝。題："喜上眉梢，夢廬朱偁。"鈐"覺未"（白文）。

此套冊頁每開均鈐有收藏印"菁士收藏賞鑑章"。

這套冊頁多為折枝花卉和鳥雀，構圖簡潔明快，設色艷麗，筆法勁秀灑落，充滿雋逸之氣。花卉秀媚絢麗，鳥雀細膩生動，與張熊、王禮等設色濃艷的畫風相近，雅俗共賞。冊頁中的每開都是一幅形神兼備、情趣盎然的花鳥小品。其中"梧桐葉落帶蟬飛"和月季花旁小鳥翻飛的幾幅尤為生動，體現了作者對日常生活中自然景物的細緻觀察。

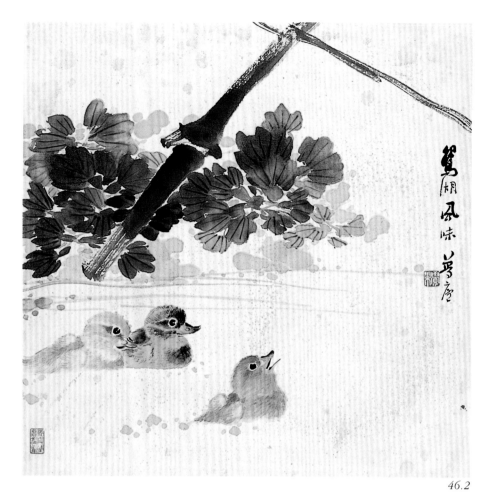

46.2

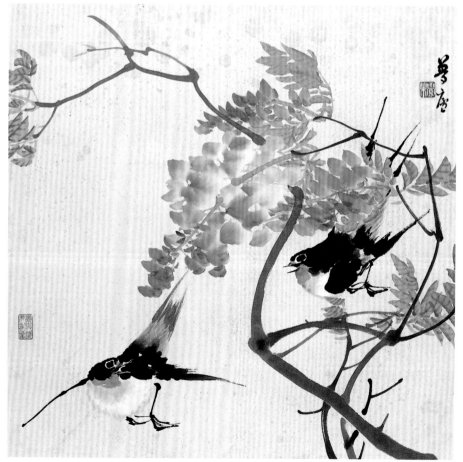

46.6

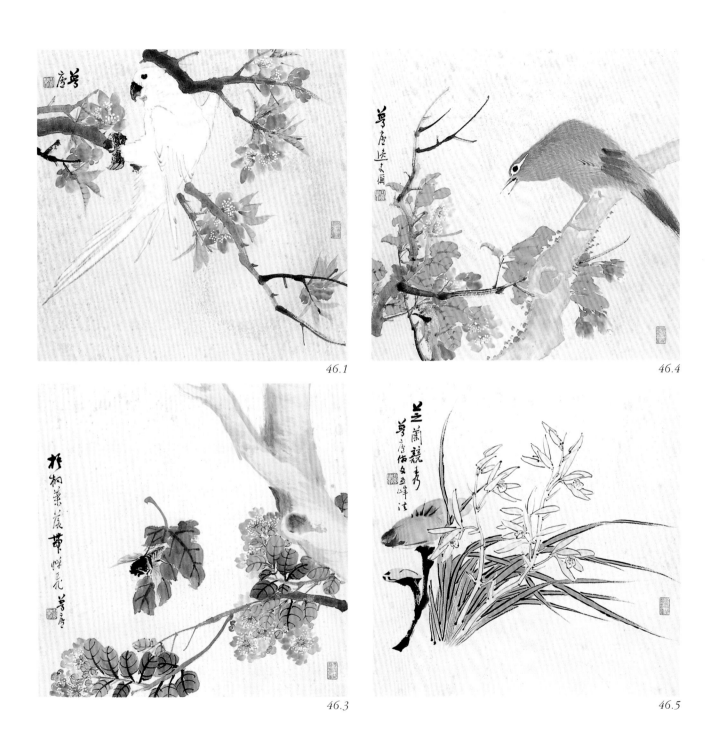

46.1

46.4

46.3

46.5

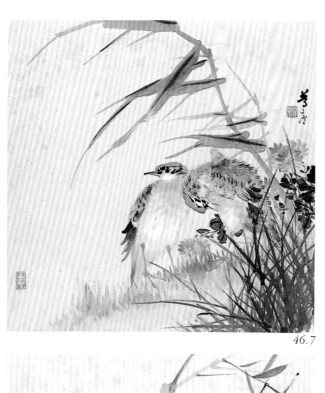

46.7

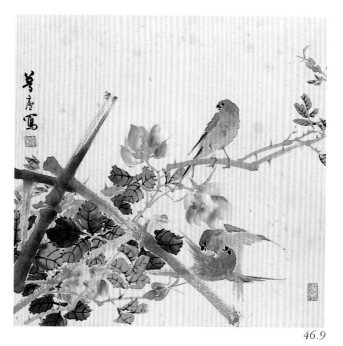

46.9

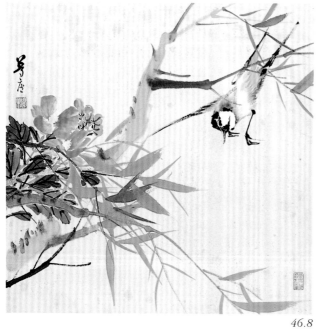

46.8

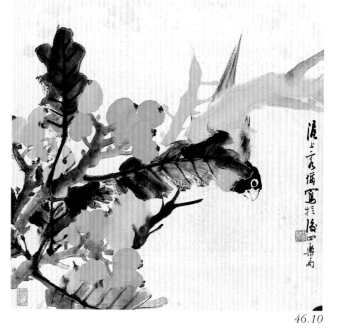

46.10

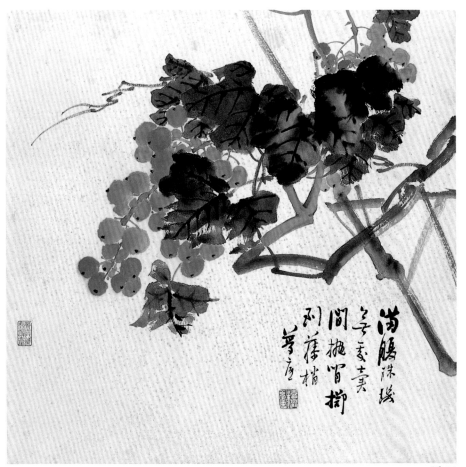

満腹珠璣
多多益善
間抛肖擲
別種楷
尊彦

46.11

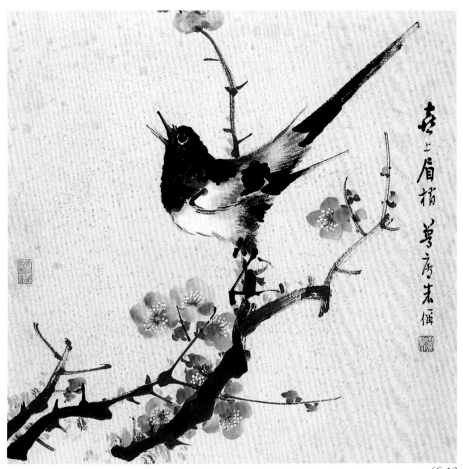

喜上眉梢
尊彦并俱

46.12

47

朱偁 花鳥軸

絹本 設色 縱100厘米 橫25.7厘米

Birds and Flowers
By Zhu Cheng
Hanging scroll, colour on silk
100 x 25.7cm

本幅右上自題："仿甌香館主人筆法，夢
廬逸史偁。"下鈐"夢廬書畫"（白文），
左下角白文印，印文不辨。

此圖清新俊逸，構圖較為疏朗但並不鬆
散，層次清晰，重點分明。繁密的枝葉層
層疊疊，以不同色彩區分出層次，精細
而不瑣碎。葉片輪廓筋脈勾畫精細。

作者自題仿甌香館主人，即清初名家惲
壽平。惲氏花鳥畫遠追徐熙的野逸沒骨
法，經他再創新，着眼於"淺色澹遠"、
"不傷巧飾"的原則，開創骨清神秀、色
澤典雅、意境幽淡的畫風。朱偁此圖雖
仿惲壽平筆意，但與之相比，意境較為
甜俗，少一些清幽。

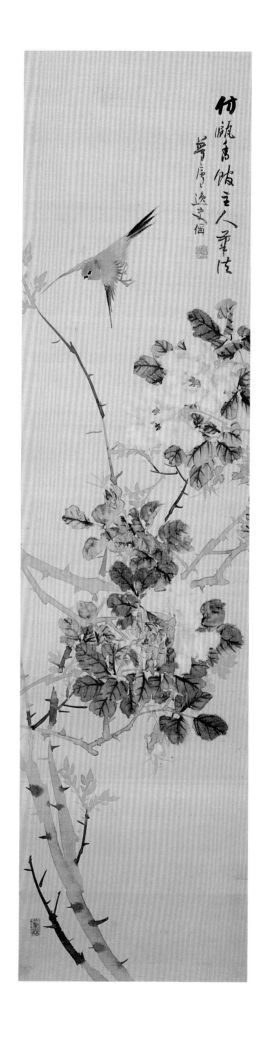

48

朱偁 荷花翠鳥軸
絹本 設色 縱100厘米 橫25.7厘米

Lotus and Kingfisher
By Zhu Cheng
Hanging scrooll, colour on silk
100 x 25.7cm

本幅右上自題："莆塘野趣不參清靜法
門，覺未朱偁。"下鈐"覺未朱氏"（朱
文）。

圖中繪荷花、蘆葦、翠鳥，墨筆、設色兼
施。大筆側鋒畫荷葉墨色淋漓、滋潤酣
暢，與其較精細的花鳥畫風相比，此幅
可算粗放之作。雖精簡但不失法度，荷
葉輪廓完整，層次分明，絲絲筋脈亦依
稀可見。雋秀疏簡的蘆葦和羽毛鮮艷的
翠鳥則仍是朱偁的典型風格。此圖保持
了畫家作品中一貫的穩重嚴謹特點，不
過分追求奇險誇張的造型，而是在平常
的花鳥草蟲中體現一種自然溫馨的情
致韻味。作品描繪池塘邊的一個角落，
充滿野趣。蘆枝上的翠鳥似乎正在搖
擺，頗具動感。

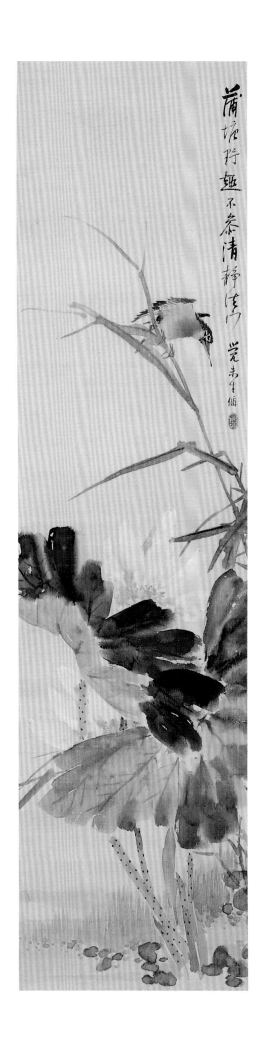

49

趙之謙　花卉圖冊

紙本 (十四開)　設色　每開縱22.9厘米　橫31.9厘米

Flowers
By Zhao Zhiqian
Album of 14 leaves, colour on paper
Each leaf: 22.9 x 31.9cm

第一開　畫菊花、海棠。右上方自識："懊道人法，為英叔臨。"鈐"趙之謙印" (白文)。

第二開　畫荷花、紅蓼。左上方自識："此稍近鄒侍郎，英叔雅玩。"鈐"趙叔子" (白文)。

第三開　畫紫藤。左上自題詩："摩天巨雙揚武威，魯公指爪鐵庶幾。"並識："撫鵝鼻山人畫，以草書法為之，尚不惡質之，英叔以為何如?"鈐"趙之謙" (白文)。

第四開　畫水仙、靈石。右上方自識："子英屬，撝叔。"鈐"趙之謙印" (白文)。

第五開　畫水仙、臘梅、山茶。左上方自識："擬南沙相國歲寒三友圖，英叔雅賞。"鈐"趙之謙" (白文)。

第六開　畫梅花、朱竹。右上方自題："冷淡自足赫弈 (奕) 亦可。打破圈子，就是這個。"自識："英叔索畫，學李虬仲，撝叔。"鈐"趙之謙氏" (白文)。

第七開　畫桃花。左下方自識："學馬扶義，英叔雅鑑。"鈐"趙撝叔" (白文)。

第八開　畫罌粟花。左上方自識："英叔屬，臨周少谷畫稿。"鈐"趙之謙" (白文)。

第九開　畫桃花。左上方自識："甌香館法為子英尊兄。趙之謙。"鈐"趙叔子" (白文)。

第十開　畫牡丹。左上方自題："富貴昌"，款"英叔尊兄大人雅賞。咸豐己未五月趙之謙。"鈐"趙之謙" (白文)。

第十一開　畫薔薇。左上方自識："為英叔擬惲氏南田，未能形似。"鈐"趙之謙印" (白文)。

第十二開　畫荷花、金絲桃。左上方自識："金槃者蓮金絲桃，南極老人星最高，祈以黃者非續貂。學李鳧堂並題。即請英叔一粲。"鈐"趙叔子" (白文)。

第十三開　畫花卉。左上方自識："英叔屬，臨忘庵老人。"鈐"趙撝叔" (白文)。

第十四開　畫鳳仙花。自識："陸叔平擬元人錦石秋華卷子，為英叔戲臨數種，己未夏至前一日愨寮記。"鈐"趙之謙" (白文)。

己未為咸豐九年 (1859)，趙之謙時年三十一歲。

此冊筆法靈活多樣，工筆、寫意、雙勾、沒骨、渴筆、潑墨並用之。自題仿李鱓、周之冕、王武、徐渭、惲壽平等各家，實具自家獨特風格，將篆、隸、魏碑等書法入畫，形成凝重、古樸、沉雄的風貌。設色上善用紅、綠、黑三色，並將洋紅、胭脂、花青、石青、石綠、藤黃、赭石等諸多顏色配合運用，相互映襯，絢麗多彩。

趙之謙 (1829—1884年)，初字益甫，號撝叔，別號悲盦，浙江會稽人。咸豐己未 (1859) 舉人。曾任江西鄱陽、奉新、南城知縣，頗具政績。晚年寓上海賣畫為生。書法初學顏真卿，後學北碑，並參以鄧石如的隸書筆法，致力於篆隸八分及魏書，因此書體瀟灑沉雄。他的花卉畫筆墨酣暢，色彩濃郁，雅俗共賞。間作山水、人物。畫法遠承徐渭、陳道復，近師揚州畫派李鱓，又以金石、書法入畫。故張鳴珂評論其為"……兼習南北二派，繼而苦心精思，悟徹書畫合一之旨，求筆訣於古今人。""以篆隸法入畫，其風古茂沉雄，夐夐獨造。"亦精篆刻。

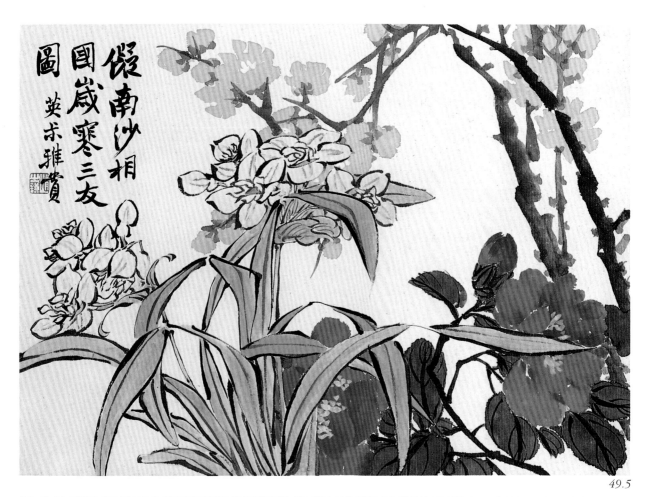

拟南沙相国岁寒三友图
英求雅赏

49.5

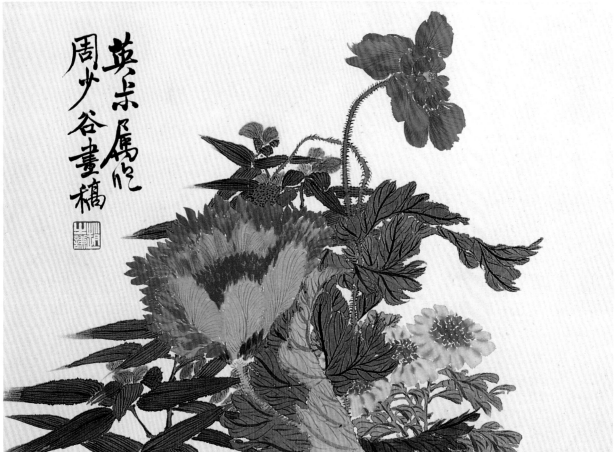

英卡属临
周少谷画稿

49.8

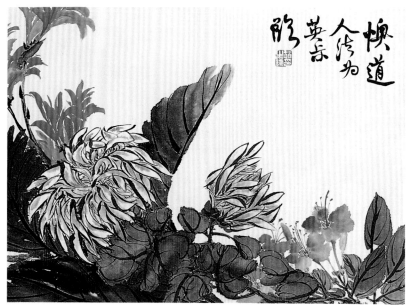

49.1

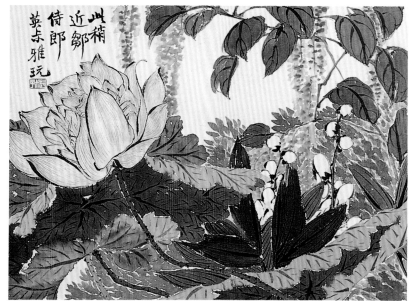

49.2

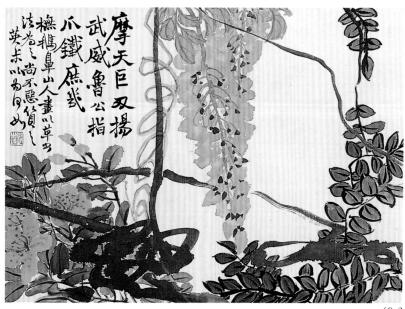

49.3

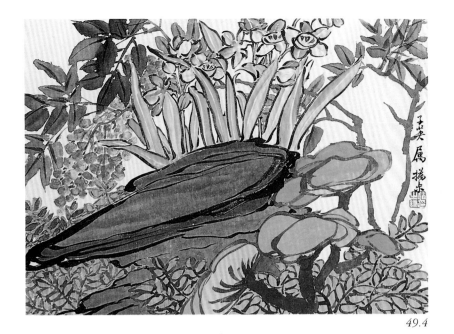

49.4

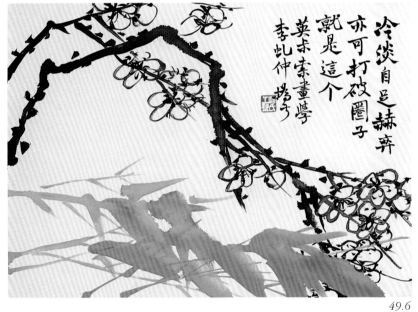

冷淡自足赫弈
亦可打破圈子
就是這个
英求索畫學
李虬仲 揚子

49.6

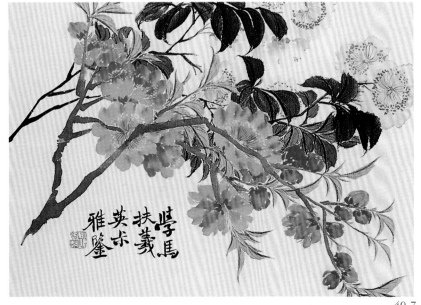

學馬
扶義
英求
雅鑒

49.7

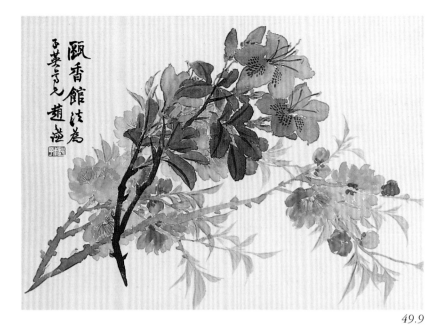

瓯香館法為
壬英賢兄大人 趙撝
49.9

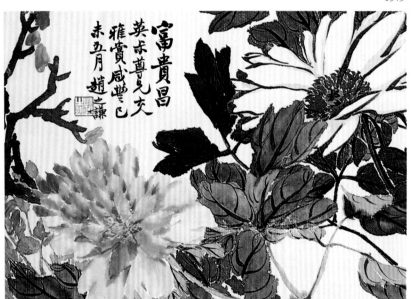

富貴昌
英求尊兄大
雅賞戊豐己
未五月 趙之謙
49.10

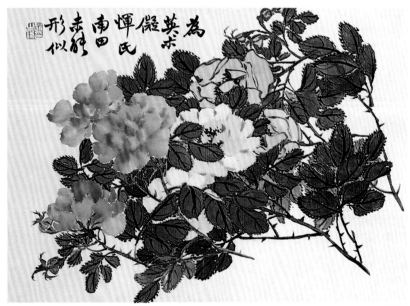

為英求
儗惲氏
南田
赤經
形似
49.11

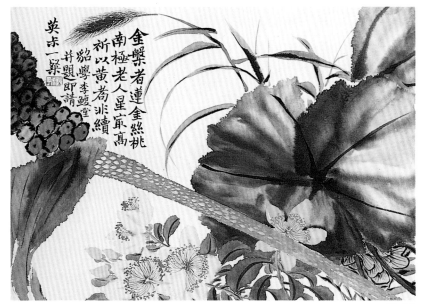

金虀者蓮金絲桃
南極老人星宿高
祈以黃耆溉續
貌學李鰌堂
許題即請
英求一粲

49.12

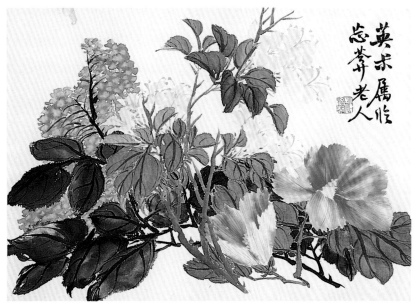

英求屬貽
蕊芬芬老人

49.13

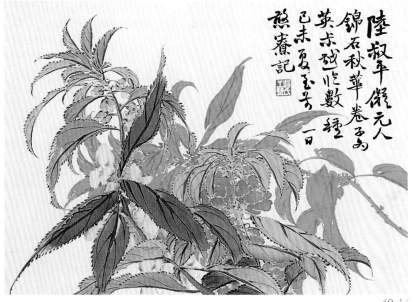

陸叔平傚元人
錦石秋華卷子為
英求試貽冰數種
己未夏玉芳
熊賓記
一日

49.14

50

趙之謙 花卉屏
紙本 (四屏)　設色　每條縱168厘米　橫43厘米

Flowers in Four Seasons
By Zhao Zhiqian
A set of 4 hanging scrolls, colour on paper
Each scroll: 168 x 43cm

第一條　畫牡丹。畫面自題："高而不危,滿而不溢,畫富貴花,澹澹著筆。撝叔。" 鈐 "趙孺卿"(白文)。

第二條　畫鮮桃。款："撝叔畫"。鈐 "趙之謙印"(白文)。

第三條　畫竹籬、秋菊、蜘蛛。畫中自題 "撝叔戲臨復堂作"。鈐 "趙孺卿"(白文)。

第四條　畫桃、石。畫中自題："同治丁卯冬十月為純卿二兄大人屬,撝叔趙之謙。" 鈐 "趙之謙"(白文)、"趙孺卿"(白文)。

丁卯為同治六年(1867),趙之謙時年三十九歲。

此圖用筆勁挺靈活,沒骨與雙勾、工筆與寫意兼施,用墨濃與淡、乾與濕交相運用,賦色融洋紅、花青、石綠、赭石等多種顏色於一體,墨色交融,相映生輝。

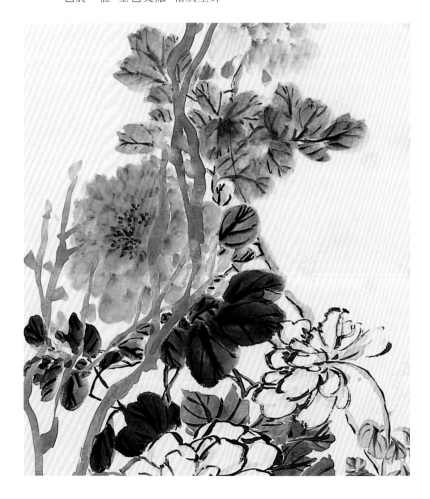

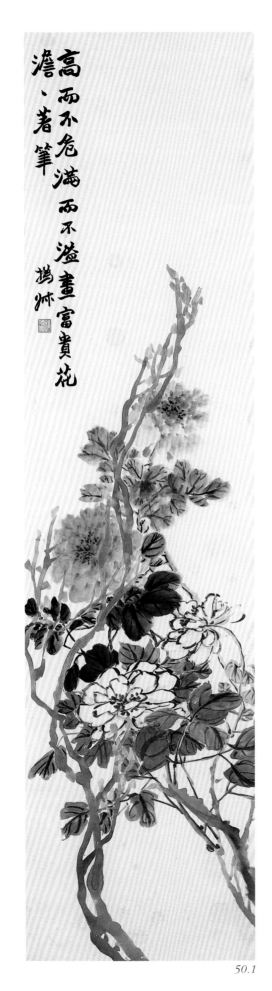

高而不危滿而不溢畫富貴花
澹、著筆 橅州

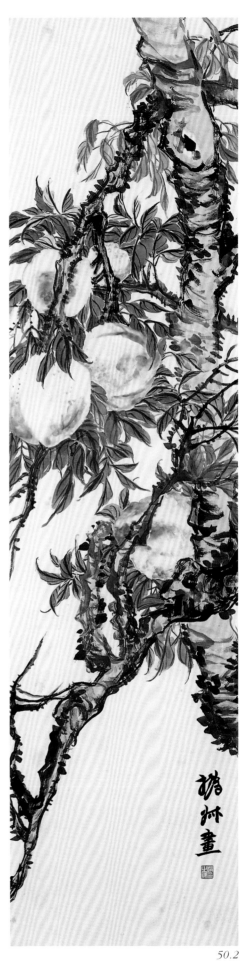

橅州畫

50.1

50.2

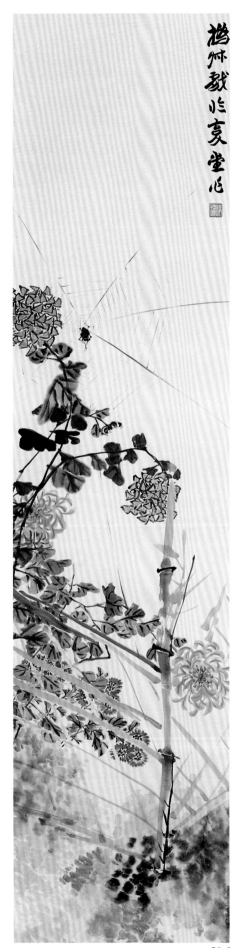

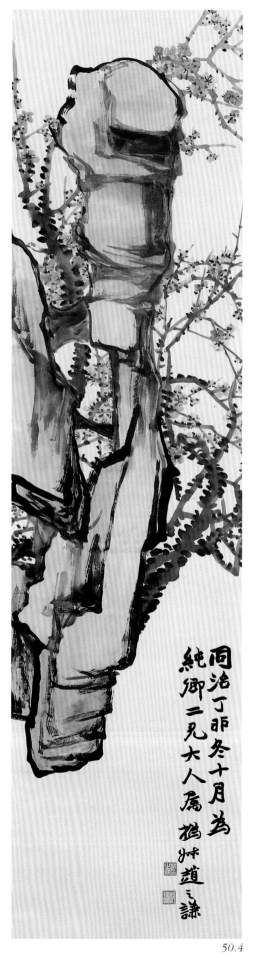

51

趙之謙 鍾馗像軸
紙本 設色 縱100.3厘米 橫23厘米

Portrait of Zhong Kui
By Zhao Zhiqian
Hanging scroll, colour on paper
100.3 x 23cm

畫面自題:"二十年賣畫求生活,畫得鍾馗都沒骨,問我如何畫此乎,唯唯諾諾裝糊塗。年年五月五,近近遠遠,家家戶戶,鍾馗無數。志在趨時,萬不能摹古。標題猥鄙宗語錄,朝夕拜觀當人譜。此幅乃居杭州作。同治九年歲庚午。"鈐"生後康定四日"(白文)、"趙"(朱文)。畫下鈐"定光佛再世墜落娑婆世界凡夫"(朱文)、"香齡所藏"(朱文)。

同治九年(1870),趙之謙時年四十二歲。

作者以風趣諷諭的筆法畫鍾馗身着寬大紅袍,低頭哈腰,頭戴烏帽立於畫面中下部。構圖簡潔明快,人物造型矮胖、誇張。圖中人物面部細勾輕染,具有一定的明暗立體感。人物衣服用沒骨法,更增添無奈附時的諷刺意味。作者成功地將詩、書、畫、印結合在一起,使畫面越增添了藝術趣味。趙之謙人物畫傳世很少,此圖為難得佳作。

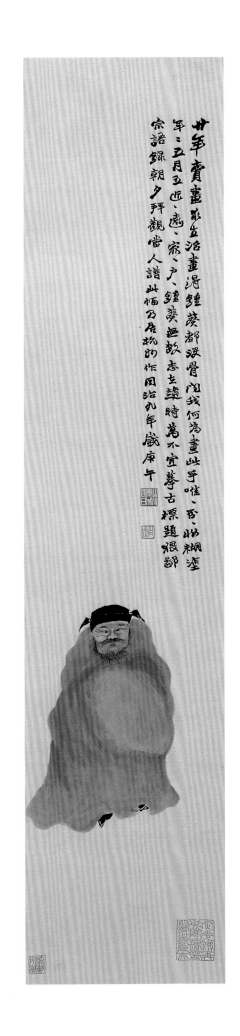

52

趙之謙　花卉屏
紙本（四屏）　設色　每條縱176.9厘米　橫45.6厘米

Flowers
By Zhao Zhiqian
A set of 4 hanging scrolls, colour on paper
Each scroll: 176.9 x 45.6cm

第一條　畫倒垂紫藤和蘆荻。自題"撝叔"。鈐"趙之謙"（白文）。

第二條　畫荷花。自題"撝叔作"。鈐"趙撝叔"（白文）。

第三條　畫繡球花。自題"團雪來，錦被堆。同治十年正月撝叔。"鈐"趙之謙"（白文）。

第四條　畫菊花。自題"撝叔寫秋"。鈐"趙之謙"（白文）。

同治十年（1871），趙之謙時年四十三歲。

此圖紫藤、荷花梗幹用篆隸法寫之，圓潤遒勁。葉用彩墨點染後勾筋，花瓣用勾勒法。作者成功地把工筆與寫意、雙勾與沒骨等多種技法和諧地結合運用，使畫面生動多彩，富有韻味。構圖以縱取勢，頗有氣魄。

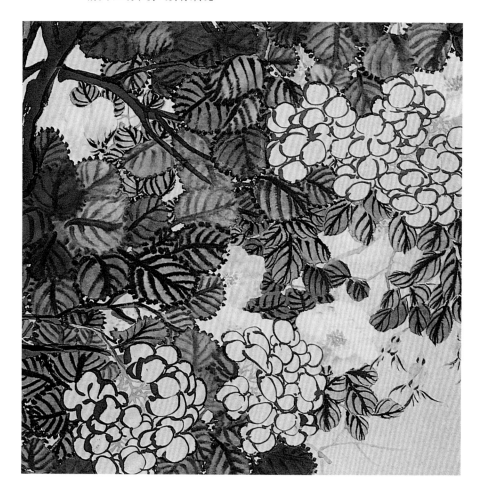

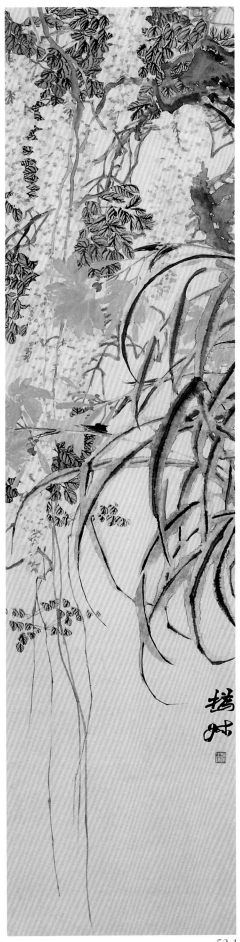

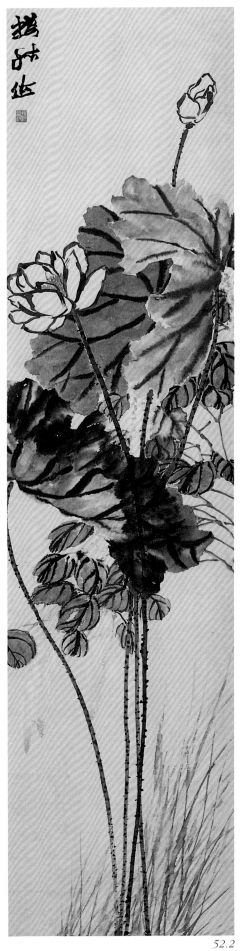

52.1

52.2

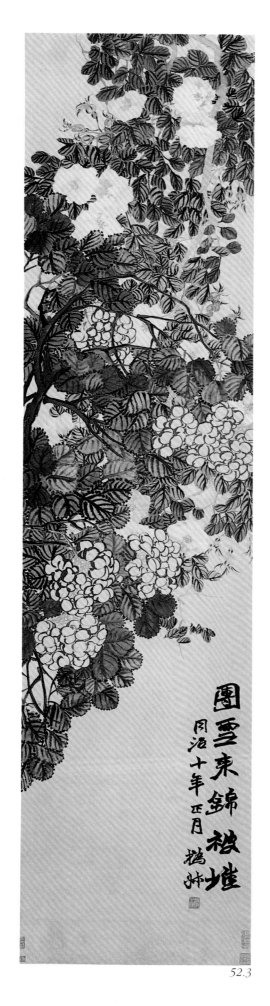

団雪束錦被堆
同治十年正月
鵝卅

52.3

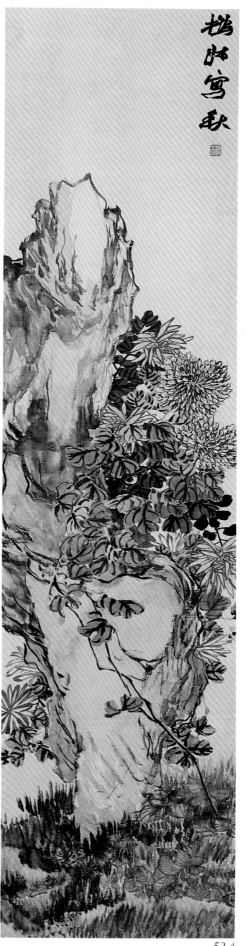

鵝卅寫秋

52.4

53

趙之謙 墨松圖軸
紙本 墨筆 縱176.5厘米 橫96.5厘米

Pines in Ink
By Zhao Zhiqian
Hanging scroll, ink on paper
176.5 x 96.5cm

本幅自題："以篆隸書法畫松，古人多有
之，茲更間以草法，意在郭熙、馬遠之
間。同治十一年七月，梅圃仁兄大人屬。
趙之謙。"鈐"趙之謙印"（朱文）、"定光
佛再世墜落娑婆世界凡夫"（朱文）。

同治十一年（1872），趙之謙時年四十四
歲。

此幅《墨松圖》據畫家自題，是參用篆、
隸、草三體書法的筆法、意味入於畫法
而成的作品。趙之謙亦是著名書法家，
書法以樸茂、雄渾風格為主。所畫墨松，
筆法圓渾滋厚，與其所擅長的碑刻書法
同一格調。又所畫樹幹、枝條、松針，雖
貌似離披縱逸，然內合矩度，意趣橫生，
正是草法的靈活運用。構圖上大下小，
在樹幹下部用一樹幹疤節穩住全局，尤
見四兩撥千斤的妙用。因北宋郭熙、南
宋馬遠擅畫松，畫家自詡在郭、馬間。以
書法入畫，古已有之，惟與金石意味的
結合，卻是趙之謙諸人的創造。後吳昌
碩尤有獨特的發展。

畫左側行書題款雄健遒勁，含金石韻味。
書畫相映，意趣橫生，為趙之謙花卉畫代
表傑作。

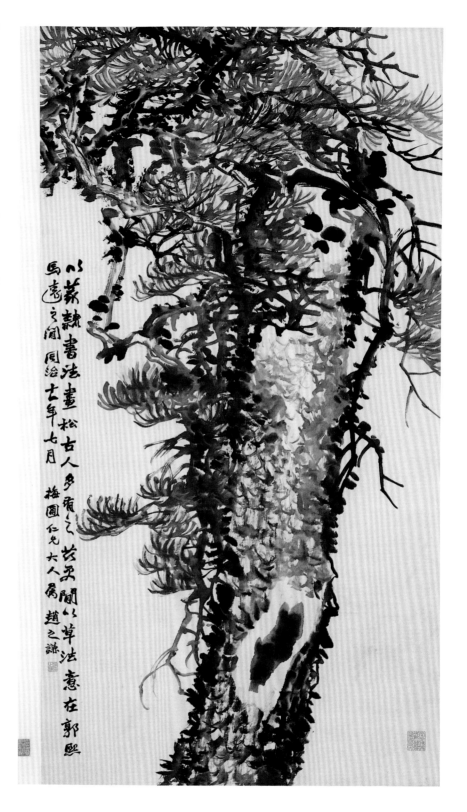

54

趙之謙 古柏靈芝圖軸
紙本 設色 縱140.8厘米 橫37.8厘米

Old Cypress and Magic Fungus
By Zhao Zhiqian
Hanging scroll, colour on paper
140.8 x 37.8cm

本幅自題："竹君一兄大人正，趙之謙
畫。"鈐"趙之謙印"（白文）。

此圖為長幀巨幅，繪粗壯古柏一株，枝
繁葉茂，佈滿畫面。樹下靈芝數株。全畫
構圖嚴謹沉雄，設色繁複絢麗，用筆沉
着，頗富金石、書法韻味。

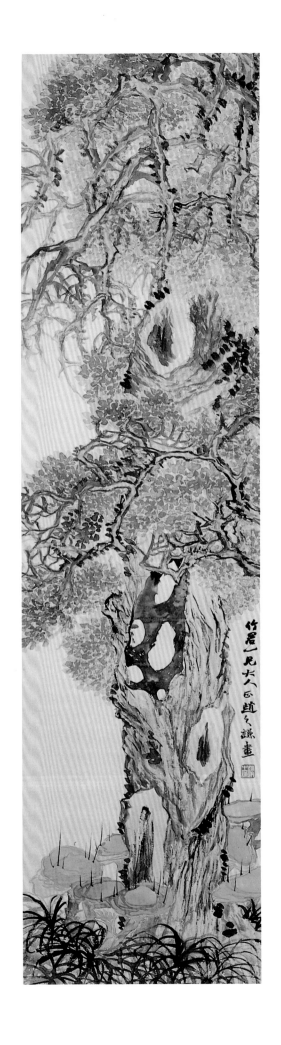

55

趙之謙 牡丹圖軸

紙本 設色 縱174.5厘米 橫90.5厘米

Peony
By Zhao Zhiqian
Hanging scroll, colour on paper
174.5 x 90.5cm

本幅自題："菽卿仁兄屬畫，撝叔趙之
謙。"鈐"趙之謙印"、"趙孺卿"（白文）。

圖繪牡丹數株，從石下向上延伸，曲婉
挺俏，參差錯落，佈滿畫面。隨意點畫的
湖石使作品更富生趣。

畫家用沒骨或勾染法畫花瓣，富有層次
感，淡彩點葉，濃墨勾筋，花枝、湖石用
篆隸法寫之。全畫筆法靈活瀟灑，融金
石書畫為一體。畫風學揚州八怪之李鱓
而又自創新意。

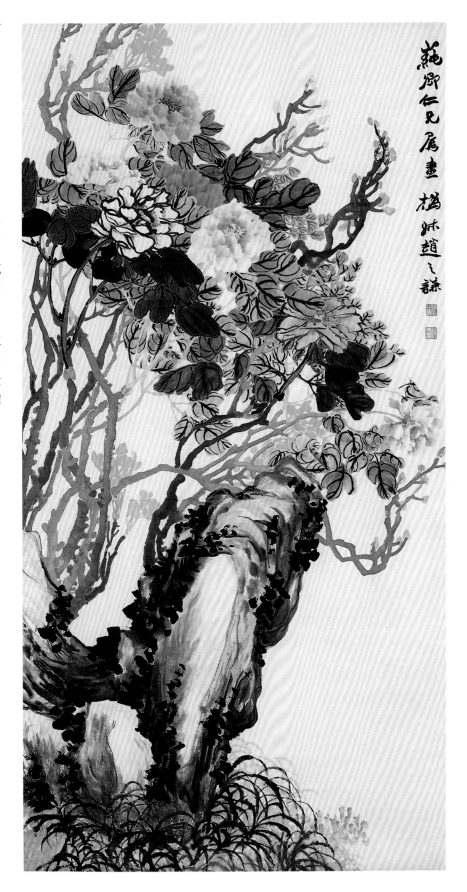

56

趙之謙　菊石雁來紅圖軸

紙本　設色　縱140厘米　橫37.5厘米

Chrysanthemum, Rocks and
Tricolour Amaranth
By Zhao Zhiqian
Hanging scroll, colour on paper
140 x 37.5cm

本幅右上方自題："載之五兄大人屬畫，
趙之謙。"鈐"趙之謙"（白文）。

畫家以寫實和寫意相結合的筆法畫秋
菊、湖石和雁來紅。獨具匠心的構圖和
大膽的設色使畫面分外生色。作者以對
比強烈的紅、綠、黑三色分別畫雁來紅、
菊花和湖石，鮮艷耀目。筆法靈活多樣，
秋菊用雙勾填彩法，葉用沒骨法。勾勒
法所繪的湖石嚴謹雋勁，具陳洪綬畫石
方折的遺風。

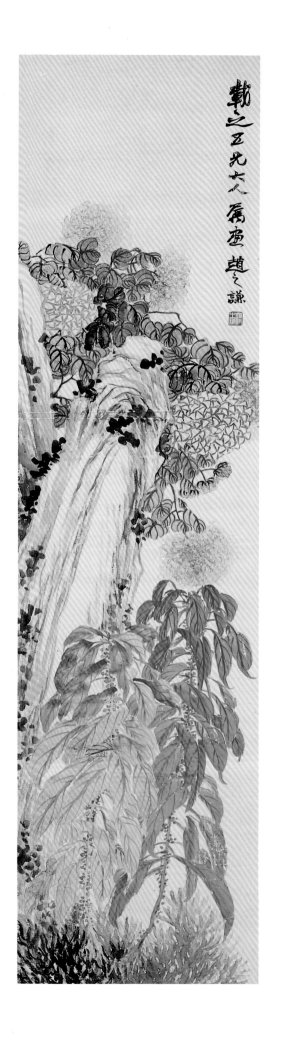

57

趙之謙 花卉屏

紙本（十二屏） 設色 每條縱189.6厘米 橫56.5厘米

Flowers
By Zhao Zhiqian
A set of 12 hanging scrolls, colour on paper
Each leaf: 189.6 x 56.5cm

第一條　畫紅白二色梅花。自題"以介眉壽"。鈐"會稽趙之謙印信長壽"（白文）。

第二條　畫紫藤。自題："蒼龍振纓紫鳳縮綬"。鈐"趙之謙印"（白文）。

第三條　畫蕉、石。自題"食玉英，飲醴泉。"鈐"趙之謙印"（白文）。

第四條　畫萱草、靈芝。自題"蕙壽千齡，芝房九莖。"鈐"會稽趙之謙印信長壽"（白文）。

第五條　畫荷花。自題"太華峯頭仙人掌上"。鈐"趙之謙"（白文）。

第六條　畫棕櫚、繡球。自題"龍虎之節，珠玉其質。"鈐"趙之謙"（白文）。

第七條　畫紅桃。自題"九重春色"。鈐"會稽趙之謙印信長壽"（白文）。

第八條　畫怪石、花卉。自題"甄叔迦寶，光照大千，辟支佛韡，不知其年。"鈐"趙之謙印"（朱文）。

第九條　畫鐵樹。自題"或騎麒麟翳鳳凰，南極老人應壽昌。"鈐"趙之謙印"（白文）。

第十條　畫芙蓉、蘆花。自題"盧牟六合，容與八紘"。鈐"趙之謙"（白文）。

第十一條　畫古柏。自題"百祿是總"。鈐"會稽趙之謙印信長壽"（白文）。

第十二條　畫牡丹、怪石。自題"富貴昌宜侯王。小荃尚書大人鈞政，趙之謙。"鈐"會稽趙之謙印信長壽"（白文）。

作者以大寫意筆法畫牡丹、紫藤、芭蕉等十餘種花卉。用筆沉着厚重，水彩交融，為趙之謙花卉畫代表作。

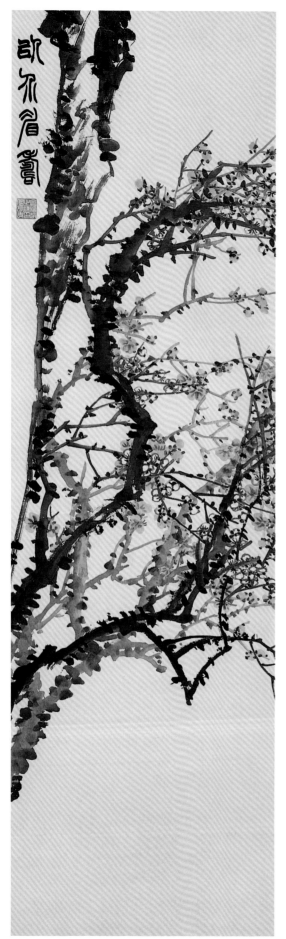

57.1

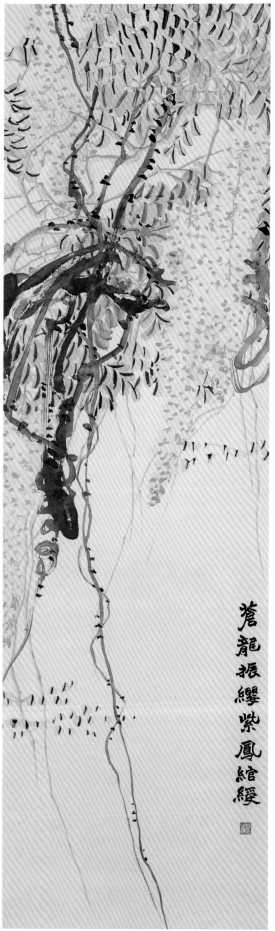

蒼龍振纓紫鳳綰綬

57.2

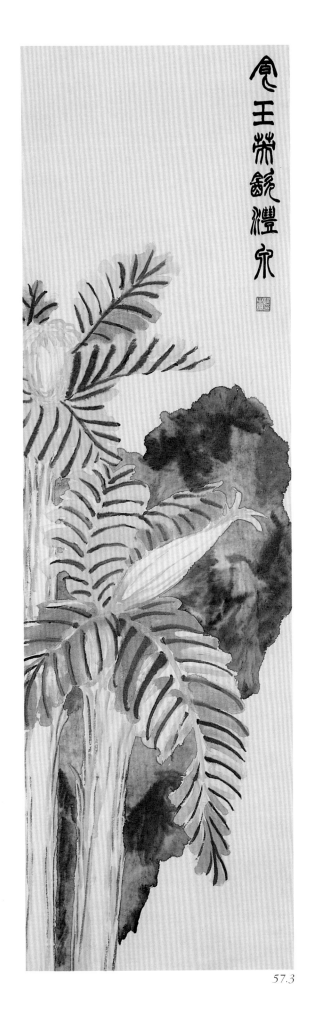

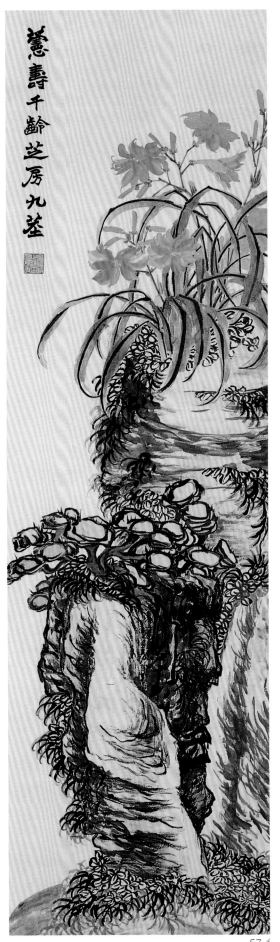

食玉榮毓禮泉

蕙壽千齡芝房九莖

57.3

57.4

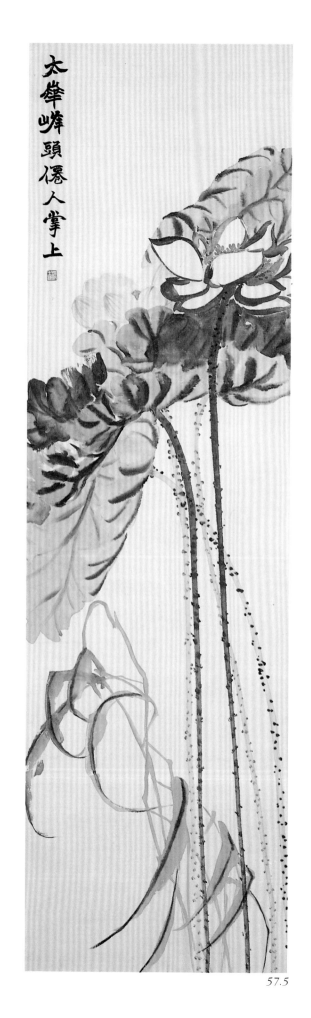

太華峰頭僊人掌上

57.5

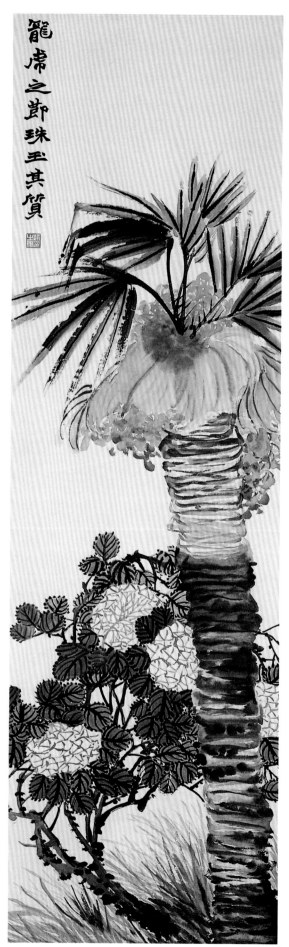

籠帛之飾珠玉其賁

57.6

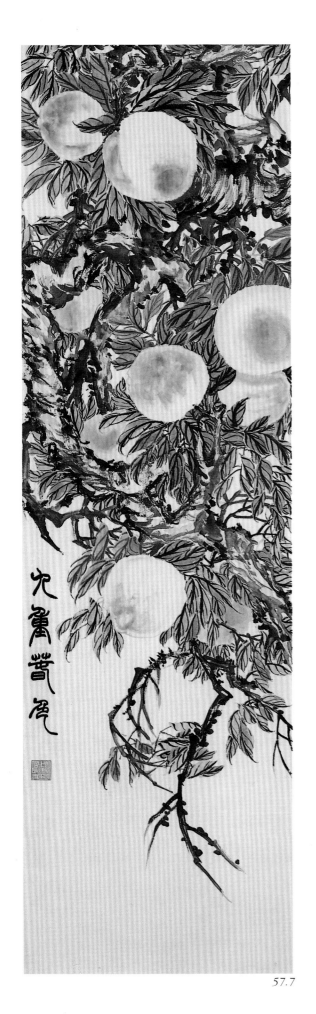

57.7

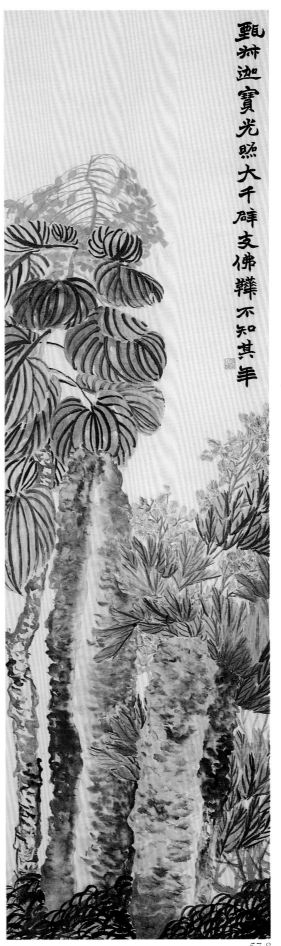

甄洲迦寶光照大千碑支佛鞾不知其年

57.8

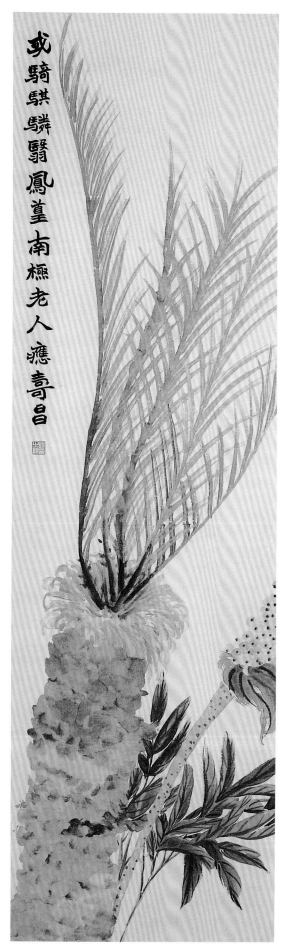

或騎騏驎翳鳳凰
南樷老人應壽昌

57.9

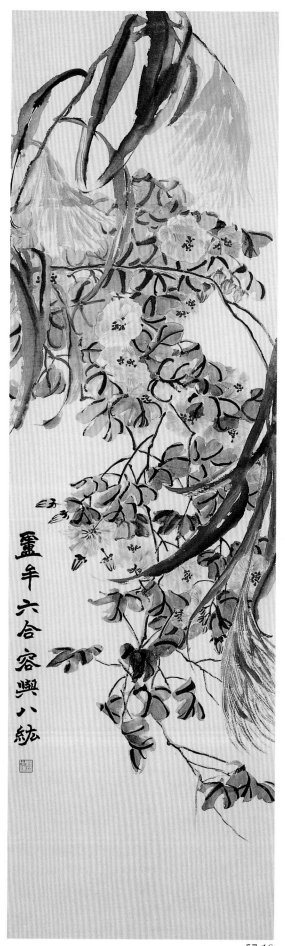

盦午六合容與八紘

57.10

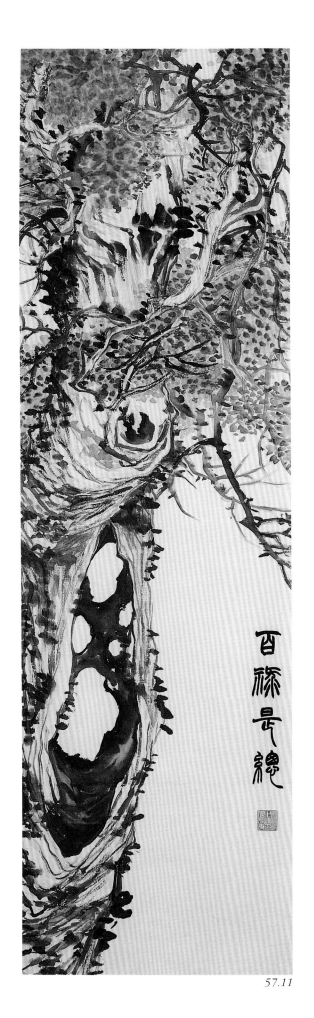

百祿是總

57.11

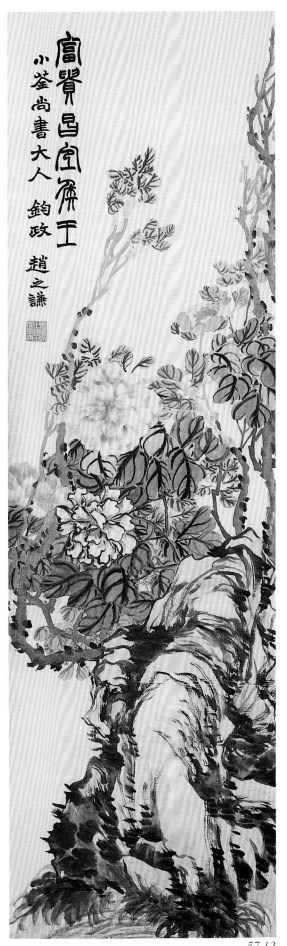

富貴昌宜侯王

小荃尚書大人

鈞政　趙之謙

57.12

58

沙馥、孫荔村　彭夫人像軸

紙本　設色　縱125.1厘米　橫63厘米

Portrait of Madame Peng
By Sha Fu and Sun Licun
Hanging scroll, colour on paper
125.1 x 63cm

本幅自題："荔村寫照，沙馥補圖，時丁
丑孟夏。"鈐"山春所作"（朱文）。

丁丑為光緒三年（1877），沙馥時年四十
七歲。

全畫用筆細勁，衣紋流暢，畫風雅淡。二
作者畫法和諧，為合繪中成功之作。

孫荔村為晚清畫家，生平不詳。

沙馥（1831—1906年），字山春。江蘇蘇
州人，清末著名畫家。擅畫人物及花卉，
筆致秀妍，畫法精妙。

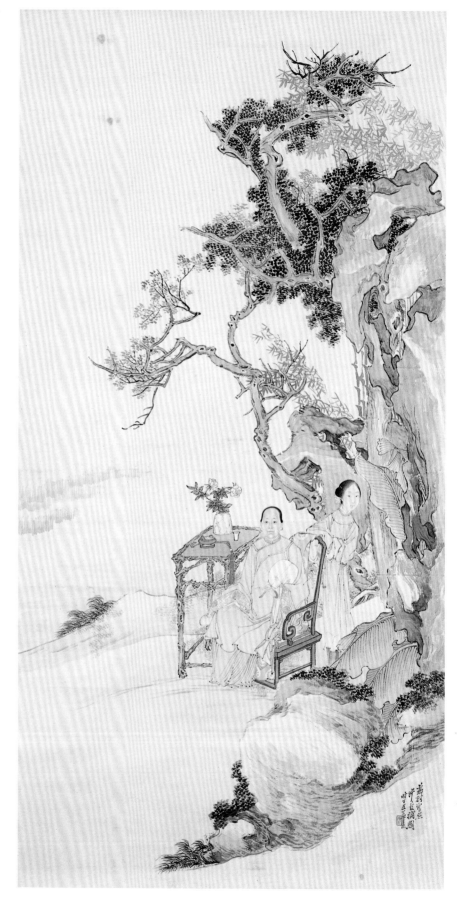

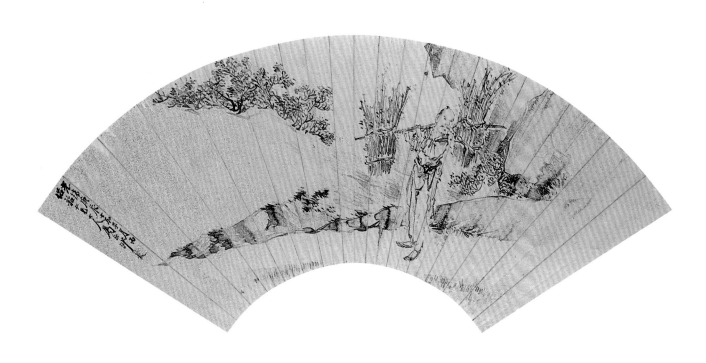

沙馥 負薪圖扇

金箋 設色 縱18.5厘米 橫53厘米

A Woodcutter
By Sha Fu
Fan leaf, colour on gold-flecked paper
18.5 x 53cm

畫面自題："光緒庚辰嘉平月為侶韶仁兄大人屬正，沙馥。"鈐"山春"（朱文）。

庚辰為光緒六年（1880），沙馥時年五十歲。

作者用小寫意法畫一樵夫負薪行走於崎嶇山路。人物神情、動態刻畫生動，衣紋勁健，山石叢林隨意點染，簡率之中不失法度。

沙馥 屠婉貞像軸

紙本 設色 縱133.3厘米 橫32.8厘米

Portrait of Tu Wanzhen
By Sha Fu
Hanging scroll, colour on paper
133.3 × 32.8cm

本幅自識："庚辰仲夏沙馥補圖。"下鈐"山春"（朱文）。右上方有吳昌碩篆書題"婉貞夫人四十四歲小景"。題於光緒七年（1881）三月。另有清末楊峴等題識多段。

庚辰為光緒六年（1880），沙馥補圖完成此像時，年五十歲。

圖中人物面部用細綫勾五官輪廓，淡赭色渲染，衣紋細勁，畫風秀逸。據題識知圖中女子為茶村之妻屠婉貞，此為其四十四歲時肖像。茶村為清宗室毓本，字茶村。屠婉貞是清代畫家屠倬的孫女。

因畫家款識中署以"補圖"，故有學者認為是女主人肖像先請畫師畫像，再請沙馥補畫其他，此也可聊備一説。由於明清以來，文人畫家多不屑繪肖像畫，致此道衰落。近代海上諸名家中有重振肖像者，以此形成海派繪畫的一大特點。儘管有人對此幅肖像提出疑義，仍可看出畫家對肖像畫的態度，極其認真地予以"補畫"，仍屬沙馥的上乘之作。

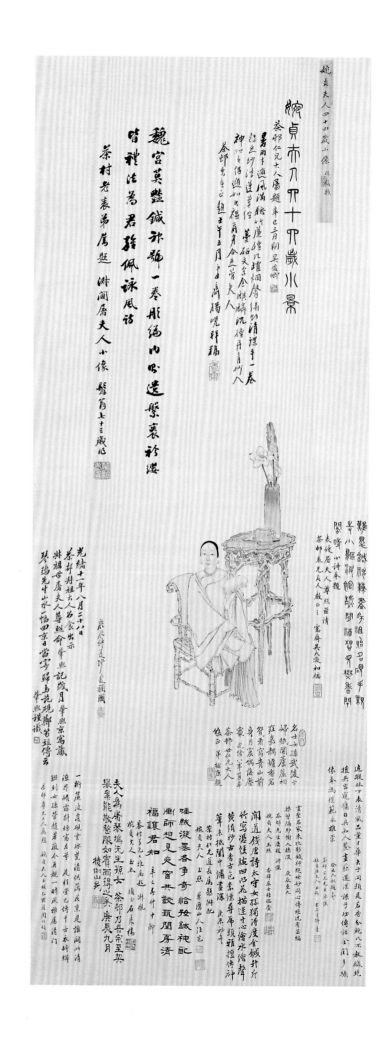

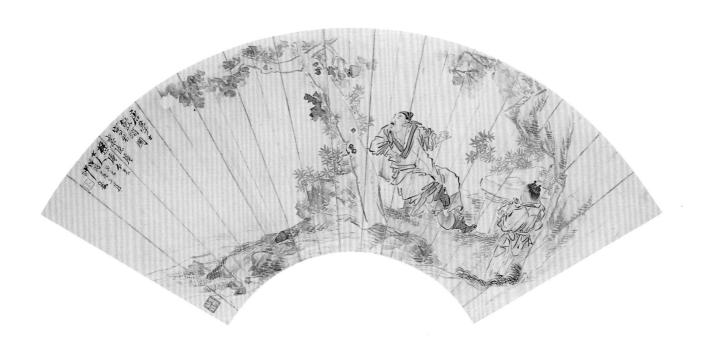

61

沙馥 飲酒圖扇

紙本 設色 縱18.5厘米 橫53厘米

Wine-drinking
By Sha Fu
Fan leaf, colour on paper
18.5 x 53cm

畫中自題："唐學士飲酒圖。寫於粟隱庵懋庵仁兄，戊戌春三月
沙馥。"下鈐"山春"（朱文）、"雪農藏扇"（白文）。

戊戌為光緒二十四年（1898），沙馥時年六十八歲。

"唐學士"指唐代詩人李白。

全畫用筆瀟灑，人物神情刻畫細緻，為畫家小幅人物畫佳作。

62

蒲華 花卉屏
紙本 (四屏,每屏兩幅) 設色 每幅縱27.7厘米 橫40.8厘米

Flowers
By Pu Hua
A set of 4 hanging scrolls (each in 2 paintings)
Colour on paper
Each painting: 27.7 x 40.8cm

第一條:

第一開　畫荷花、石頭。自識:"水佩風裳,作英。"鈐"作英"(朱文)。

第二開　畫湖石、靈芝。自題:"芝草溢清芬,山居與鶴羣。畸人吐奇氣,石竅欲生雲。蒲華寫並題句。"鈐印不可辨。

第二條:

第一開　畫桂花。自識:"仙友,戊子中秋夕雨後無月,因寫桂枝圓月一輪,以補不足,藉抒清興,蒲華。"鈐"作英"(朱文)。

第二開　畫秋菊、茶壺。自識:"茶已熟,菊正開,賞秋人,來不來?作英。"鈐"蒲華印"(白文)。

第三條:

第一開　畫湖石、水仙。自題:"脩脩翠羽映明璫,誰遣乘風過我旁。歲晏高堂香四壁,一簾煙雨夢瀟湘"。鈐一印不可辨。

第二開　畫梅、石。自題:"水邊籬落忽橫枝,作英擬甫仙高逸之致。"鈐"蒲華印"(白文)。

第四條:

第一開　畫桃、竹。自識:"竹外桃花三兩枝,東坡詩意,作英。"鈐"蒲華印"(白文)。

第二開　畫水仙、湖石。自題:"九節仙蒲香可菊,石奇而秀伴不俗。耽看明月且清心,平旦黃庭日日讀。撫文衡山,蒲華。"鈐"蒲華印"(白文)。

戊子為光緒十四年 (1888),蒲華時年五十九歲。

前人每論蒲華的花鳥畫,當在徐渭、陳淳之間,然近來有學者以為得之於李鱓、李方膺為多,以沉酣縱肆為尚。此《花卉屏》中八頁繪畫表明,畫家則是兼收並蓄。如《水佩風裳》一頁,勾畫的荷花,以及畫筋染葉的荷葉畫法,似陳淳而野逸;湖石類徐渭的潑墨畫法而稍斂,粗放之意則採之李鱓、李方膺諸人。是融匯貫通後演化為淋漓縱肆的一格,故此屏為其晚年佳構,並可見其藝術形成之淵藪。

此圖原為四頁,後改裝成屏。全畫用筆靈活,勾勒、沒骨、點染、皴擦兼用。構圖小巧,設色雅淡,為蒲華晚年花卉佳作。

蒲華(1830—1911年),字作英,秀水(今浙江嘉興)人,寓居上海。畫花卉在徐渭、陳淳之間。山水畫取法石濤、石谿,加以變化。晚年畫竹,心醉文同。筆墨奔放,淋漓瀟灑,自成一格。

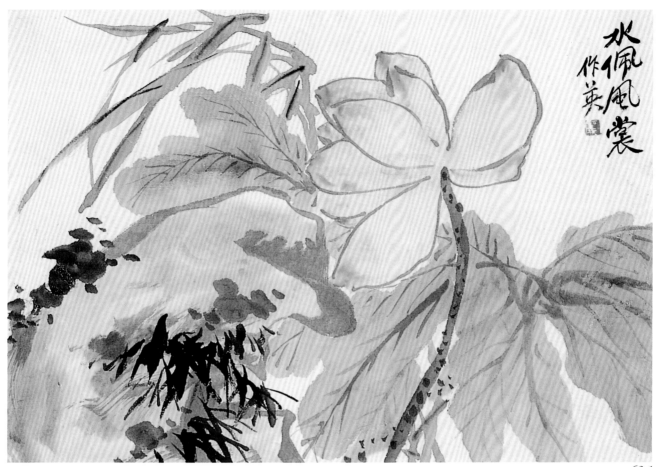

水佩風裳
作英

62.1

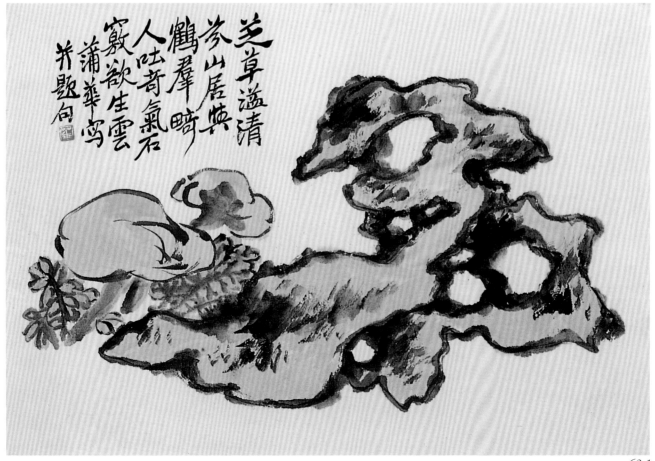

芝草滋清
芩山居與
鶴群畸
人吐奇氣石
竅欲生雲
蒲華寫
并題句

62.1

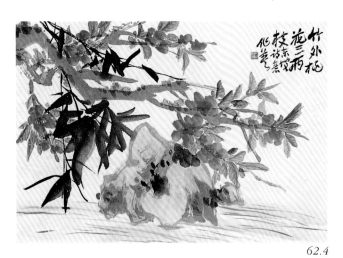

62.4

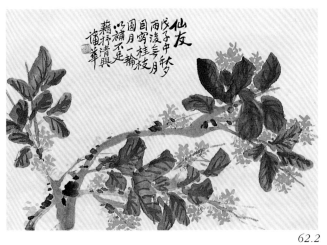

62.2

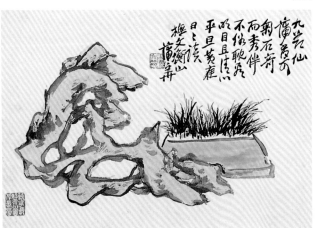

62.4

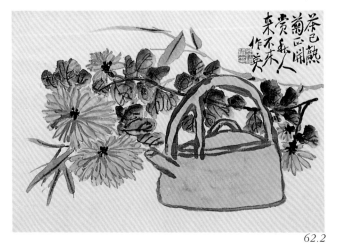

62.2

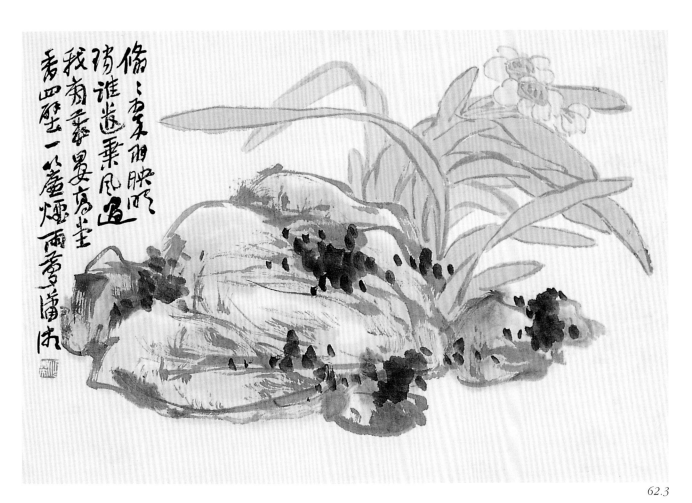

62.3

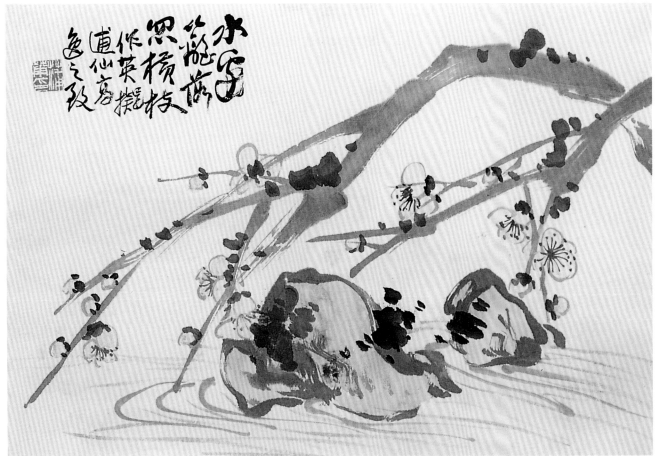

62.3

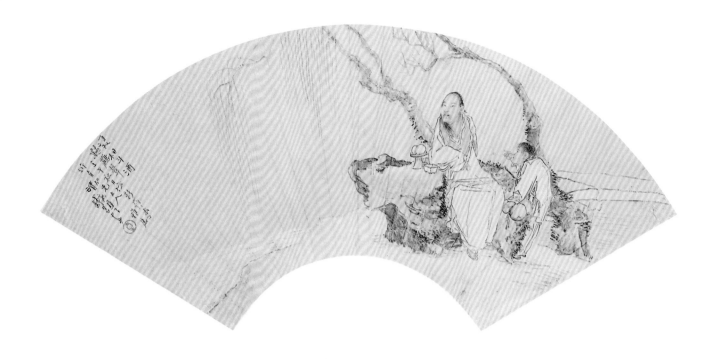

63

錢慧安 聽鸝圖扇

紙本 設色 縱18.9厘米 橫53.2厘米

Listening to the Song of Oriole
By Qian Huian
Fan leaf, colour on paper
18.9 x 53.2cm

本幅左側自題："雙相鬥酒聽鸝聲,壬午秋月仿新羅本,沂青仁
兄大人雅屬,清谿樵子錢慧安。"鈐"吉生"(朱文)。

壬午為光緒八年(1882),錢慧安時年四十九歲。

圖中清雅的人物形象在淺淡的墨筆樹石背景中既突出又和
諧,綫條細巧,轉折較方硬,衣褶處略加暈染。人物面龐圓潤,
五官細膩,神態閑雅專注。畫題為"聽鸝",但畫中並未畫黃
鸝,而是通過畫中人側耳傾聽的神態以及身旁僮僕的指點動
作體現出畫外之意。構圖上留有大片空白,給觀者以暇想餘
地。作者自題"仿新羅本",新羅即新羅山人華嵒,清代揚州畫
家。錢慧安此圖略有新羅風貌,但人物造型仍保持自己特有的
樣式,稍嫌程式化。

錢慧安(1833—1911年),初名貴昌,字吉生,號雙管樓,仁和
(今杭州)人,僑居上海。善畫人物、仕女,間作花卉、山水。筆
意遒勁。晚年筆法勁峭有餘,虛靈不足。

64

錢慧安　人物故事屏
紙本（四屏）　設色　每條縱128.8厘米　橫32.2厘米

Illustrations to Historical Tales
By Qian Huian
A set of 4 hanging scrolls, colour on paper
Each scroll: 128.8 x 32.2cm

第一條　右側自題："簪花晉酒。略參冬心先生（金農）本，清谿樵子錢慧安作於雙管樓。"下鈐"吉生"（朱文），左下鈐"慧安"（白文）。古人遇佳節典禮，男女皆有簪花的習俗。

第二條　右側自題："乘槎入斗。仿新羅山人華秋岳筆，清谿樵子錢慧安。"下鈐"吉生"（白文），左下鈐"吳越王孫"（朱文）。題材取自神話傳説。後詩文中以乘槎比喻登天。

第三條　左側自題："湖上參禪。曾見錦衣指揮使呂廷振（呂紀）有此，清谿樵子錢慧安摹之。"下鈐"吉生"（白文），右下鈐"雙管樓"（朱文）。參禪，佛家術語，指通過思想或行動參悟禪機。

第四條　左側自題："羅浮香夢。可珊仁兄大人鑑家雅屬，乙巳菊秋之吉清谿樵子錢慧安，時年七十有三並記歲月。"下鈐"吉生"（朱文），右下鈐"長樂壽年"（朱文）。羅浮，指粵中名山羅浮山，相傳東晉高士葛洪得仙術於該山。

乙巳為光緒三十一年（1905）。

此四條《人物故事屏》為錢慧安晚年作品中的佳構。論者曾有謂畫家晚歲用筆勁峭有餘，韻味不足。然此屏所繪人物仕女及樹石景物，姿態閑雅，筆意遒勁，墨色輕淡，色彩艷麗。雖自稱臨仿華嵒、呂紀諸家，要皆出己意。他的人物仕女畫，曾力追明仇英，然人物造型及仕女的柔弱姿態，頗受清末仕女畫流風的影響，是畫家為迎合海上地區市民階層的欣賞趣味而形成的，側面反映了海上繪畫潮流風尚。

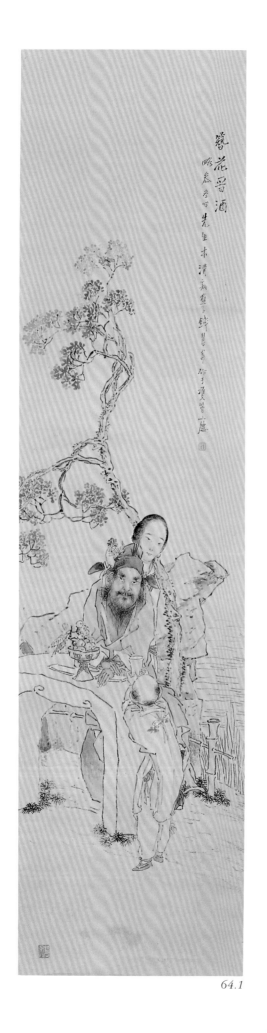

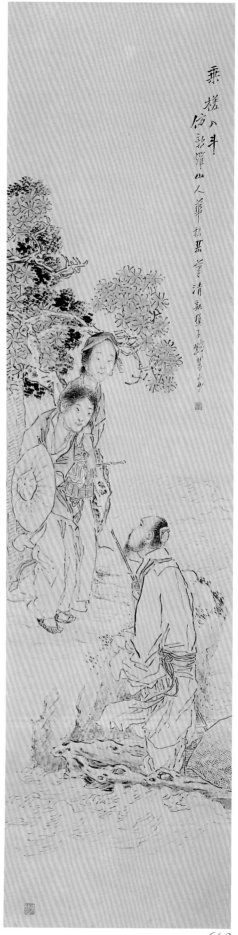

64.1

64.2

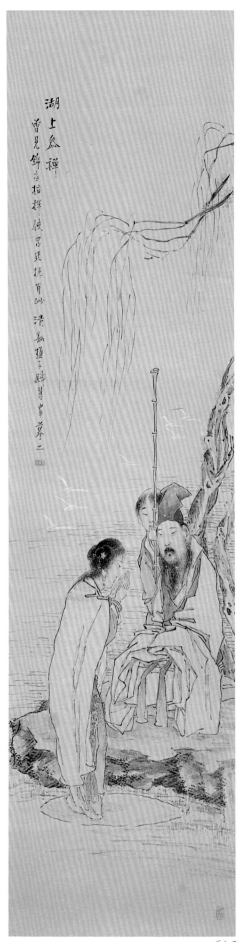

64.3

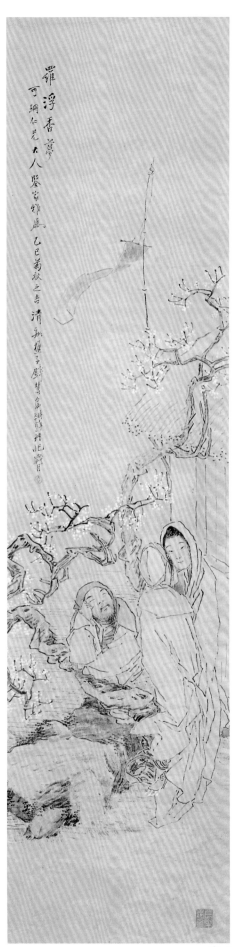

64.4

65

任薰　人物故事圖屏

絹本（四屏）　設色　每條縱216.7厘米　橫55.8厘米

Illustratioins to Historical Tales
By Ren Xun
A set of 4 hanging scrolls, colour on silk
Each scroll: 216.7 x 55.8cm

第一條　老翁拜君王。無款。鈐"孝賢任子七十五世孫"（朱文）。

第二條　巨桃獻壽。無款。鈐"孝賢任子七十五世孫"（朱文）。

第三條　背弓望女仙。無款。鈐"孝賢任子七十五世孫"（朱文）。

第四條　拜羅漢。款署："壬申夏仲蕭山任薰阜長謹繪"。鈐"任薰之印"（白文）。

壬申為同治十一年（1872），任薰時年三十七歲。

圖中人物造型誇張，明顯取法陳洪綬。衣紋多中鋒勾勒，綫條流暢飛動，頗具質感。人物面部刻畫細膩，採用傳統"三白法"表現凸起部分，使平塗赭色的臉部顯立體效果。每幅人物故事以自然山水、草木為背景，襯托人物活動更具情節性。山石用重墨勾畫輪廓，淡墨填染，不作皴擦，未脫離老蓮畫法。畫面故事因資料依據不足，內容待考。

任薰（1835—1893年），字阜長，任熊弟。浙江蕭山人，後寓居蘇州、上海，以賣畫為生。工人物、花卉，初法陳洪綬，後融入己法，畫風獨具一格。與任熊、任頤、任預並稱"海上四任"。流傳的作品多以人物、花鳥為主，山水畫較少。

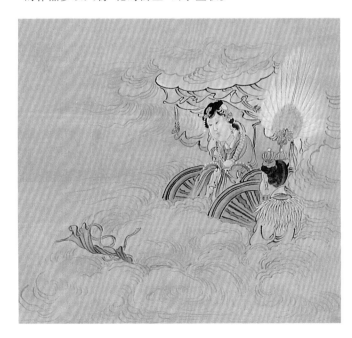

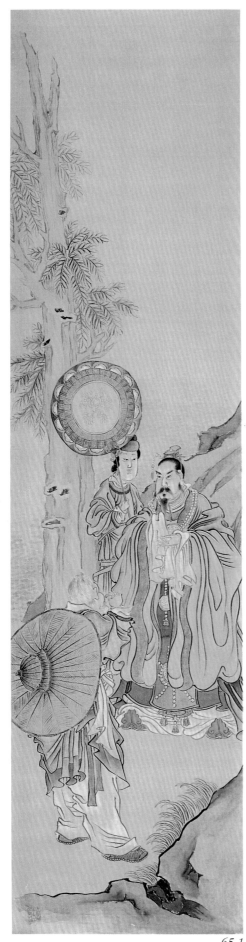

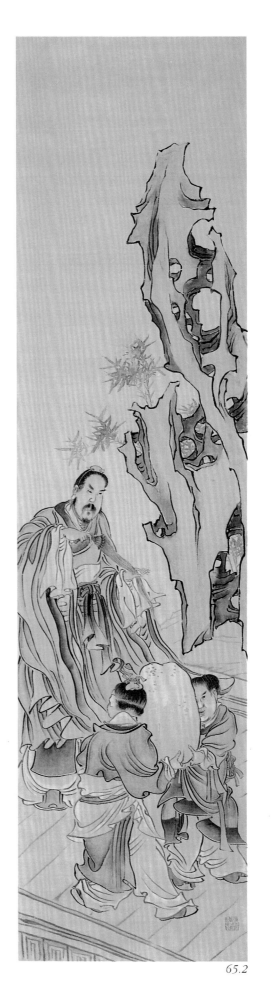

65.1

65.2

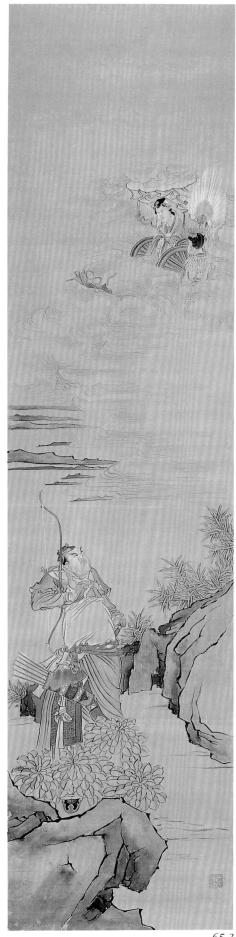

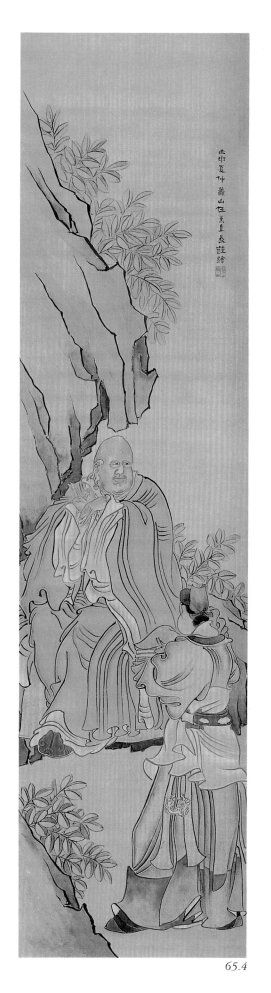

65.3

65.4

66

任薰 花鳥圖屏

紙本（四屏） 設色 每條縱145.2厘米 橫38.9厘米

Birds and Flowers
By Ren Xun
A set of 4 hanging scrolls, Colour on paper
Each scroll: 145.2 x 38.9cm

第一條　紫藤、白鵝。無款印。

第二條　玉蘭、鸚鵡。無款印。

第三條　桃花、水仙與山雞。無款印。

第四條　芙蓉、小鳥。款題："同治甲戌春仲，蕭山任薰阜長，寫於吳門寓次。"鈐"阜長"（白文）。

甲戌為同治十三年（1878），任薰時年四十歲。

畫面花木茂盛，禽鳥姿態各異。運筆穩健，富於變化，時用沒骨，時用雙勾。構圖協調舒展。畫風受其兄影響。

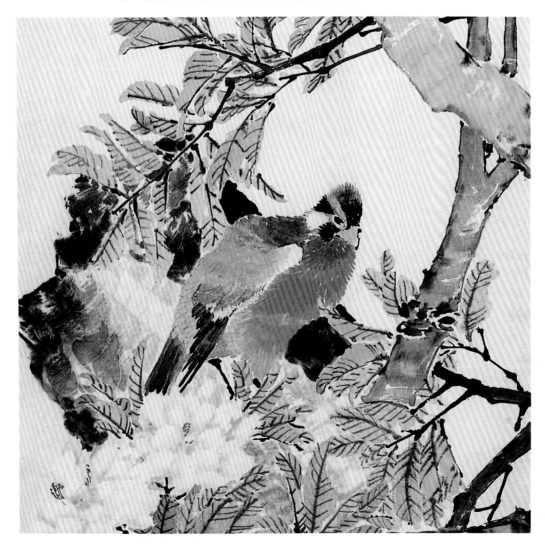

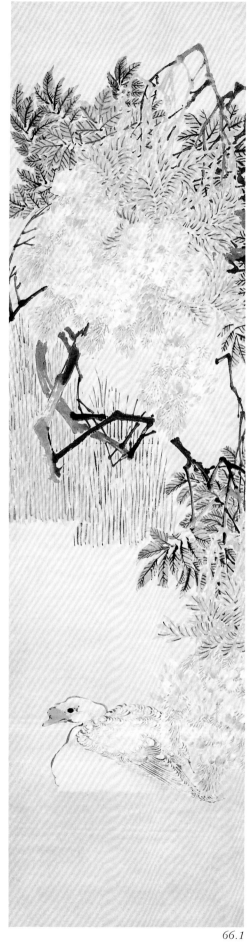

66.1

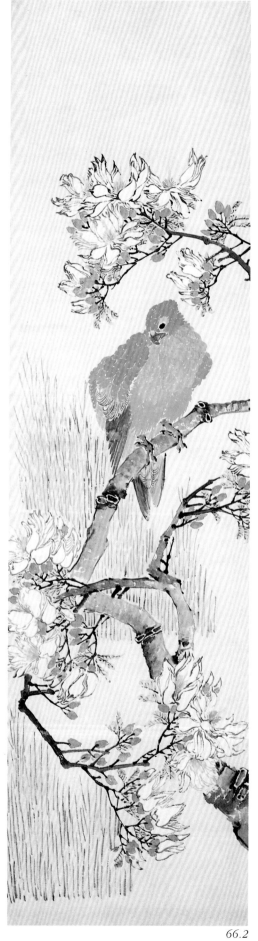

66.2

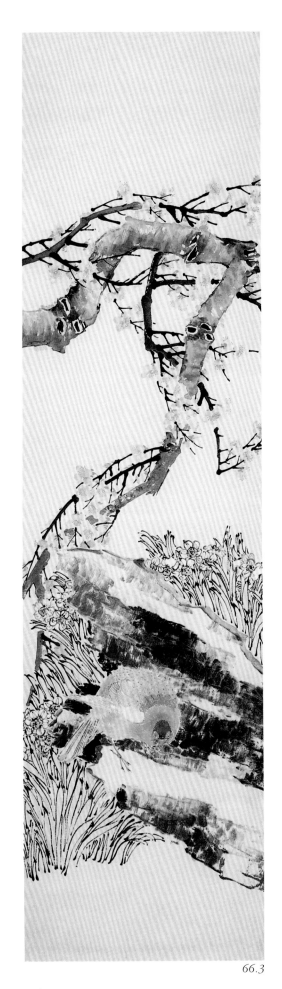

66.3

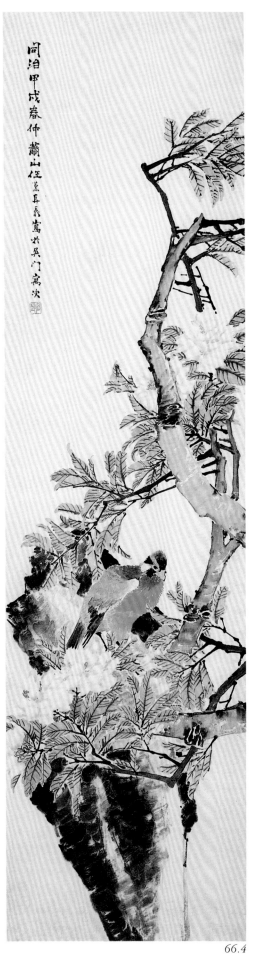

同治甲戌春仲蕭山任薰阜長寫於吳門寓次

66.4

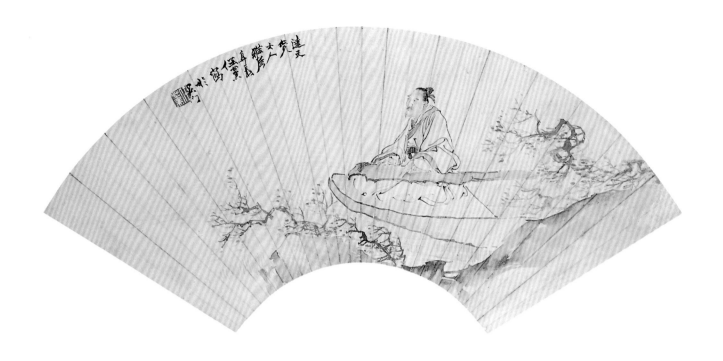

67

任薰 停琴待月圖扇

紙本 設色 縱18.7厘米 橫52.8厘米

Stop Playing the Heptachord to Wait for the Moon Rising
By Ren Xun
Fan leaf, colour on paper
18.7 x 52.8cm

畫面自題："達夫仁兄雅囑。阜長任薰寫於吳門。"鈐"任薰"
(白文)。畫面突出一"停"字,主人公雙手停於琴上,雙眸凝神
遠眺,靜候明月升起。畫家以簡略的自然背景作襯托,更顯出
無半點塵世喧囂的寧靜氣氛。人物衣紋以釘頭鼠尾綫勾勒,洗
練流暢,與畫面意境協調。

68

楊伯潤　水山圖軸
紙本　淡設色　縱147.5厘米　橫39.3厘米

Landscape
By Yang Borun
Hanging scroll, light colour on paper
147.5 × 39.3cm

本幅自題："溪山霜雪圖。耕煙散人畫雪
圖,深得古法,臨以賞音一笑。丁丑冬十
月南湖楊伯潤。"鈐"伯潤之印"(白
文)。

丁丑為光緒三年(1877),楊伯潤時年四
十一歲。

"耕煙散人"指清初著名畫家王翬。

此畫自題臨王翬"雪圖",實際是畫家自
身風格。全畫筆法細秀圓勁,為楊氏山
水畫佳作。

在清末的一段時間內,明董其昌以及清
初王時敏、王鑑、王翬、王原祁諸人的繪
畫,即所謂的正統派繪畫,曾盛行於京
師一帶地區,海上諸畫家卻較少專習
者,而楊伯潤即屬其中之一。此幅自題
臨王翬雪景山水,筆墨鬆秀,風格雅淡,
為楊氏山水畫佳作。他的山水繪畫也反
映出海派繪畫雖自有地域性的藝術特
點,也有兼蓄南北不同地域繪畫的藝術
表現。

楊伯潤(1837—1911年),原名佩夫,字
伯潤,後以字行,號茶禪,別號南湖,一
作南湖外史,浙江嘉興人。其父楊韻亦
能畫山水,伯潤幼承家學,後又學董其
昌畫法。早年之畫尚濃厚,中年以後筆
力漸歸平淡雅秀。

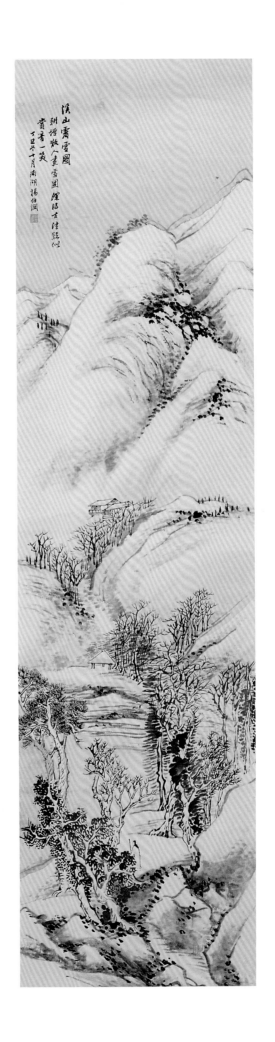

69

楊伯潤　柳溪漁艇圖軸

紙本　設色　縱82.7厘米　橫47厘米

Fishing Boat on Stream by Willows
By Yang Borun
Hanging scroll, colour on paper
82.7 x 47cm

本幅自題："一聲溪水煙波渺，驚起沙頭雙白鷗。己酉冬十月似景華仁兄大人鑑之，楊伯潤"。鈐"南湖書畫"（白文）。

己酉為宣統元年（1909），楊伯潤時年七十三歲。

此圖取全景式構圖，中鋒細筆畫柳溪漁艇、遠山雲霧。山石輕勾淡染，平淡天真。畫樹勾點結合，人物衣紋簡練，用筆古雅秀潤，意境清幽。

楊伯潤的山水畫，四十歲以後才形成自己的風格，喜用長鋒紫毫點綴煙樹，故出筆多銳鋒，氣韻清逸。此圖為楊氏代表作品。

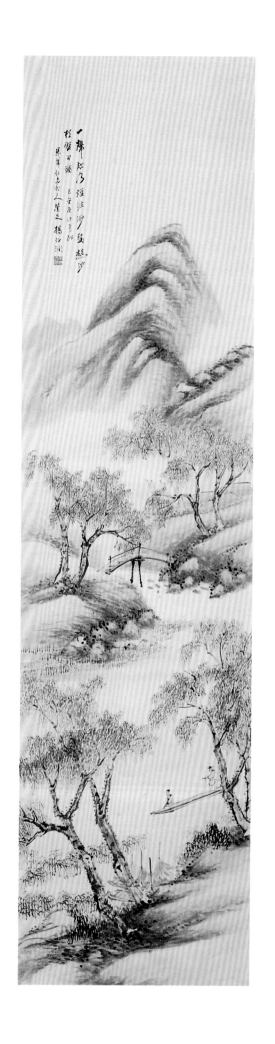

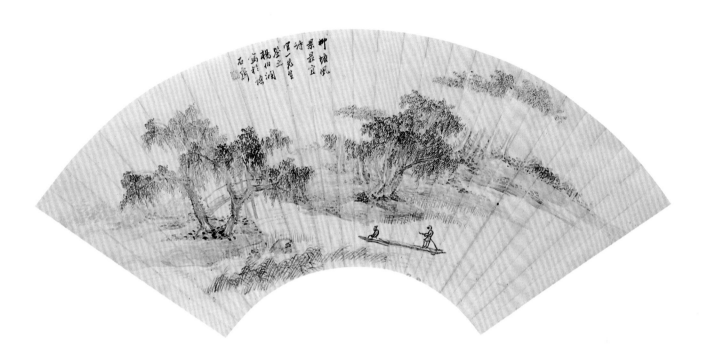

70

楊伯潤　柳塘風景圖扇

紙本　設色　縱19厘米　橫52厘米

Scenery of Pond by Willows
By Yang Borun
Fan leaf, colour on paper
19 x 52cm

畫面自題："柳塘風景最宜詩。官一先生鑑之。楊伯潤寫於點石齋。"鈐"南湖"（朱文）。

作者用中鋒細筆畫平湖岸柳、遠山雲霧。二人搖櫓行舟，湖畔綠草如茵。畫面雖小，卻安排得十分妥貼周到。

71

任頤、胡遠　任淞雲像軸
紙本　設色　縱173.1厘米　橫47.3厘米

Portrait of Ren Songyun
By Ren Yi and Hu Yuan
Hanging scroll, colour on paper
173.1 x 47.3cm

本幅胡遠題："淞雲先生遺像。同治巳己
嘉平先生令似任伯年仁兄寫真，屬華亭
胡公壽補樹石並記。"下鈐"公壽長壽"
（白文）。

巳己為同治八年（1869），任頤時年三十
歲。

任淞雲，諱鶴生，號淞雲，任伯年之父。其
為民間肖像畫藝人。垂老將"勾勒取神，
不假渲染"的寫真術傳給任頤。

此圖由任頤畫肖像，胡公壽補景。作者
充分利用綫條的表現力，描繪出老人灰
髮短鬚，面容清癯，仰天觀望的生動形
象。人物面部用簡練、細勁的綫條勾畫
輪廓，赭色渲染，明暗變化雖不強烈，造
型卻也生動傳神，表現了任頤肖像畫的
藝術造詣。

任頤（1840—1895年），初名潤，字伯
年，號次遠，別號山陰道人等，浙江山陰
（紹興）人。善畫肖像、人物、花鳥和山
水。他的人物畫早年師法任熊和陳洪
綬，花卉仿北宋人法。中年以後悟得八
大山人中鋒運筆之法，又從石濤、青藤、
白陽等寫意畫家吸取滋養，形成明快、
清新、雅俗共賞的藝術風格。佳作如林，
為近代畫壇之巨匠。

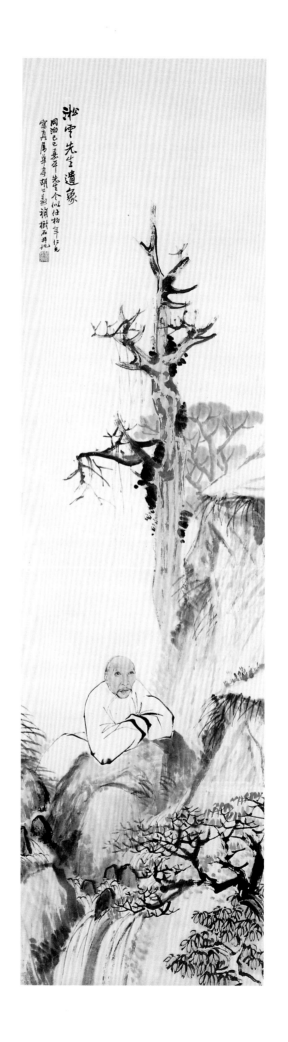

72

任頤 葛仲華像圖軸
紙本 設色 縱118.6厘米 橫60.3厘米

Portrait of Ge Zhonghua
By Ren Yi
Hanging scroll, colour on paper
118.6 x 60.3cm

作者自題"任伯年寫"。鈐"任頤私印"
（白文）。

圖中還有胡公壽、沈京成、德林、顧德
元、徐大有、葛仲華等七家題記，分別鈐
"公壽"、"德林之印"、"錢鏡塘鑑定任
伯年真迹之印"等共八方。

據畫中德林和葛仲華題記，此圖應作於
同治十二年（1873），任頤時年三十四
歲。

又據畫中多則題跋得知，葛仲華又名葛
懂英，工詩，愛玩鼎彞（銅器），與胡公
壽、任頤為同時代文人。

圖中葛仲華身着長袍，留長辮，雙目平
視傳神，右手執朵小花而立。人物面部
用細綫勾輪廓，再用淡赭色暈染，具有
凹凸的立體感。衣紋用飛白、乾澀、有頓
挫的粗綫勾描，類似釘頭鼠尾描又別成
一格。全畫構圖嚴謹，用筆細膩與簡率
相參，此圖為任頤早年肖像畫代表作。

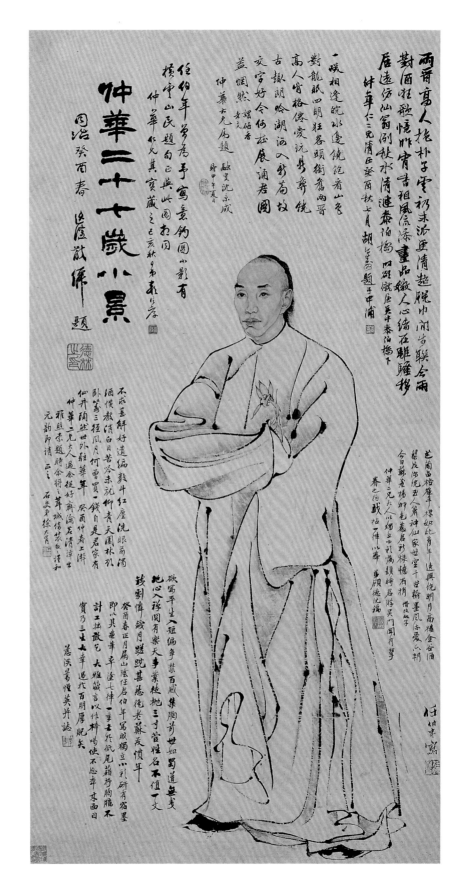

73

任頤 風雨渡橋圖軸

紙本 設色 縱155.5厘米 橫53.5厘米

**Walking on a Bridge in Wind and Rain
By Ren Yi**
Hanging scroll, colour on paper
155.5 x 53.5cm

本幅自題："光緒丁丑九月之望伯年任
頤寫。"鈐"頤"（白文）、"任頤長壽"
（白文）。

丁丑為光緒三年（1877），任頤時年三十
八歲。

畫面柳枝在風雨中搖擺，溪橋上二人共
執一傘相互扶攜逆風而行，橋下水草叢
生。圖中人物神情刻畫生動，衣紋用釘
頭鼠尾描，樹枝及水草加淡青淡綠寫
之，雨傘用破墨隨意點畫，筆法靈活瀟
灑。構圖主次分明，虛實結合，設色濃淡
疏密有致，為任頤早年人物畫代表作。

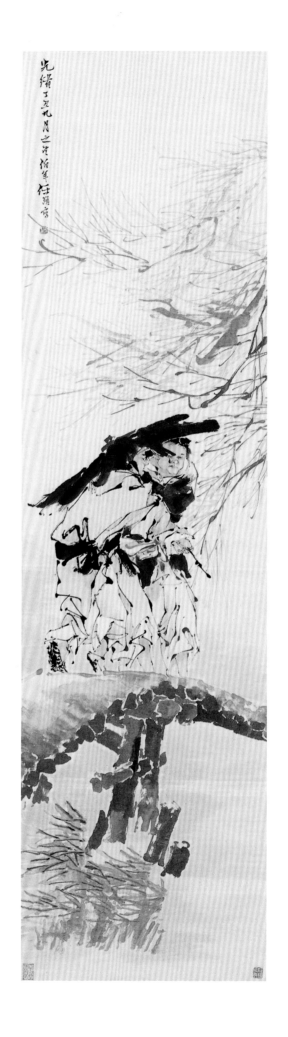

74

任頤　丹桂五芳圖軸
紙本　設色　縱81.5厘米　橫95.1厘米

Five Boys Reading by Five Cassia Trees
By Ren Yi
Hanging scroll, colour on paper
81.5 x 95.1cm

本幅自題：“丹桂五枝芳。光緒丁丑新秋
伯年任頤。”鈐“任頤之印”（白文）。

丁丑為光緒三年（1877），任頤時年三十
八歲。

史料記載，後周的竇禹鈞才學出眾，他
家教很嚴，五個兒子儀、儼、侶、偁、僖均
先後考中進士，流芳後世。此圖即據這
一故事擬意而作。圖中畫大小不一的桂
樹五株，枝繁花茂，五子在長者教導下
刻苦攻讀。人物神情刻畫得當，衣紋細
勁流暢，構圖新穎。作者以形喻意，以雅
入俗，取得雅俗共賞的效果。

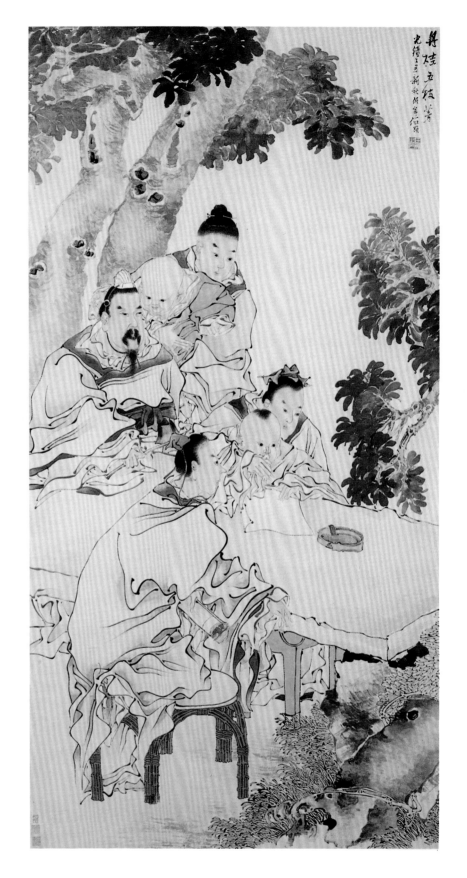

75

任頤　吳淦像圖軸

紙本　設色　縱130厘米　橫56厘米

Portrait of Wu Gan
By Ren Yi
Hanging scroll, colour on paper
130 x 56cm

本幅自題："鞠譚先生五十二歲小景，光
緒戊寅九月山陰任頤伯年寫於海上寓
齋。"鈐"頤印"（白文）。

戊寅為光緒四年（1878），任頤時年三十
九歲。

吳淦，字鞠譚，生卒年不詳，錢塘（今杭
州）人。

此圖用中鋒略有頓挫的綫條畫吳淦手
持書本在松蔭白鶴襯托下儒雅文靜的
神態。人物面部用細筆勾輪廓和五官，
再用淡赭色多層渲染，具明暗凹凸的立
體感。松針和白鶴羽毛用小寫意法，筆
墨靈活清新。

任頤的肖像畫早年繼承家學，後又吸收
古代肖像畫"重墨骨"的傳統和西畫中
注重明暗透視的長處，融匯貫通，形成
"如鏡取影，妙得神情"的新風格，此圖
為這一風格的典型作品。

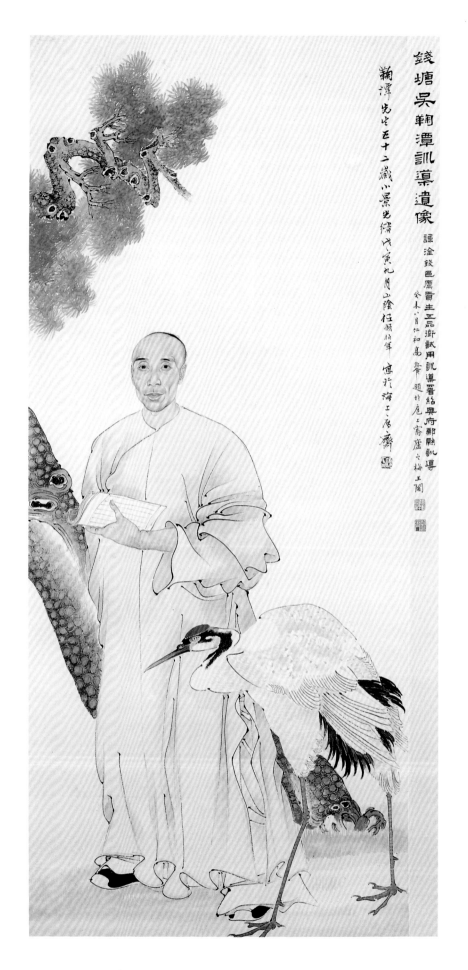

76

任頤 干莫煉劍圖軸

紙本 設色 縱150.5厘米 橫40.7厘米

Gan Jiang and His Wife Mo Xie
Making Sword
By Ren Yi
Hanging scroll, colour on paper
150.5 x 40.7cm

本幅自題："光緒乙卯秋九月吉日寫，應
沚瀾仁大兄大人，即希教正任頤伯年"，
鈐"頤印"（白文）。

乙卯為光緒五年（1879），任頤時年四十
歲。

干莫即指干將和莫邪。據《搜神記》，干
將、莫邪二人為夫婦。楚王命干將鑄造
寶劍，三年成雄雌二劍，雄名干將，雌名
莫邪。干將自知劍成必死，故藏雌劍不
獻，後其子赤鼻終為父母報仇。圖中作
者用細勁流暢的綫條精心刻畫了干將
夫婦鑄煉寶劍的情景。山石用有頓挫的
筆法勾輪廓，淡墨輕染。山坡勾以小草，
以破畫面的平板。人物神態刻畫入微，
衣紋細勁流利，略有裝飾性。構圖主次
分明，設色淡雅，為任頤人物畫精作。

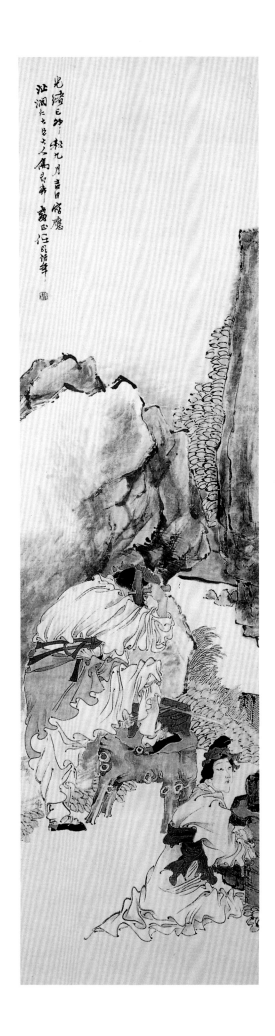

任頤 蘇武牧羊圖軸

紙本 設色 縱149.5厘米 橫81厘米

Su Wu Herding Sheep
By Ren Yi
Hanging scroll, colour on paper
149.5 x 81cm

本幅自題："光緒庚辰嘉平吉日山陰任頤伯年甫寫於春申浦。"鈐"任頤印"（朱文）。

庚辰為光緒六年（1880），任頤時年四十一歲。

蘇武（?—前60年），字子卿，曾奉漢武帝之命以中郎將身分與副使張勝持節出使北匈奴。匈奴扣留了蘇武等漢使，令其投降。蘇武不屈，被流放到荒無人煙的北海（今貝爾加湖）牧羊十九年。此圖描繪了這個故事的部分情節。

任頤擅長人物畫，其中頗多歷史人物的故事畫，《蘇武牧羊圖》就是畫家多次圖繪的題材之一，而此幅則是其中的代表作品。據有的學者撰文揭示，任頤曾使用過鉛筆學習素描，因此其所畫的蘇武這一歷史人物形象，除仍鮮明地保持着人物畫師法明陳洪綬的藝術特點外，人物造型的比例，面部的明暗處理，均極為準確、生動。其所繪二羊，為一黑一白，猶如所繪蘇武身着羊裘所施墨色的分段施用，鮮明而協調，並突出了主人公威武不屈的剛毅形象。任頤的人物畫有着超越前人的藝術成就，並成其繪畫藝術的重要組成部分。

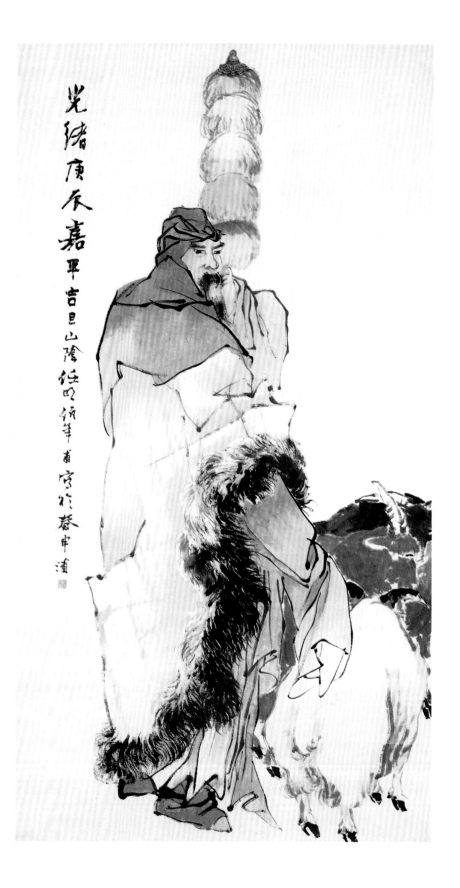

任頤 沈蘆汀讀畫圖軸

紙本 設色 縱33厘米 橫40厘米

**Shen Luting Enjoying the Paintings
By Ren Yi**

Hanging scroll, colour on paper
33 × 40cm

本幅自題："蘆汀大兄屬寫即正，庚辰春
仲任伯年。"鈐"任伯年"（白文）。畫中
還鈐有"錢鏡塘鑑定任伯年真迹之印"
（朱文）、"沈"（朱文）"景僎印"（白文）
等。

庚辰為光緒六年（1880），任頤時年四十
一歲。

詩堂上有沈景修題詩。

作者以寫實的筆法畫沈蘆汀觀畫。沈氏
光頭無鬚，身着淡青色長袍伏案沉思，
二童子執畫多件而來。全畫筆法細膩，
沈蘆汀端莊穩重的儀表和儒雅的風度，
侍者小心翼翼的神情都描寫得很成功。
衣紋綫條細勁流暢，構圖平中求奇，靜
中寓動，設色雅淡，為任頤肖像畫優秀
之作。

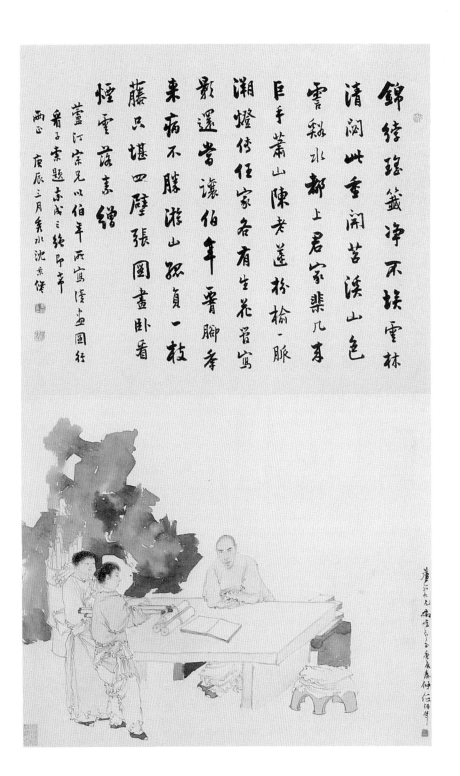

79

任頤 牡丹雙雞圖軸

紙本 設色 縱103.8厘米 橫44.5厘米

Cock and Hen with Peonies
By Ren Yi
Hanging scroll, colour on paper
103.8 x 44.5cm

本幅自題："光緒辛巳三月上浣山陰伯
年任頤寫於春申浦寓次。"鈐"頤印"
（朱文）、"任伯年"（白文）。

辛巳為光緒七年（1881），任頤時年四十
二歲。

作者以兼工帶寫的筆法畫雌雄雙雞，一
隻低頭覓食，一隻昂首凝視。石旁數株
牡丹嬌美瑰麗。雙雞形象生動逼真，羽
毛不用細筆勾描而用彩、墨點畫，牡丹
信筆寫之，氣勢連貫。土坡上隨意勾描
叢草，筆法粗獷。全圖用筆奔放靈活，設
色淡雅清新，構圖平中求奇，靜中寓動。

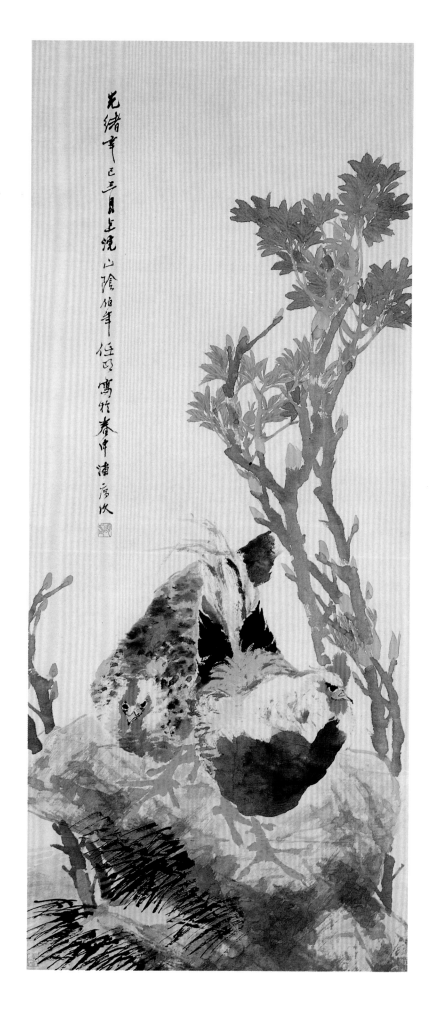

80

任頤 人物花鳥冊

紙本（十二開） 設色 每開縱31.5厘米 橫36厘米

Figures, Flowers and Birds
By Ren Yi
Album of 12 leaves, colour on paper
Each leaf: 31.5 x 36cm

第一開 畫大葉芭蕉。自題"效北宋沒骨法，任頤伯年甫。"鈐"任伯年"（白文）。

第二開 畫梧桐雙鳥。自題"光緒辛巳秋九月，伯年。"鈐"任伯年"（白文）。

第三開 畫山水人物。自題"光緒壬午，伯年任頤。"鈐"頤印"（朱文）。

第四開 畫八哥。自題"辛巳八月，伯年任頤。"鈐"任伯年"（白文）。

第五開 畫人物毛驢。自題"壬午六月，伯年"，鈐"頤印"（朱文）。

第六開 畫牧羊。自題"伯年"，鈐"頤印"（白文）。

第七開 畫人馬。自題"關河一望蕭索，壬午夏仲，任頤。"鈐"頤印"（朱文）、"頤印"（白文）。

第八開 畫桃花水鴨。款"伯年"，鈐"頤印"（白文）。

第九開 畫弈棋。自題"光緒壬午夏六月，任頤伯年。"鈐"頤印"（朱文）、"頤印"（白文）。

第十開 畫翠竹小鳥。自題"光緒壬午夏六月，伯年"，鈐"任伯年"（白文）。

第十一開 畫蘇武牧羊。自題"光緒壬午夏六月，山陰伯年甫。"鈐"頤印"（朱文）。

第十二開 畫花卉蜻蜓。自題"安茂仁兄大人正之，伯年寫於海上寓次。"鈐"任伯年"（白文）。

"光緒辛巳"、"壬午"，分別為公元1881年和1882年，歷時十一個月，作者時年四十二至四十三歲。正是畫家創作旺盛時期。圖中筆法靈活，瀟灑，不拘一格，工筆、寫意、勾染、沒骨兼而有之；賦色、水墨富有變化，濃墨、淡墨、赭石、藤黃、石青、石綠、花青等交替使用，使畫面艷而不俗，工而不板，充滿生機和活力。構圖簡潔，小巧玲瓏，為任頤人物花鳥畫精作。

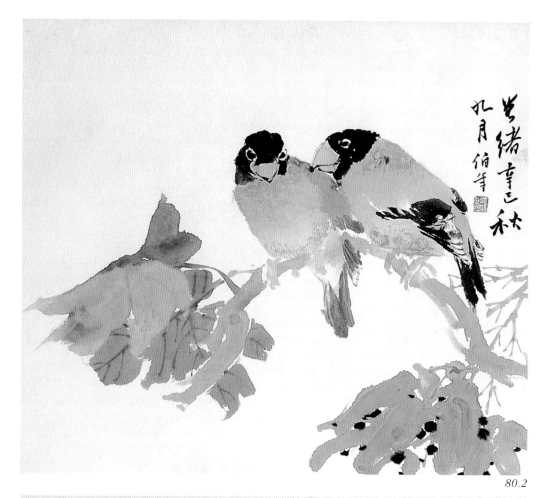

80.2

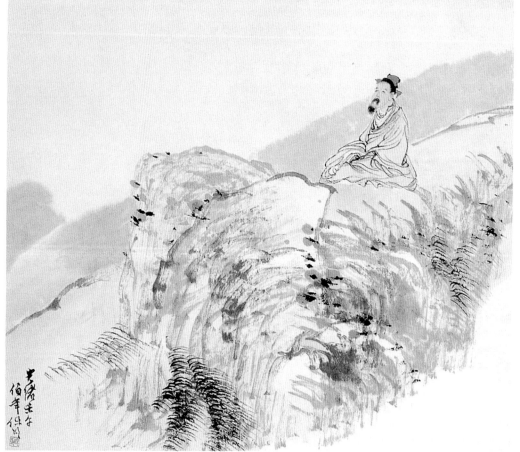

80.3

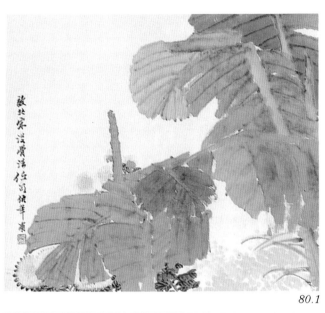

80.1

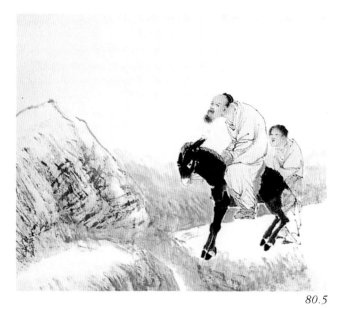

80.5

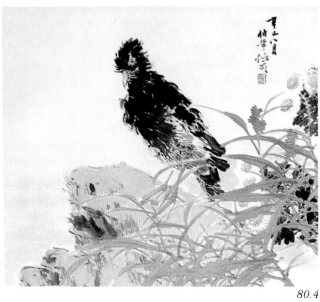

80.4

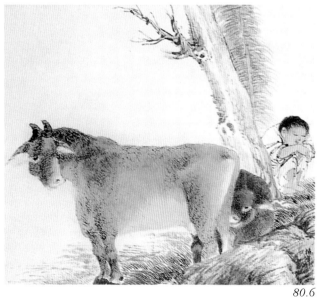

80.6

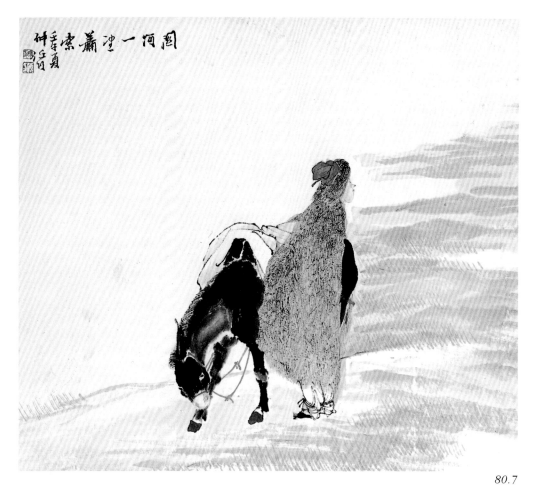

80.7

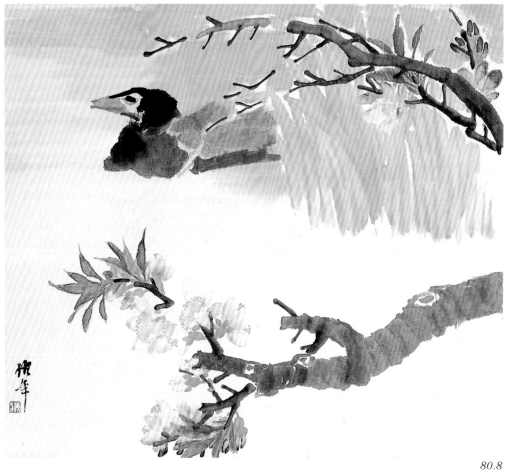

80.8

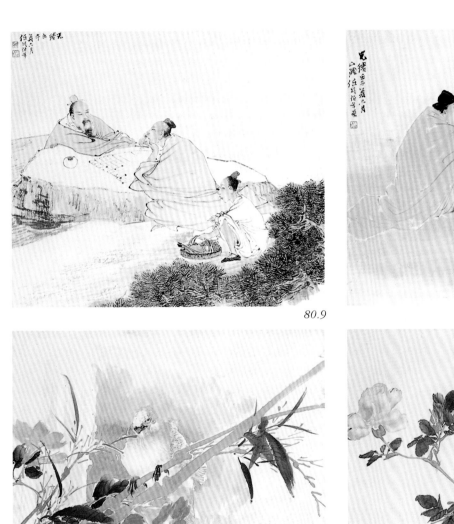

80.9

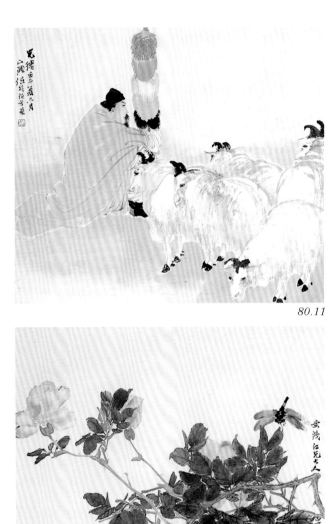

80.11

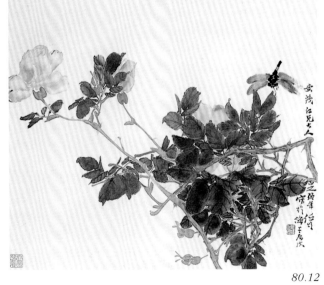

80.10

80.12

81

任頤 天竹白頭圖軸
紙本 設色 縱179.7厘米 橫47.5厘米

Nandina and Chinese Bulbuls
By Ren Yi
Hanging scroll, colour on paper
179.7 × 47.5cm

本幅自題："光緒壬午冬十月吉日，山陰
任頤伯年甫記。"鈐"頤印"（白文）。

壬午為光緒八年（1882），任頤時年四十
三歲。

此圖畫顏色各異的天竹數株，枝繁葉
茂，嫣紅和金黃的果實滿掛枝頭。二白
頭翁凌空飛翔。這是任伯年最喜歡畫的
題材之一。中國傳統繪畫常借白頭翁寓
意夫妻恩愛、白頭到老之意。圖中運筆
靈活，工筆與寫意交替使用。構圖取高
遠的全景式，靜中求動。設色鮮麗而又
和諧，為任頤花鳥畫精心之作。

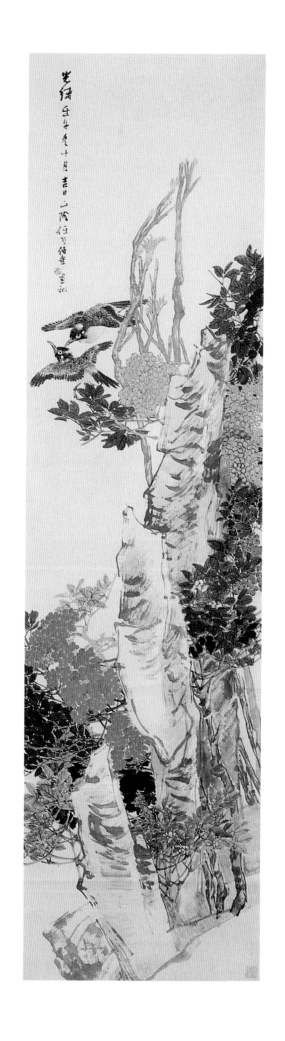

82

任頤　人物故事圖屏
紙本（四屏）　淡設色　每條縱182.1厘米　橫48.1厘米

Figures
By Ren Yi
A set of 4 hanging scrolls, light colour on paper
Each scroll: 182.1 x 48.1cm

第一條　五月披裘圖屏。自題："景華仁兄先生大雅屬寫嚴
先生釣富春江之圖。壬午夏六月朔任伯年並記。"（"嚴"誤
"巖"。）下鈐"伯年大利"（朱文）、"任頤長壽"（白文）。

壬午為光緒八年（1882），任頤時年四十三歲。

此圖畫東漢隱士嚴子陵垂釣富春江故事。作者用簡練的綫
條，濃淡不同的色墨畫子陵身披羊裘，頭戴草笠，立江邊遠
眺，一童子扛釣竿相隨。隱士超脫閑逸的神情刻畫得逼肖。圖
中山石陡峭，林木葱籠，江水浩渺，意境清幽。

任頤的人物畫宗法陳洪綬，後又吸取揚州畫派黃慎用筆粗獷
流暢之長，所繪人物形象略有誇張，富裝飾趣味。此圖明顯受
陳、黃影響。

第二條　小紅低唱圖屏。自題：自製新詞韻最皎，小紅低唱我
吹簫。曲終過盡松溪路，回首煙波十四橋。壬午首夏山陰任
頤。"下鈐"任頤長壽"（白文）。

壬午為光緒八年（1882），任頤時年四十三歲。

此詩為南宋著名詞人姜夔所作。姜夔，字堯章，號白石道人。
工詩詞，善音樂，與南宋詩人范成大為知交。范氏晚年退居故
鄉蘇州石湖，姜夔往訪，並作《暗香》、《疏影》曲，范氏命婢女
小紅習之。姜歸吳興，范以小紅贈之。

此圖描繪松蔭掩映下姜夔和小紅坐船中伴奏演唱情景。圖中
用筆簡練，意境優美，為任頤人物畫名作。

第三條　風塵三俠圖屏。自題："光緒壬午首夏伯年任頤。"
鈐"頤印"（白文）。

壬午為光緒八年（1882），任頤時年四十三歲。

風塵三俠指紅拂、李靖、虬髯客，他們是唐代傳奇小説《虬髯
客傳》中三個主要人物。描寫隋代越公楊素府中執紅拂侍妾
愛慕李靖，夜奔就之，偕同出走，途遇虬髯客相助，後李靖輔
佐唐太宗創建功業故事。此圖用簡勁流暢的綫條，略加彩墨
渲染，描繪紅拂、李靖、虬髯客在郊野惜別情景。畫面古木參
天，紅拂女、李靖頭部半露。李靖依依惜別神情，虬髯客豪爽
個性刻畫得惟妙惟肖，為任頤人物畫傑作。

第四條　九日登高圖屏。自題："壬午六月，山陰任頤伯年
甫。"下鈐"任頤長壽"（白文）、"伯年大利"（朱文）。

壬午為光緒八年（1882），任頤時年四十三歲。

重九，農曆九月初九日，節令名，又名重陽。中國民俗"九日
登高"，有消災吉祥之説。

此圖畫一長者柱杖登於峯頂，背手探身，俯視山腳，身後童子
侍者相隨。人物神情刻畫生動，衣紋細勁流暢。畫風學陳洪綬
而又別具特色，為任頤人物畫精作。

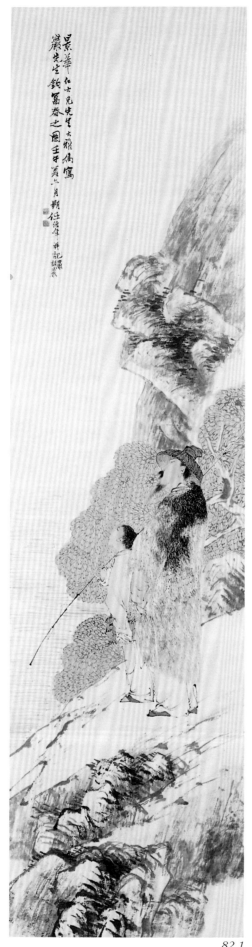

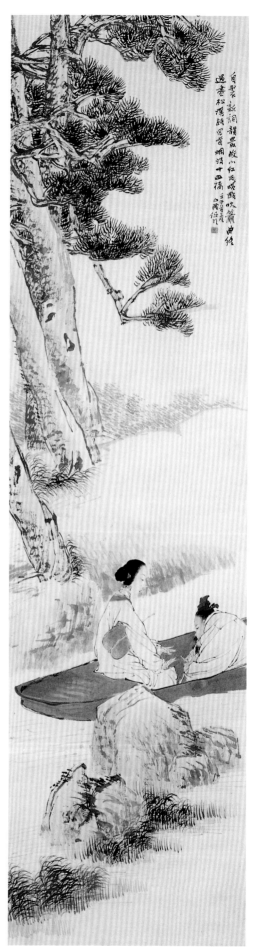

82.1

82.2

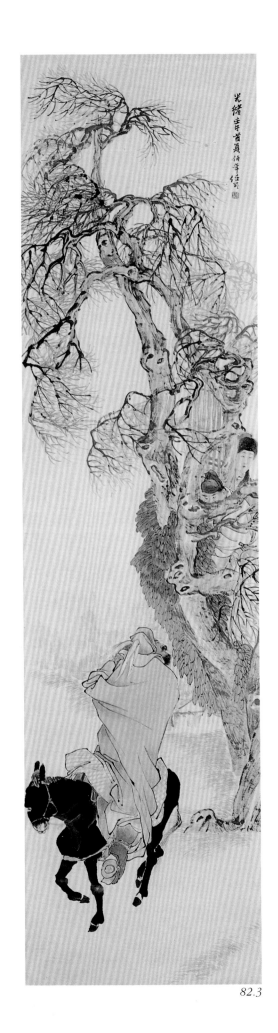

82.3

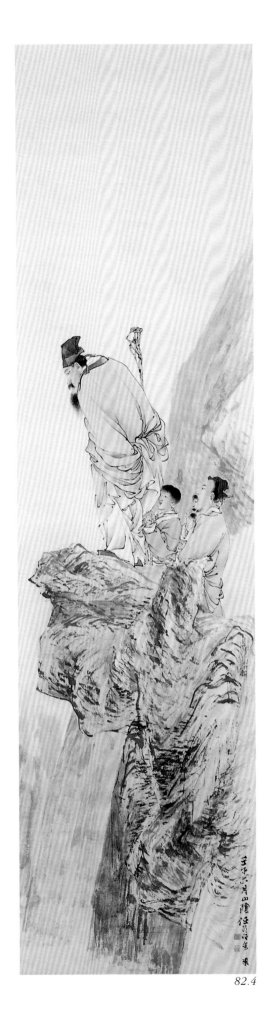

82.4

83

任頤 花蔭小犬圖軸
紙本 設色 縱180厘米 橫47.8厘米

**A White Dog Lying on the Ground under
the Shade of Haitang Trees
By Ren Yi**
Hanging scroll, colour on paper
180 x 47.8cm

本幅自題："光緒壬午冬十月擬元人設
色,山陰任頤伯年甫。"鈐"任頤印"(白
文)。

壬午為光緒八年(1882),任頤時年四十
三歲。

圖用小寫意筆法畫海棠數株,枝葉繁
茂,佈滿畫面。樹下一白毛犬伏地而臥,
其態悠閑。海棠花用沒骨法,設色艷麗,
樹幹用筆粗放,率意瀟灑。坡石以濃淡
墨相參皴染,略施花青色,成功地表現
了石質的堅硬與立體效果,為任氏中年
花鳥畫佳作。

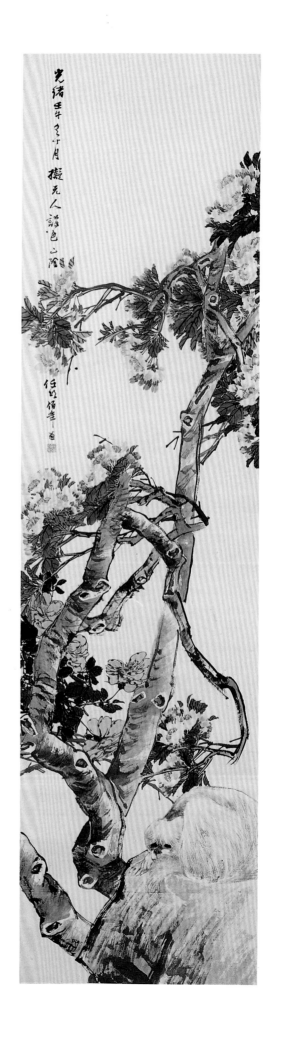

84

任頤　花鳥四條屏

紙本(四屏)　設色　每條縱134.7厘米　橫32.8厘米

Birds and Flowers
By Ren Yi
A set of 4 hanging scrolls, colour on paper
Each scroll: 134.7 x 32.8cm

第一條　雄雞花石。款"癸未十月伯年任頤"。鈐"任伯年"(白文)、"頤印"(白文)。

第二條　蘆花禽鳥。款"癸未十月山陰道上行者頤"。鈐"頤印"(白文)、"任伯年"(白文)。

第三條　豆花鴛鴦。款"癸未十月山陰任伯年"。鈐"頤印"(白文)。

第四條　天竺、水仙、雙禽。款"光緒癸未十月下浣伯年任頤寫於春申甫上"。鈐"任頤印"(白文)。

癸未為光緒九年(1883)，任頤時年四十四歲。

此圖用筆清新，活潑，飛動自如，富有神韻。畫風受陳淳、八大山人、華嵒影響而又別開谿徑。構圖高遠，設色艷而不俗，為任氏花鳥畫佳作。

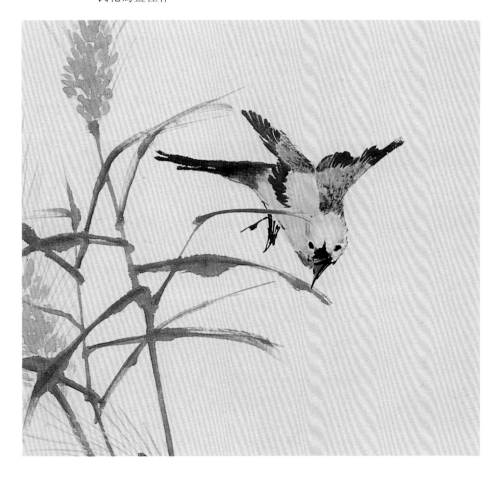

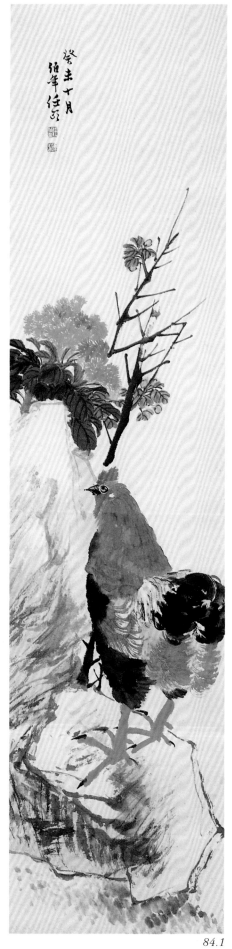

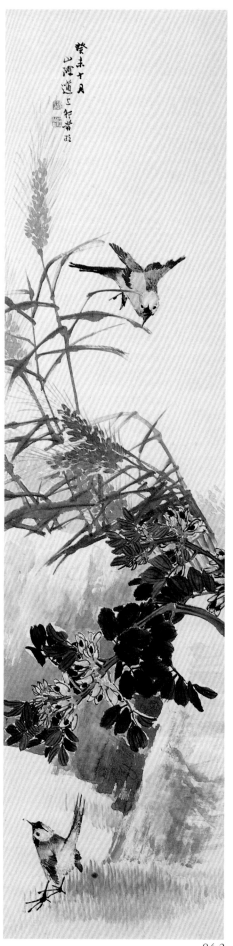

84.1

84.2

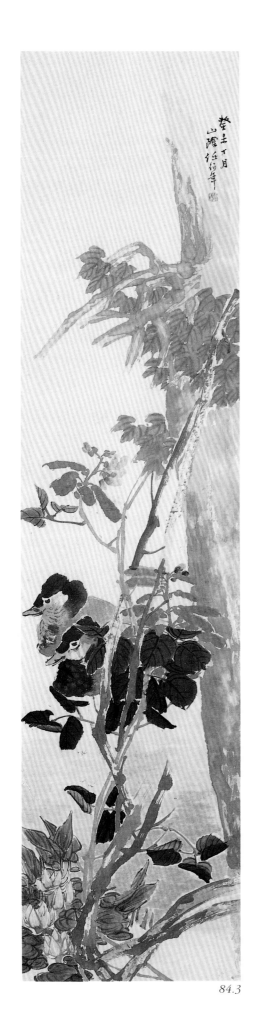

84.3

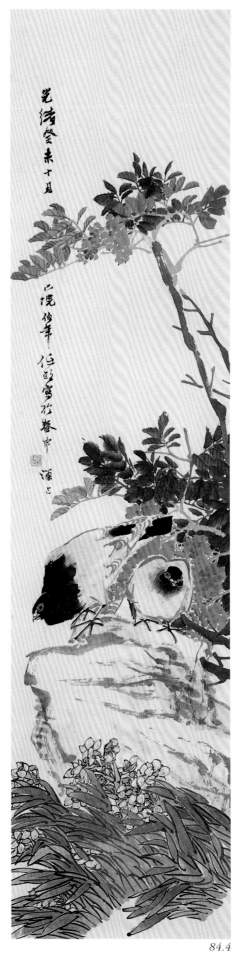

84.4

85

任頤 雪中送炭圖軸

紙本 設色 縱80.8厘米 橫36.8厘米

Sending Charcoal in Snowy Weather
By Ren Yi
Hanging scroll, colour on paper
80.8 x 36.8cm

本幅自題："光緒癸未元日試羊毫筆率
爾，任頤。"鈐"任頤印"（白文）。

癸未為光緒九年（1883），任頤時年四十
四歲。

"雪中送炭"典故出於《宋史‧太宗紀》。
據載，淳化四年某日，"雨雪大寒，再遣
中使賜孤老貧窮人千錢、米炭"。後"雪
中送炭"便用以喻意濟人之急。

此圖背景是陰霾的天空，畫面氣氛蕭瑟
清冷。人物衣服用淋漓的水墨畫成，雙
腿及護腳棉襪則用有頓挫的綫條勾勒，
藝術手法新穎大膽。畫家在此沒有像往
常在細節描寫上用功，而是注重整體造
型。透過人物外表及背景襯托展現送炭
者濟人於困的美德。

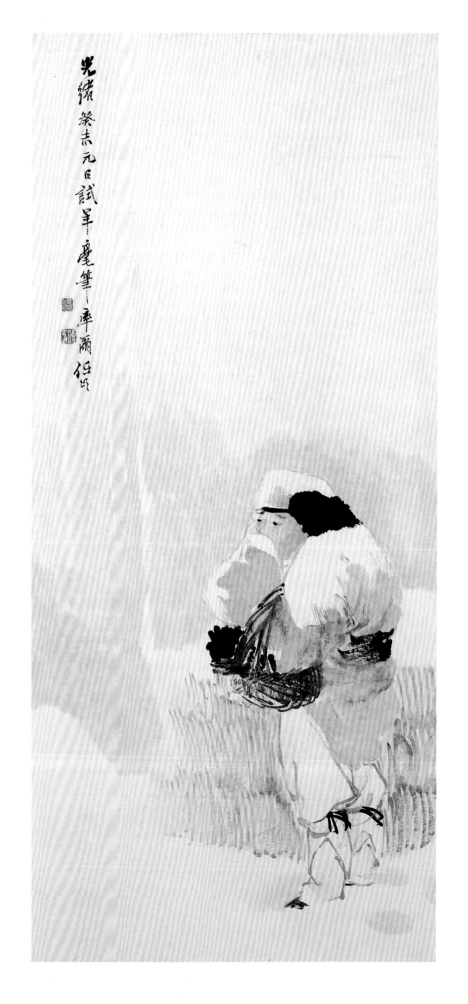

86

任頤 花鳥圖屏

紙本（四屏） 設色 每條縱152.5厘米 橫40厘米

Birds and Flowers
By Ren Yi
A set of 4 hanging scrolls, colour on paper
Each scroll: 152.5 x 40cm

第一條 風柳羣燕圖屏。自題："輕燕愛風斜。癸未春壬正月，
山陰任頤伯年甫。"鈐"頤印"（白文）。

癸未為光緒九年（1883），任頤時年四十四歲。

圖畫柳枝間六隻小燕子上下迎風翻飛，張口喧叫，形象生動活
潑。柳樹枝幹粗壯，用墨筆飛白法，柳葉近似寫竹法。此圖用筆
瀟灑簡率，構圖嚴謹，氣脈連貫，設色雅淡，別具一格。

第二條 荷鴨圖屏。自題："蒲城秋艷。癸未正月，山陰任頤。"
鈐"頤印"（白文）。

癸未為光緒九年（1883），任頤時年四十四歲。

此圖為任頤成熟期代表作。任頤一反常規，淡化了荷花清高脱
俗的寓意，而強調其生機蓬勃自然生態之趣。作者以石綠、花
青畫荷葉，淡墨勾筋，率筆勾染花瓣，淡彩點花蕊，設色明麗，
水鴨用寫意法寥寥幾筆，表現了畫家紮實的寫生功力。全畫構
圖別致，清新活潑，為任氏花鳥畫精作。

第三條 棕櫚雞圖屏。自題："癸未正月，伯年任頤寫於海
上。"鈐"頤印"（白文）。

癸未為光緒九年（1883），任頤時年四十四歲。

圖畫籬牆間棕櫚大葉扶披，桃花二株嬌嬈可人。籬下一雄雞悠
閑邁步覓食。棕櫚葉以花青寫之，濃墨勾筋，桃花用沒骨法。葉
之清新，花之嬌態，描繪得惟妙惟肖。此圖筆酣墨飽，一氣呵
成，構圖舒展，富田園生活之趣，為任頤中年花鳥畫代表作。

第四條 天竹白鷳圖屏。自題："升橋仁兄大人雅屬，癸未春正
月，山陰任頤伯年。"鈐"任頤印"（白文）。

癸未為光緒九年（1883），任頤時年四十四歲。

此圖秀石下天竹叢生，枝幹縱橫交錯，天竹籽掛滿枝頭，花葉
自然鮮麗。枝下一隻白鷳安祥佇立石上，白身黑肚，羽毛蓬鬆，
體態肥碩，俯視地面，似正覓食狀。大石用水墨皴擦，天竹籽以
朱膘點染，白鷳黑羽處用濃墨點，白羽以淡墨輕勾。全畫筆法
靈活奔放，構圖平中求險，為任頤花鳥畫精作。

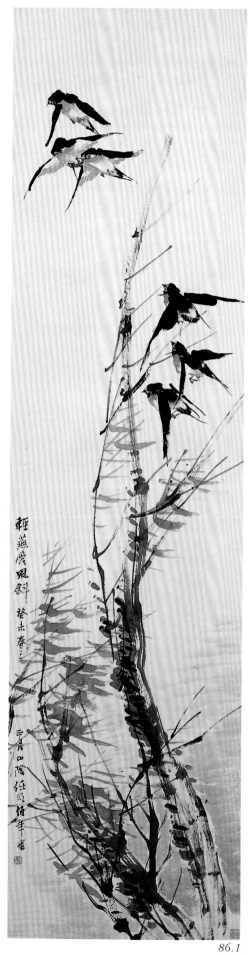

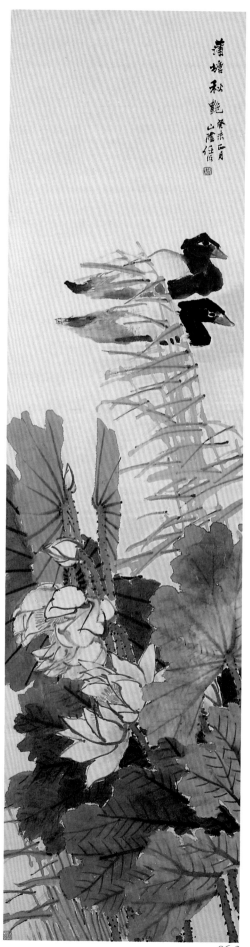

86.1

86.2

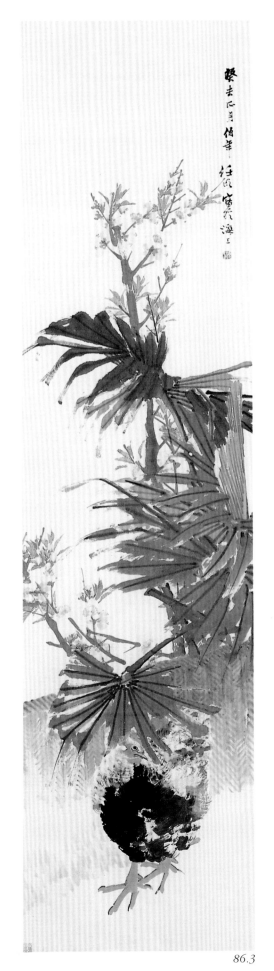

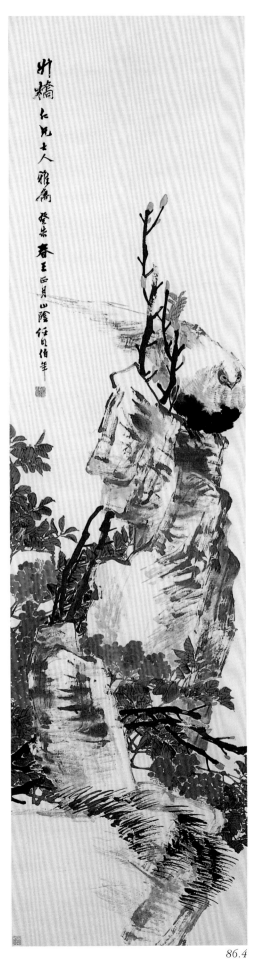

86.3

86.4

87

任頤 雲山策馬圖軸

紙本 設色 縱135.5厘米 橫65厘米

Traveller Whipping a Horse on in
Misty Mountains
By Ren Yi
Hanging scroll, colour on paper
135.5 x 65cm

本幅自題："山從人面起，雲傍馬頭生。
光緒丙戌長夏，山陰任頤伯年甫作圖於
海上寓次。"鈐"任伯年"（白文）、"任頤
印"（白文）。又題云："靄庭仁兄先生見
而謬賞即贈之就正，任頤。"下鈐"任頤
印"（白文）、"任伯年"（白文）。

丙戌為光緒十二年（1886），任頤時年四
十七歲。

此圖據李白《送友人入蜀》詩句"山從人
面起，雲傍馬頭生"擬意而作。

任頤的山水畫捨棄了傳統山水畫高遠、
深遠、平遠的構圖方式，着重於近景的
描繪，並把人物置於顯著位置。此圖中
突出人和駿馬，人物表情刻畫較一般山
水細緻。全畫筆法瀟灑豪放，表現了作
者嫻熟的繪畫技藝和創新精神，為任頤
中年人物山水畫代表作。

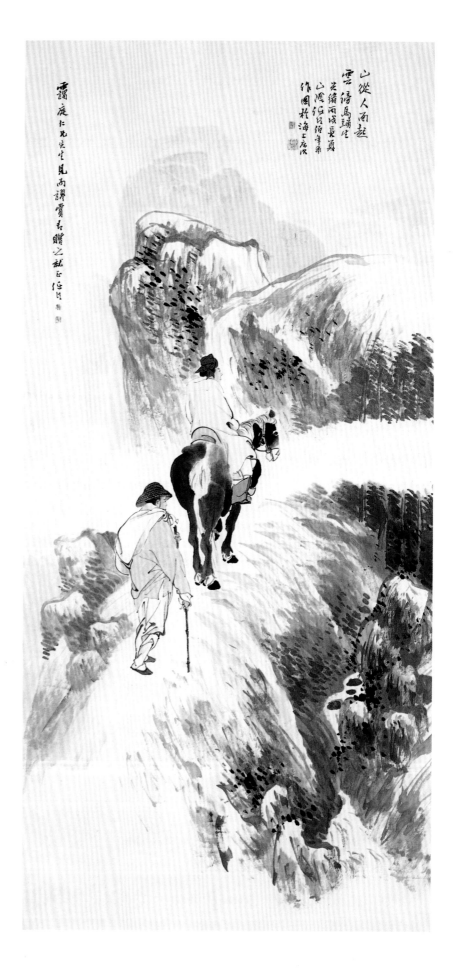

88

任頤 三友圖軸

紙本 設色 縱64.5厘米 橫36.2厘米

Three Friends
By Ren Yi
Hanging scroll, colour on paper
64.5 x 36.2cm

本幅自題："錦堂、鳳沂兩兄囑頤寫照，
更許在坐，謂之三友，幸甚幸甚。"鈐"任
伯年"(白文)。上詩堂有清鍾德祥題詩
一首(不錄)並記云："光緒甲申三月，錦
堂弟索題，山陰任頤伯年畫也。中坐者
曾鳳奇，錦堂左向坐，伯年右向坐，皆僧
衣，其有所寄托耶。鍾德祥。"鈐"鍾德祥
印"(白文)、"殷山外史"(朱文)。甲申
為光緒十年(1884)，鍾題距畫作時間應
不遠，此時任頤四十餘歲，正是畫藝成
熟時期。本幅上又有徐允臨於光緒十二
年(1886)八月篆書題"三友圖"三字，
並記云："丙戌八月錦堂朱先生出此見
示索題"，可知此圖最初藏於朱錦堂家。

任頤肖像畫在繼承家學和"重墨骨"的
傳統基礎上又參學西畫。此圖充分利用
綫條的造型能力，面部刻畫細膩，於綫
勾輪廓後施以淡彩，用顏色的深淺表現
出面部的凹凸，富有立體質感。這顯然
是借鑑了西洋畫法並融於傳統技法之
中所產生的藝術效果。

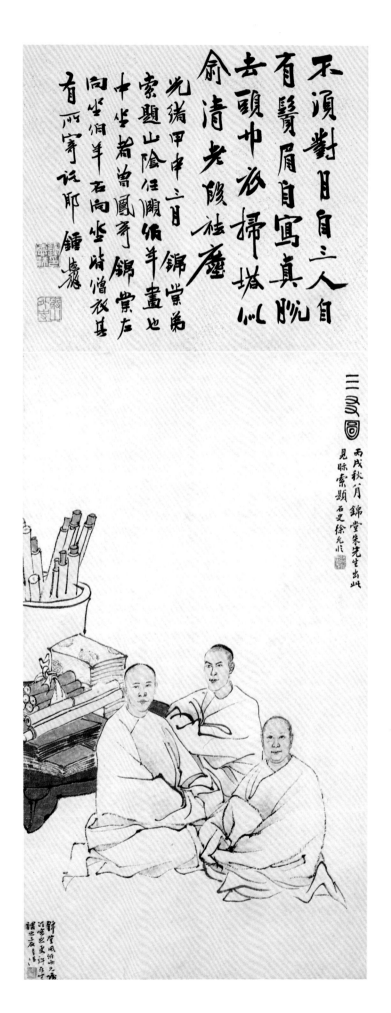

89

任頤 桃石圖軸

紙本 設色 縱149.4厘米 橫80.6厘米

Peaches and Rocks
By Ren Yi
Hanging scroll, colour on paper
149.4 x 80.6cm

本幅自題："光緒丁亥嘉平望前，寄祝樹臣直刺舅大人五壽，伯年任頤客滬城寫。"鈐"伯年大利"（朱文）、"任頤印信"（朱文）。

丁亥為光緒十三年 (1887)，任頤時年四十八歲。

作者以寓意手法，繪桃石表達祝壽之意。畫家以小寫意筆法畫鮮桃盤石，置於畫面正中，筆法靈活瀟灑，設色鮮麗清新，構圖簡潔新穎，別具一格。

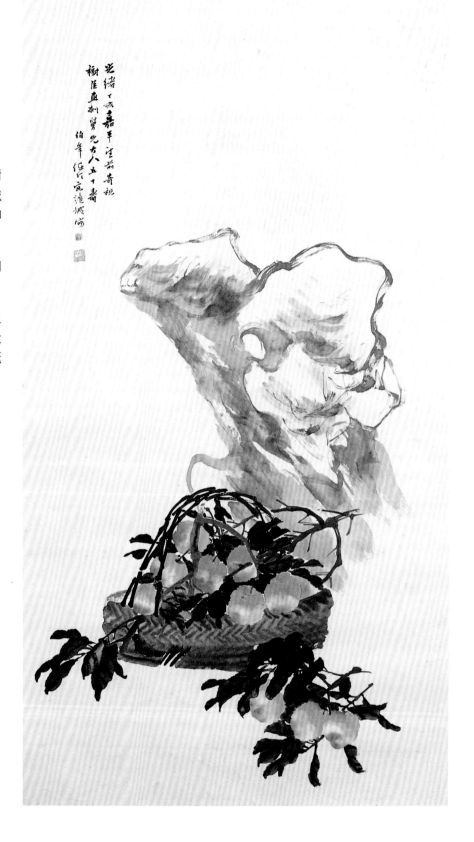

90

任頤 高邕之像軸

紙本 設色 縱130.7厘米 橫65.3厘米

Portrait of Gao Yong
By Ren Yi
Hanging scroll, colour on paper
130.7 x 65.3cm

畫面左邊有虛谷長題,末署:"山陰任頤作圖,虛谷題,時光緒十三年正月八日也。"鈐"虛谷"(朱文)。

據虛谷題,"光緒十三年",此圖作於1887年前後,任頤四十八歲左右。

高邕(1850—1921年),杭州人,工書畫,宣統元年在上海豫園創立書畫善會。辛亥革命後黃冠儒服,賣字療飢,為任頤好友。

此圖畫高邕手持竹杆側立,赤足穿草鞋,頭蓄長辮,兩眼深凹,目光凝視前方,如一乞丐。地上有一籃放着紙筆,表現了高邕的艱辛生活和不滿情緒。圖中人物衣紋簡練,以生動有力的綫條勾勒全身,在腰帶和袖褲褶紋之處略施淡墨。面部生動傳神,為任頤肖像畫傑作。

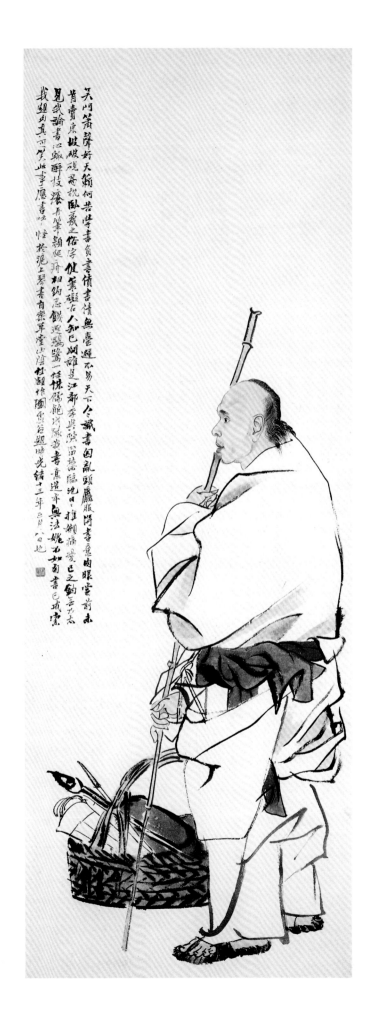

91

任頤 芭蕉貍貓圖軸
紙本 設色 縱181.4厘米 橫94.8厘米

Leopard Cats under Banana Tree
By Ren Yi
Hanging scroll, colour on paper
181.4 x 94.8cm

本幅自題："光緒戊子秋七月望日師宋
人雙勾法，山陰任伯年並記。"鈐"任頤
印"（白文）、"伯年長壽"（朱文）。

戊子為光緒十四年（1888），任頤時年四
十九歲。

圖繪芭蕉湖石，四隻貍貓嬉戲其間。畫
中自題"師宋人雙勾法"，圖中湖石芭蕉
的用筆確有宋人遺意，但更多的是畫家
本人寫意花鳥畫清新明快、運筆流暢的
風格。圖中湖石千皴萬染，筆法嚴謹，貍
貓雖用意筆寫之，但造型生動準確。構
圖平中求奇，動靜結合，為任頤中年花
鳥畫佳作。

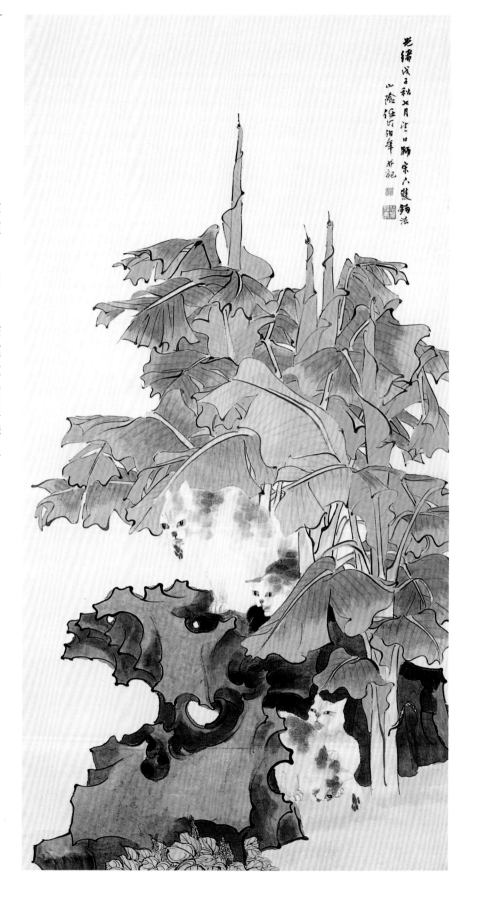

92

任頤 羲之愛鵝圖軸

紙本 設色 縱92厘米 橫40厘米

Wang Xizhi Watching the Geese Playing in Water
By Ren Yi
Hanging scroll, colour on paper
92 x 40cm

本幅自題："光緒庚寅秋七月山陰任頤
寫於海上。"鈐"任頤伯年"（白文）、"任
和尚"（朱文）。

庚寅為光緒十六年（1890），任頤時年五
十一歲。

據記載，王羲之為了掌握書法執筆、運
筆之法，養成了觀鵝、愛鵝的癖好。一次
他聞聽山陰道士養有一羣好鵝，欲高價
相購。道士要他寫一部《道德經》換之，
他欣然同意。此圖即據這一故事擬意而
作。

圖中畫家用洗練嫻熟的筆法畫羲之一
手持扇，一手扶欄，在侍者陪同下觀看
二隻白鵝行水情景。構圖主次分明，有
藏有露。畫家着重刻畫王羲之細心觀鵝
的神情，兩隻白鵝僅寥寥數筆點到為
止。設色清幽淡雅，為任頤晚年人物畫
佳作。

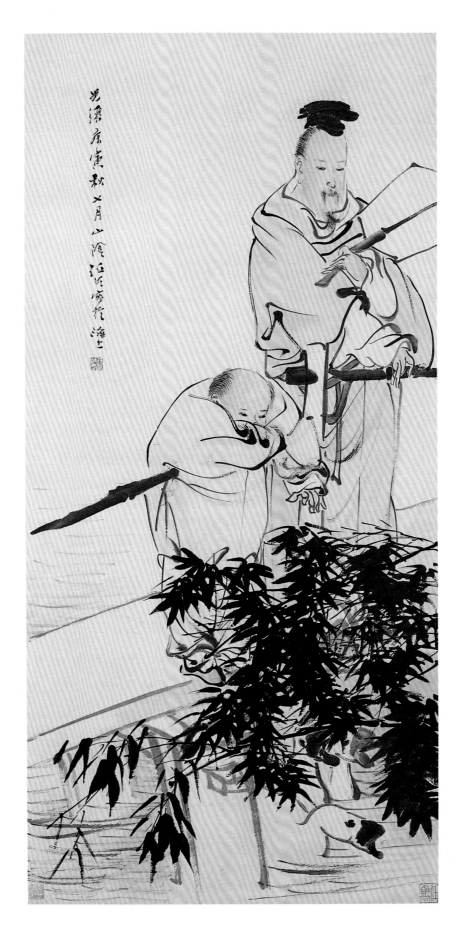

93

任頤 花卉禽獸圖屏

紙本（四屏） 設色 每條縱147厘米 橫40厘米

Flowers and Animals
By Ren Yi
A set of 4 hanging scrolls, colour on paper
Each scroll: 147 x 40cm

第一條　桃猴圖屏。自題：“伯年任頤寫”。鈐“頤印”（白文），右下角鈐有“錢鏡塘鑑定任伯年真迹之印”（朱文）。

此圖雖無年款，但從風格和署款特點看應為任頤四十歲以前的早期作品。畫面桃枝搖曳多姿，枝疏葉茂，一猴正援樹上攀，意欲摘食碩大的鮮桃。猴子造型生動準確，背上猴毛用乾筆細緻勾描，再染以淡彩。猴子雙眼染藤黃，再用濃墨點睛。桃幹用赭石加淡墨染，淡彩沒骨法畫葉，濃墨勾筋。構圖新穎別致，匠心獨具。

第二條　松鼠圖屏。無作者款印，畫下鈐有“錢鏡塘鑑定任伯年真迹之印”（朱文）、“淵雷室藏”（朱文）。

此圖以截枝法畫桃樹兩株，遙相呼應，一松鼠正飛臨另一隻松鼠所棲的枝頭。松鼠形象生動逼真。圖中作者着重表現樹幹和松鼠，而紅花綠葉僅寥寥幾筆寫之。花葉用沒骨法，樹幹用雙勾填彩法。松鼠毛以乾筆淡墨細勾輕皴，並以焦墨略染其間，再施以淡褐色，具有毛茸茸的質感。構圖新穎別致，以險取勝，用筆清新活潑，設色淡雅，為任氏花鳥畫佳作。

第三條　紫藤鵝圖屏。自題：“伯年寫”。鈐“任頤長壽”印（白文），“錢鏡塘鑑定任伯年真迹之印”（朱文）。

此圖用小寫意筆法畫水天浩淼，蘆草叢生，紫藤花依樹攀援虬曲而上，花葉繁茂，一隻大鵝在串串藤花掩映下浮游於水塘中。鵝的造型準確，形態安閑，生動傳神。構圖動靜結合，主次分明，設色淡雅，運筆瀟脫。全畫格調清雅，意境優美，為任頤花鳥畫精作。

第四條　桃花白雞圖屏。自題：“伯年寫”，鈐“頤印”（白文）、“任頤長壽”（白文）。

此圖繪一隻白公雞在桃花掩映下憩息，其態安祥自在，桃花吐艷，春意盎然。作者用寥寥的數筆和略施淡彩的寫意手法，生動地描繪出雞的生動形象。春桃幹用意筆寫之，花瓣用沒骨法，坡上小草如茵，構圖穩重，動靜結合。設色艷而不俗，為任頤成熟期花鳥畫精作。

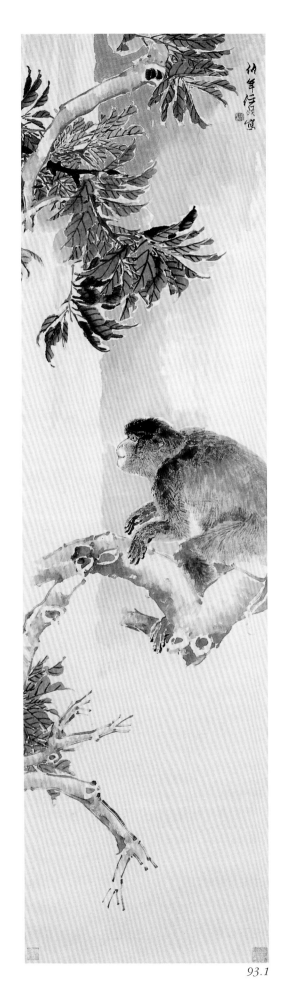

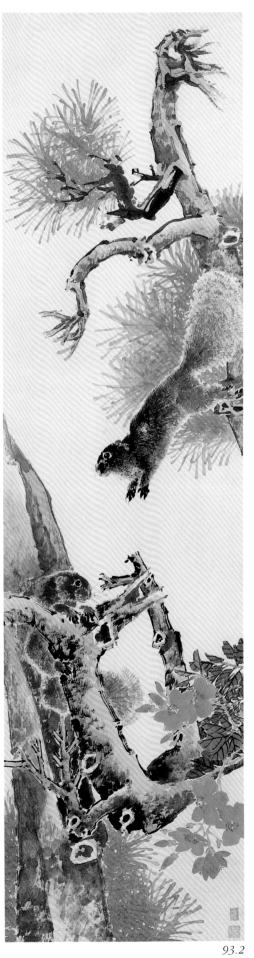

93.1

93.2

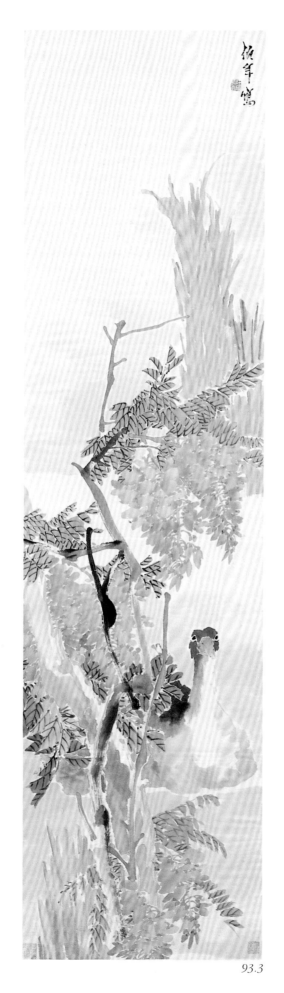

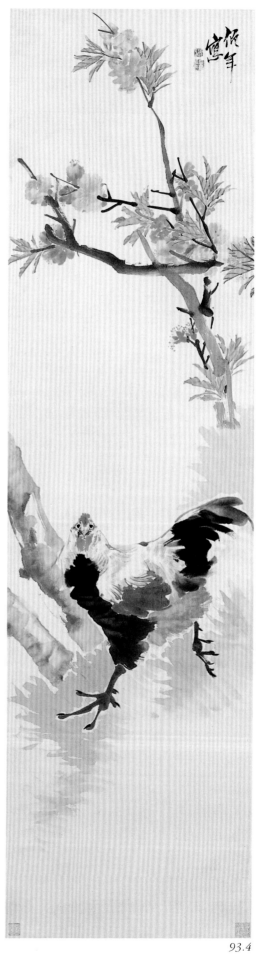

93.3

93.4

94

任頤 牡丹白頭圖軸

紙本 設色 縱133.2厘米 橫64.8厘米

**A Chinese Bulbul on the Spray of Peony
By Ren Yi**
Hanging scroll, colour on paper
133.2 x 64.8cm

本幅自題："光緒壬辰仲春之吉，山陰任
頤伯年甫寫於海上寓齋。"鈐"伯年"
（朱文）、"任頤之印"（白文）。

壬辰為光緒十八年（1892），任頤時年五
十三歲。

此圖又名"白頭富貴"。圖畫牡丹數枝，
一隻白頭鳥佇立枝頭凝視。畫家以沒骨
法畫花朵和枝葉，用筆洗練，小寫意法
畫白頭翁，勾染結合，形象逼肖。牡丹、
白頭鳥寓意夫妻白頭偕老，榮華富貴，
為雅俗共賞的繪畫題材之一。

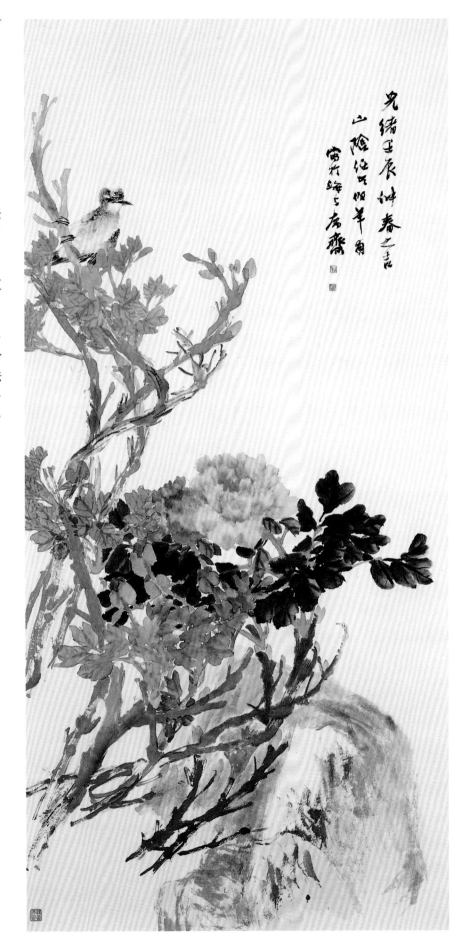

95

任頤 柳岸納涼圖卷
紙本　墨筆　縱20.9厘米　橫92.9厘米

Enjoying the Cool on the Willow Embankment
By Ren Yi
Handscroll, ink on paper
20.9 x 92.9cm

本幅自題："光緒壬辰新秋寫以德先賢姪婿清玩，任頤。"鈐
"任頤之印"（白文）、"伯年"（朱文）。

壬辰為光緒十八年（1892），任頤時年五十三歲。

此圖用率筆隨意點染荷塘岸柳、遠山雲霧及層林，岸邊一人持
書席地而坐。畫面筆法靈活瀟灑，不拘一格。人物用筆簡練而
形神俱備。

任頤山水畫早年師石濤，晚年從元四家中窺探勝境。此圖用筆
秀雅清新，確有元人筆意，為任頤山水畫精作。

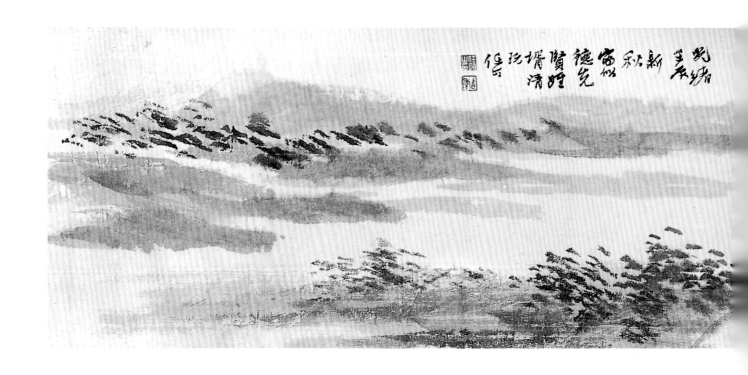

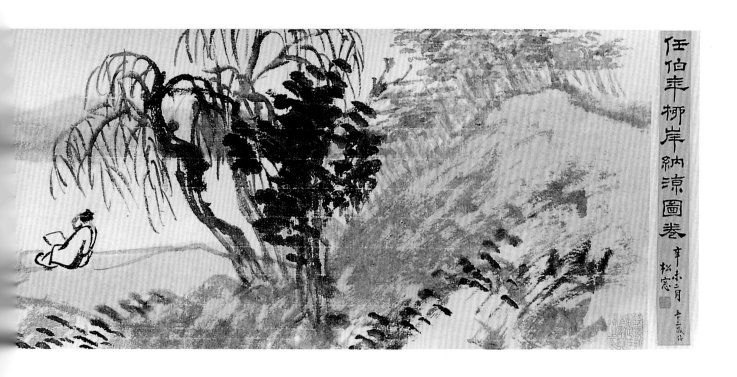

任伯年柳岸納涼圖卷　辛未二月　松崖　辛三歲作

181

96

任頤 洗耳圖軸

紙本 設色 縱140.1厘米 橫81厘米

Xu You Washing His Ears
By Ren Yi
Hanging scroll, colour on paper
140.1 x 81cm

此圖無作者題跋，畫面有高邕題記云：
"地怪天驚一畫奴，少年白盡此頭顱，近
來怕聽傷時語，終筆還留洗耳圖。此幀
是山陰任伯年先生終筆後三年其友仁
和高邕題於李盦先生有畫奴小印故首
句及之，時光緒戊戌四月二日也"。鈐
"李盦和尚"（白文），"高邕不朽"（朱
文）。右下角鈐"伯年"（朱文）、"任頤之
印"（朱文）。

從高邕題記看，此圖作於光緒二十一年
（1895），任頤時年五十六歲。

畫許由不願作官，惡聞堯召他為官之聲
而洗耳的故事。人物造型略為誇張；衣
紋簡練。山石樹木信筆揮灑，蒼莽中又
見生動之致。

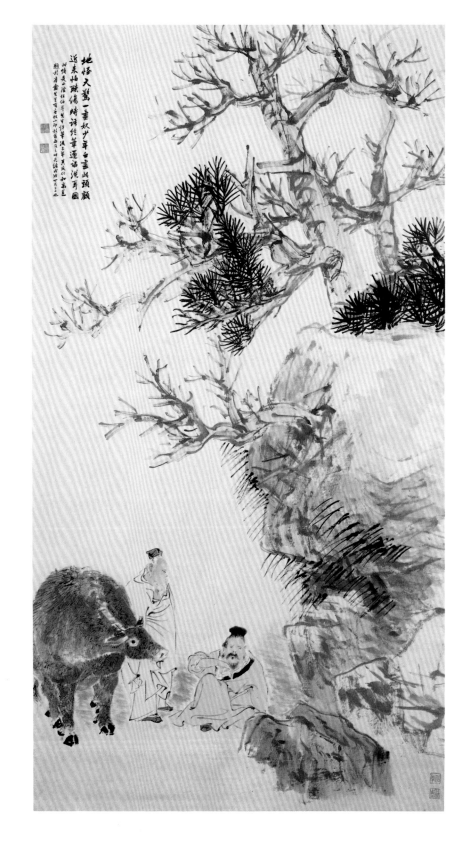

任頤 玉堂富貴圖軸
紙本 設色 縱189.3厘米 橫49厘米

Magnolia and Peony Flowers
By Ren Yi
Hanging scroll, colour on paper
189.3 x 49cm

本幅自題:"鵬雲仁兄大人雅囑即正,伯年任頤寫於春申浦上寓齋。"鈐"任頤印信"(朱文)。

作者借玉蘭的"玉"字及牡丹"富貴"的寓意繪玉蘭、牡丹花卉圖,以喻"玉堂富貴"吉祥語意。

此圖畫牡丹數枝,玉蘭兩棵,參差錯落,交相掩映。高處花梢上兩隻山雀姿態各異,凌空飛翔,喧叫不止,以破畫面的沉寂。圖中花瓣用沒骨法,花葉勾點結合,山雀用淡墨加赭石染身,焦墨點尾,栩栩如生。設色艷而不俗,佈局井然有序,獨具匠心。

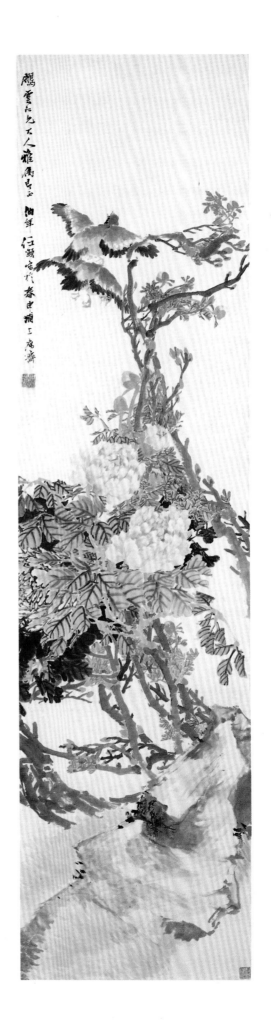

任頤 孔雀圖軸
紙本 設色 縱183.5厘米 橫37.5厘米

Peacock in His Pride
By Ren Yi
Hanging scroll, colour on paper
183.5 x 37.5cm

本幅自題："山陰任頤伯年"。下鈐"任頤"（白文）。

此圖以小寫意筆法畫一隻開屏雄孔雀立於石上，形象生動逼真，設色絢麗多彩。孔雀旁兩株小樹直上，取其昂霄之勢。石旁三兩朵白花盛開，點出春意。孔雀羽毛用乾筆淡墨細勾輕染，以濃墨點其間，再施以淡褐和花青色，表現出羽毛蓬鬆的質感。此圖用筆大膽潑辣，構圖主次分明，突出表現孔雀的華美和動勢，至於"空景"則不着一筆，以淨化畫面，突出主題。

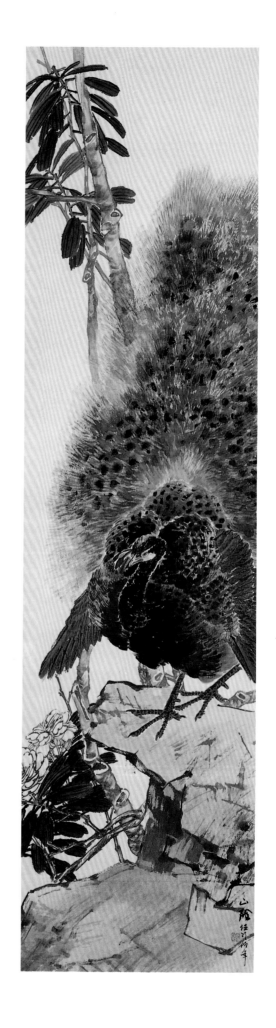

任頤 蕉蔭品硯圖軸

紙本 淡設色 縱155.5厘米 橫43.5厘米

Appreciating Inkstones under the Shade of Banana Tree
By Ren Yi
Hanging scroll, light colour on paper
155.5 x 43.5cm

本幅自題："伯年任頤寫"。鈐"頤印"（白文），右下角鈐"四壽堂秘笈印"（朱文）。

此圖繪芭蕉樹間一長者身着長袍，頭戴風帽，絡腮長鬚，端坐竹榻上，雙手捧硯鑑賞。其專注品硯的神態刻畫入微。身旁一童子正披散頭髮俯身擇取堆放在地上的其他硯台。人物面部用細勁的綫條勾五官輪廓，淡赭色渲染，略有明暗變化。人物形象誇張，神采畢現，衣紋粗獷，綫條遒勁。畫風學陳洪綬而又獨具特色。

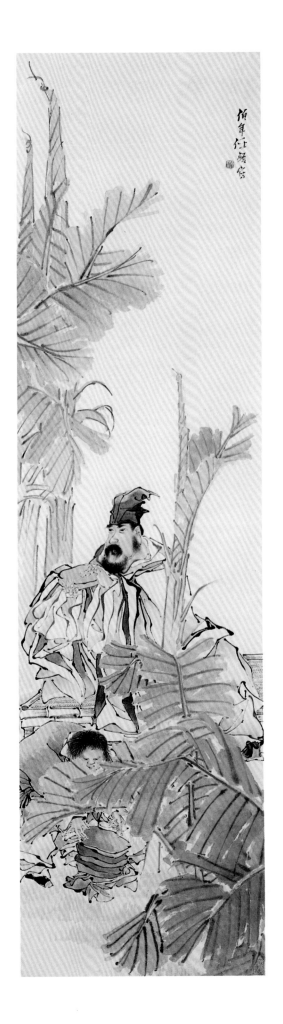

任頤 霜崖眺雁圖軸
紙本 設色 縱155.5厘米 橫43.5厘米

**Looking into the Flying Wild Geese
from a Snowy Cliff**
By Ren Yi
Hanging scroll, colour on paper
155.5 x 43.5cm

本幅自題"伯年"。鈐"頤印"（白文）。

此圖以小寫意筆法畫山崖白雪皚皚，林
木蕭疏的荒野，一人騎馬立崖上，抬頭
仰望遠空中翱翔的羣雁。此圖構思奇
妙，意境幽深。用筆洗練靈活，山石以三
兩筆勾出輪廓，不加皴染，枯樹用勾染
法。人物、駿馬造型生動逼真，衣紋細勁
流暢。利用紙張的空白表現厚積的白
雪，以虛代實，匠心別具。

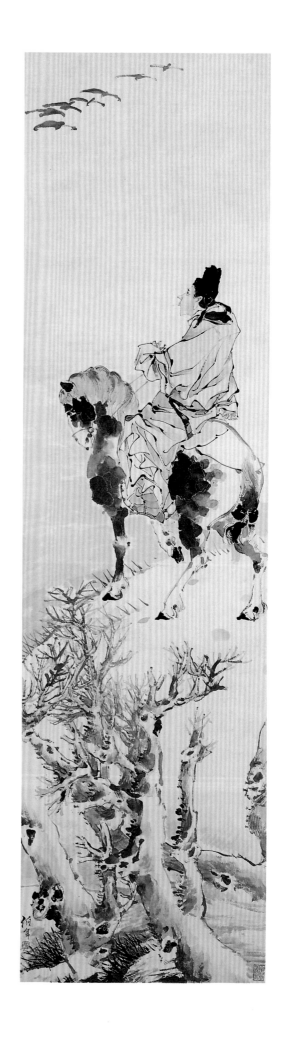

101

任頤 梅邊攜鶴圖軸
紙本 設色 縱155.5厘米 橫43.5厘米

**An Old Scholar with a Crane under
the Plum Trees**
By Ren Yi
Hanging scroll, colour on paper
155.5 x 43.5cm

本幅自題:"伯年任頤寫春申浦。"下鈐
"頤印"(朱文)。

此圖題材取自北宋名士林逋賞梅養鶴,
終身不仕不娶的故事。

此圖所畫人物、仙鶴、梅樹具用水墨寫
意法,用淡墨花青染天空,竹葉以石綠
點畫。人物形象生動傳神,用筆靈活瀟
灑,平中求奇。

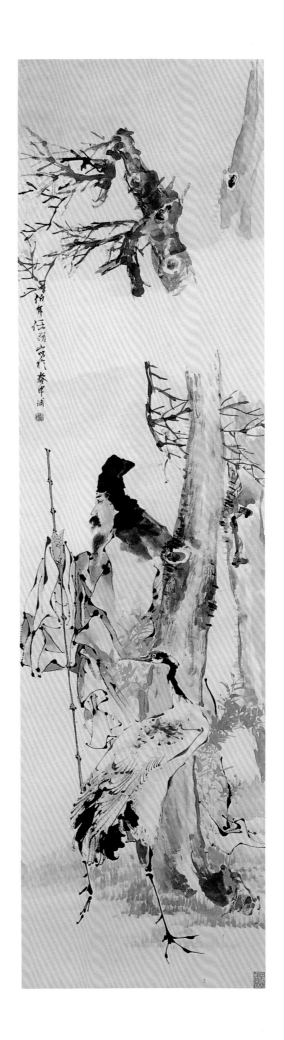

102

吳昌碩 荷花圖軸
紙本 墨筆 縱122.5厘米 橫39厘米

Lotus Flowers
By Wu Changshuo
Hanging scroll, ink on paper
122.5 x 39cm

本幅自題"荷花荷葉墨汁塗，雨大不知香有無。頻年弄筆作狡獪，買棹日日眠菰蘆。青藤白陽呼不起，誰真好手誰野狐。畫成且自掛粉壁，溪堂晚色同模糊。達夫老兄屬潑墨，壬辰仲冬吳俊。"下鈐"俊卿印信"（朱文）、"苦鐵不朽"（白文）。

壬辰為光緒十八年（1892），吳昌碩時年四十九歲。

此圖畫荷花數株，荷葉片片，墨色團團，葉用沒骨法，濃淡兼施，清新雅逸。詩畫結合，相得益彰。

吳昌碩（1844—1927年），名俊卿，字昌碩，號缶廬，晚以字行，浙江安吉人。

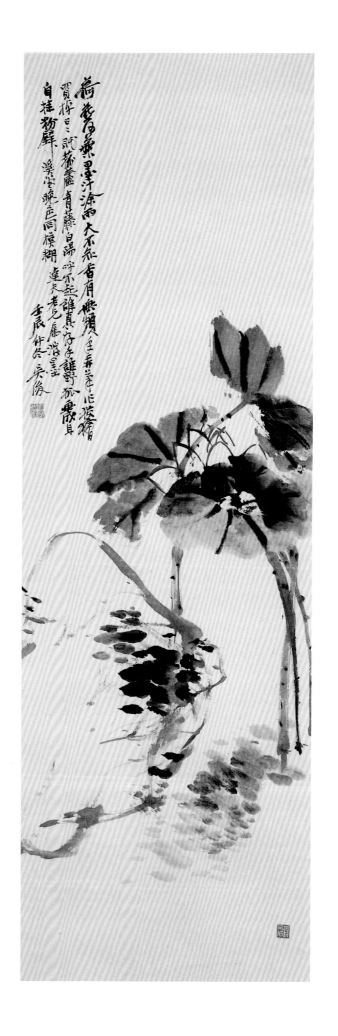

103

吳昌碩 花卉圖卷

紙本 設色 縱31.1厘米 橫303.8厘米

Flowers
By Wu Changshuo
Handscroll, colour on paper
31.1 x 303.8cm

此圖以長卷的形式畫折枝牡丹、玉蘭、芍藥、蘭花四種花卉，
每段畫後均有吳昌碩題記（附錄）。卷末自題云："東塗西抹
鬢成絲，深夜挑燈讀楚詞。風葉雨花隨意寫，申江潮滿月明
時。光緒三十年甲辰臘月三日筱公屬寫此卷，呵凍為之。自視
殊劣，幸教我。吳俊卿客小長蘆館。"前後分別鈐有"缶老"
（半圓聯珠）、"吳俊之印"（白文）、"吳中"（朱文）、"蒼碩"
（白文）、"俊卿之印"（朱文）、"倉碩"（白文）。引首自題詩
三首（不錄），又鈐"吳俊卿印"（白文）、"昌碩"印（白文）。
此圖作於1904年，吳昌碩時年六十一歲。

作者於圖中用"東塗西抹"大寫意的筆法隨意勾染"風葉雨
花"，筆酣墨飽，水墨淋漓，設色艷麗，一掃文人畫所追求的
清高和逸致，強化了作品的世俗性和時代感。

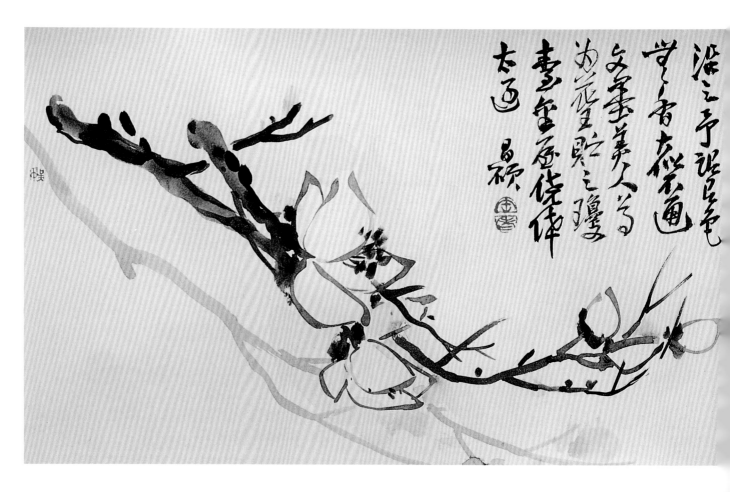

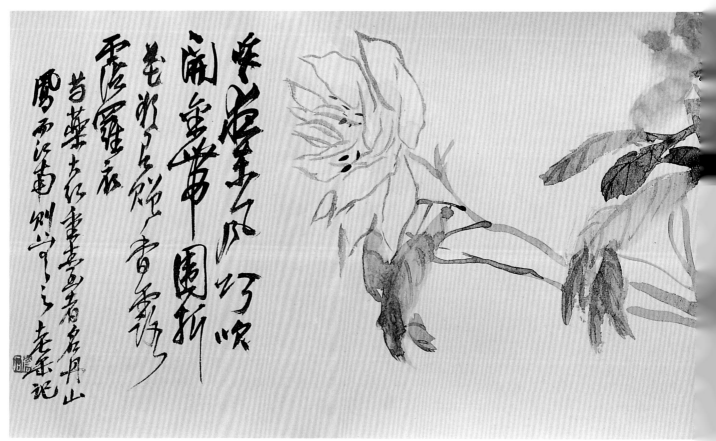

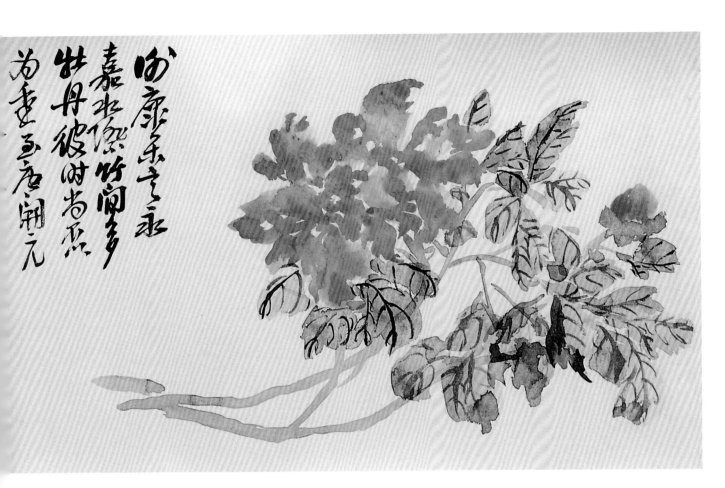

庚申之冬
嘉禾溪竹闹多
牡丹彼附當君
為壽畫石鼓開元

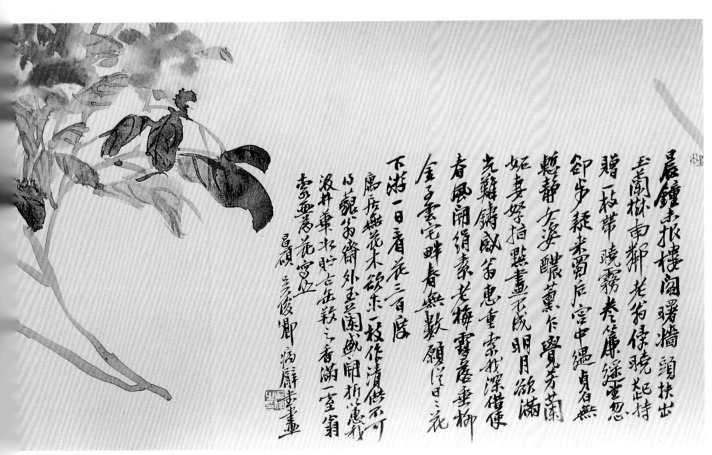

晨鐘未報樓閣曙牆頭挾出
玉蘭樹南鄰老翁倚暁起扶持
贈一枝帶暁霧卷簾緑重忽
卻步疑來蜀后宮中緩貞舍無
憨靜丰姿醲醲薰卞覽芳蘭
妮妻娉擂點畫玉成明月領滿
先籬鑄寫笛惠重索我深借便
春風開絹素老梅雪屋垂柳
金玉堂宅畔春無數願浥日三花
下游一日看花三百匝
廓房樂花木欲采一枝作清供不可
因觀缶翁家外玉蘭盛開折蓮我
沒丼事此貯古缶我之香滿一室翁
壽無彊花堂五
昌頓三之俊卿病腕時畫

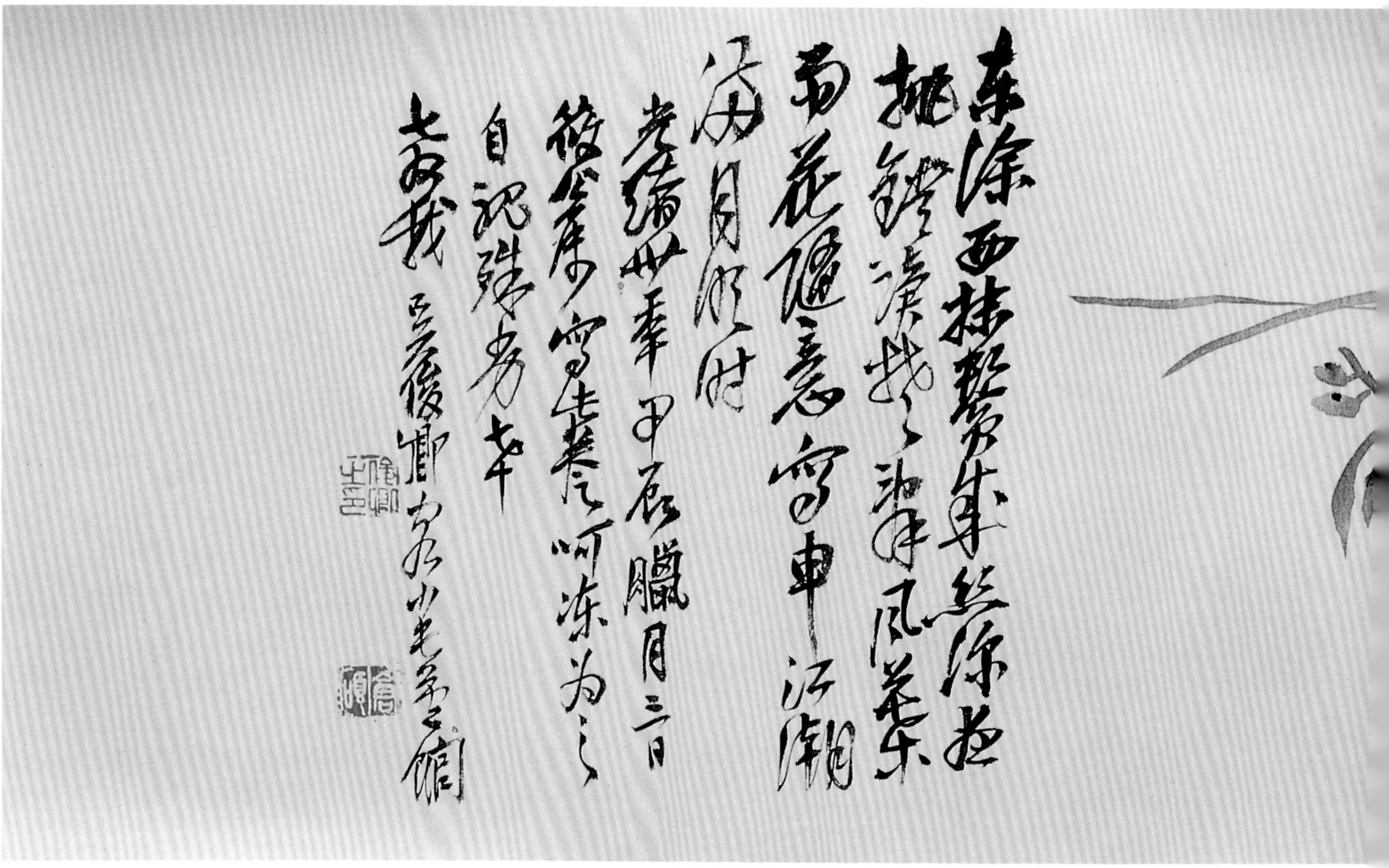

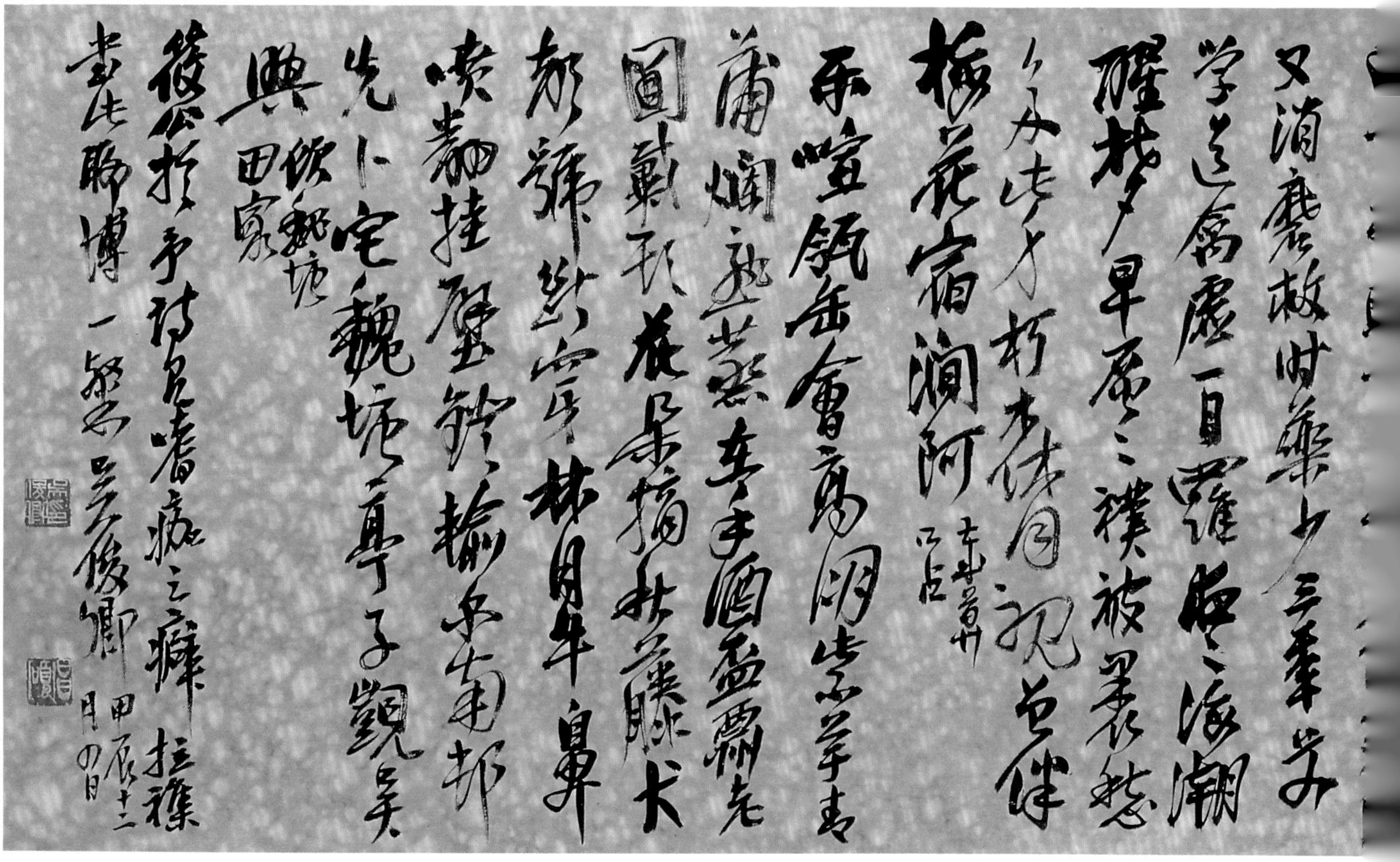

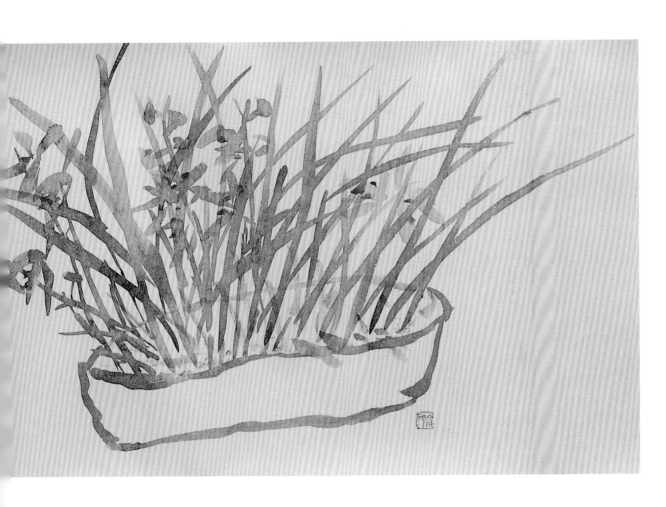

104

吳昌碩 紅蓼荷花圖軸
冷金 設色 縱163.4厘米 橫47.5厘米

Red Knotweed and Lotus
By Wu Changshuo
Hanging scroll
colour on gold-flecked paper
163.4 x 47.5cm

本幅自題:"石師潑墨,往往如此。乙巳
秋中吳俊卿。"鈐"吳俊之印"(朱文)。

乙巳為光緒三十一年(1905),吳昌碩時
年六十二歲。

此圖畫紅蓼、荷花數枝,花繁葉茂。荷葉
用濃墨點染,水墨淋漓。葉之正側翻轉
隨風取勢,花朵向背藏露意到筆隨,作
者以漫不經意之筆,濃淡自然之墨,描
繪出荷花的清純雅麗和紅蓼的天然野
趣。構圖飽滿但繁而不塞,艷而不俗。設
色厚重,在色與墨的結合上獨具特色,
開近代色彩畫之先河。

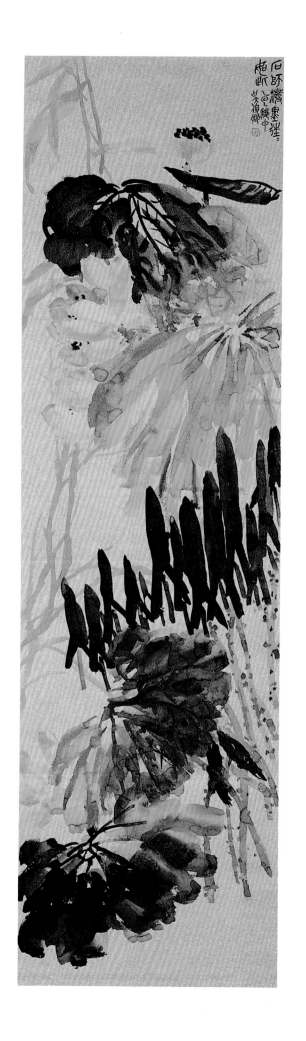

105

吳昌碩 紫藤圖軸

紙本　設色　縱163.4厘米　橫47.3厘米

Violet Wisteria
By Wu Changshuo
Hanging scroll, colour on paper
163.4 × 47.3cm

畫右自題："繁英垂紫玉，條繫好風光。
歲歲花長好，飄飄滿畫堂。乙巳八月八
日安吉吳俊卿擬十三峯草堂。"鈐"吳俊
之印"（朱文）。

乙巳為光緒三十一年（1905），吳昌碩時
年六十二歲。

吳氏花卉畫筆酣墨飽，富金石韻味。此
圖隨意點畫藤蘿湖石，紫藤枝葉蟠曲飛
旋，縱橫交錯，用筆貌似簡率，細觀章法
備具，形神兼俱。

"十三峯草堂"是張賜寧之號，清乾嘉時
人，晚居揚州，善書畫，落筆有狂趣，氣
象縱橫。

吳昌碩的花卉畫，自中年以後落筆豪
放、渾融，即如此幅《紫藤圖》，設色繪枝
葉暢茂，藤枝蟠屈飛舞，的確別具風格。
他曾論畫說："直從書法演畫法，絕藝未
敢稱其餘"。此幅所繪蟠屈藤條，其實早
已超出物像描繪的需要了，因此可知畫
家是在以草書之法"演畫法"，正與縱橫
婉暢的草書藝術同一功妙。締觀其筆
法，圓渾沉蘊，又是兼施金石書法的運
筆特點，從而取得了金石韻味，是趙之
謙、吳昌碩等兼擅繪畫、書法、篆刻後的
別構，構成其繪畫藝術的一大特點。本
作畫風高古渾厚，頗富藝術個性，為吳
氏早年藤本畫之精作。

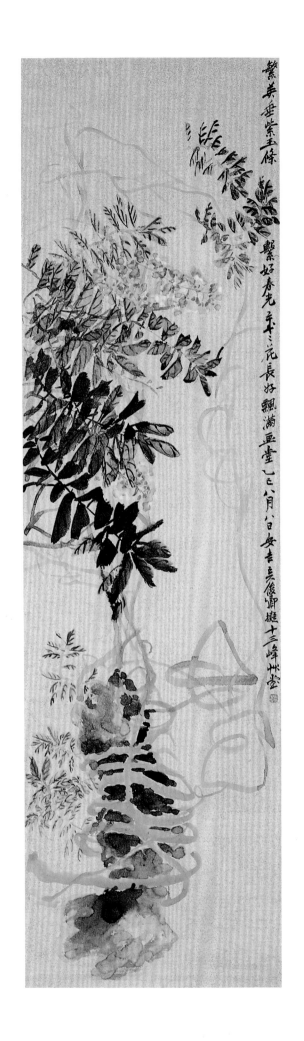

106

吳昌碩 花卉圖冊
紙本（八開） 設色 每開縱25.8厘米 橫25.8厘米

Flowers
By Wu Changshuo
Album of 8 leaves, colour on paper
Each leaf: 25.8 x 25.8cm

第一開　畫折枝芍藥。自題：“擬范湖居士大意，缶廬。”鈐
“缶”（朱文）。

第二開　畫鮮桃。自題：“三千年結實之桃，缶。”鈐“吳中”（朱
文）。

第三開　畫菊花。自題：“四壁寒香秋士屋，一籬疎雨灑人天。
錄疢琴句，昌碩。”鈐“吳中”（朱文）。

第四開　畫石榴。自題：“此種名鐵皮紅，出□陽山中，而江南
則無之，乙巳良月。吳俊卿。”鈐“缶”（朱文）。

第五開　畫玉蘭。自題：“翠條無力引風長，點綴銀玉雪□香。
韻友自知人意好，隔簾親解白霓裳。吳俊卿。”鈐一印不辨（白
文）。

第六開　畫葡萄、柿子。自題：“為君持一斗，往取涼州牧。
缶。”鈐“缶”（朱文）。

第七開　畫牡丹。自題：“春光灑宕，花樣詩描，楞伽語在，此卉
不凋。缶。”鈐“俊”（朱文）。

第八開　畫梅花。自題：“巢林筆氣，昌碩。”鈐“吳中”（朱文）。
“巢林”即揚州八怪之一汪士慎。

乙巳為光緒三十一年（1905），吳昌碩時年六十二歲。

此冊筆法圓潤含蓄，剛柔相濟，並富金石韻味。設色艷而不俗，
為吳氏晚年佳作。

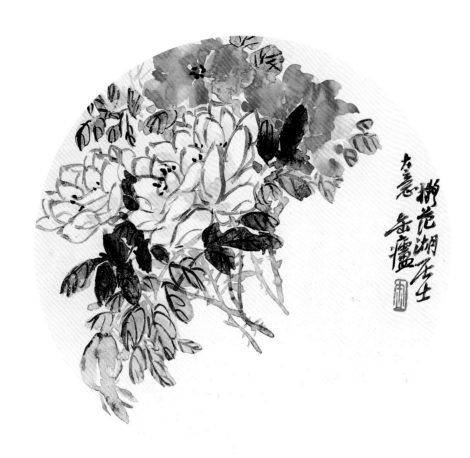

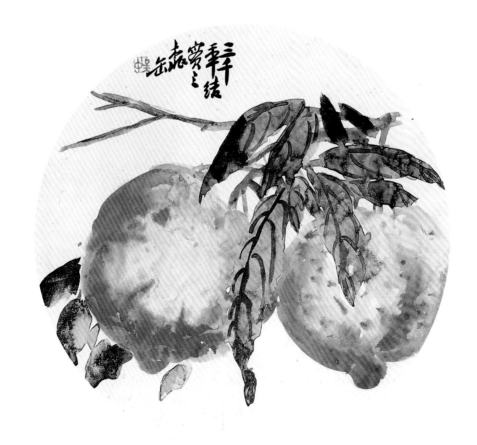

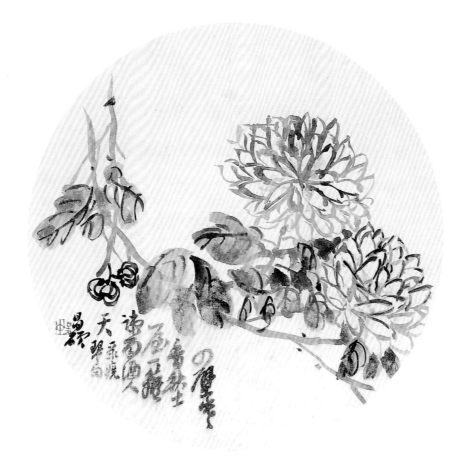

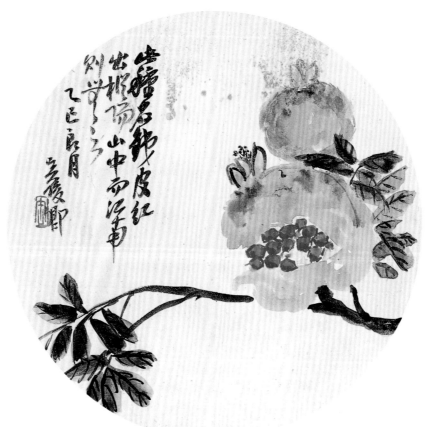

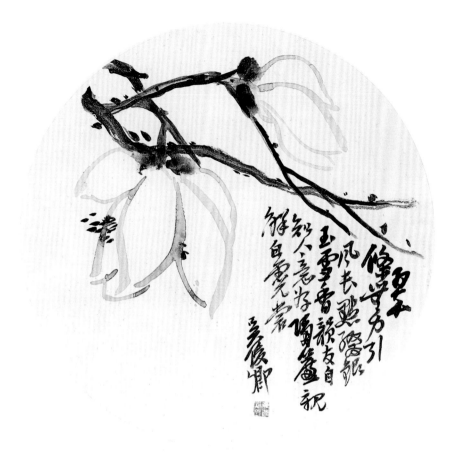

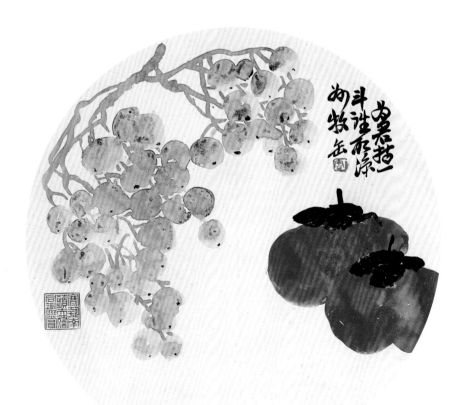

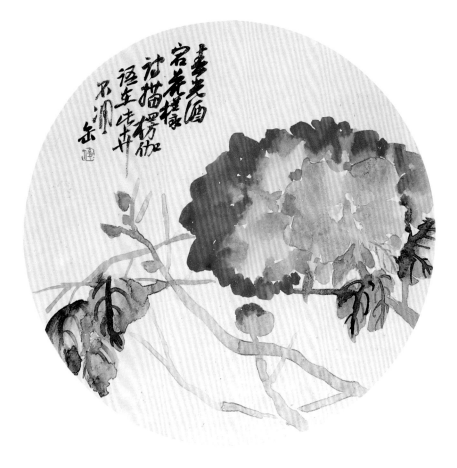

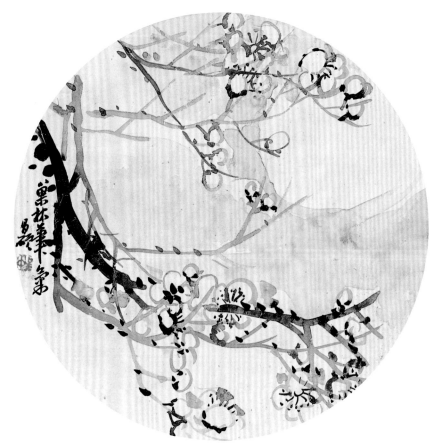

107

吳昌碩 花卉蔬果圖卷
紙本 設色 縱27厘米 橫438.9厘米

Flowers, Vegetables and Fruits
By Wu Changshuo
Handscroll, colour on paper
27 x 438.9cm

作者以大寫意筆法畫牡丹、玉蘭、蘭花、荔枝、荷花、金鳳、菊花、柿子、葡萄、石榴、白菜、蘿蔔等十餘種花果。每段都有作者題詩或題句（附錄）。分別鈐有“吳俊之印”（白文）、“缶”（朱文）、“安吉吳俊昌石”（白文）、“苦鐵不朽”（白文）、“吳中”（朱文）、“安吉”（白文），“老缶”（朱文）、“倉碩”（朱文）、“吳昌石”（朱文）、吳俊卿印”（白文）、“缶”（朱文）、“聾”（朱文）、“苦鐵歡喜”（朱文）、“俊卿大利”（白文）、“一月安東令”（朱文）、“安吉吳俊卿之章”（白文）。卷末署款：“光緒三十四年戊申客吳中作此。涵兒丞付裝治，攜往江右越十五載。癸亥發舊篋，出為署款，時老缶年已八十矣。展卷之餘。筆墨未見進境，而人事滄桑，不勝浩歎已。時十有五日客滬上又記”。

光緒三十四年為1908年，吳昌碩時年六十五歲。

引首自題“見虎一文”篆書四大字，款“癸亥嘉平月吳大聾戲題年八十”，此外又有王龍題記一則（不錄），各紙有餘重耀、王龍等題記。

全卷用筆靈活瀟灑，勾點、潑墨、沒骨、雙勾兼用，筆墨蒼勁古樸，生拙渾厚，氣勢雄偉。作者把詩、書、畫、印融為一體，相得益彰。着色上畫家突破了文人畫家尚淡雅的特色，大膽地採用大紅、大綠等對比鮮明的色彩，強化作品的世俗性。構圖上把不同季節的花果繪在一起，別出新意，為吳昌碩花果畫優秀之作。

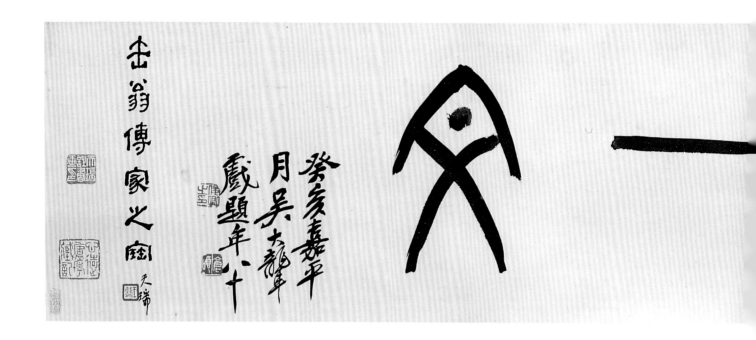

古翁傳家之寶

癸亥嘉平月吳大龍戲題年八十

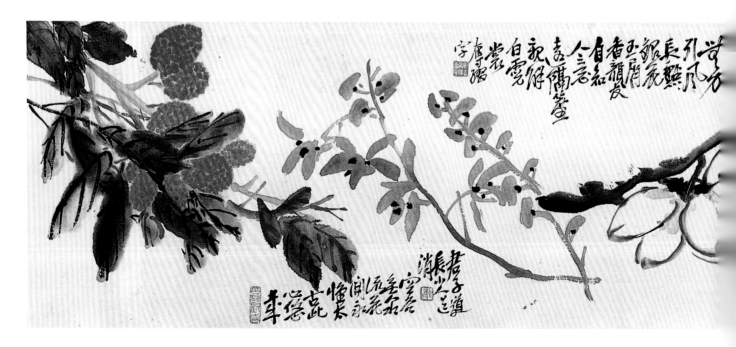

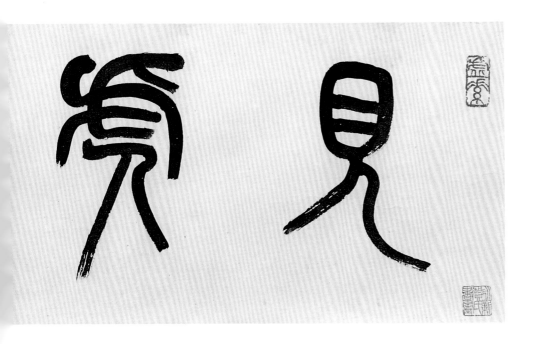

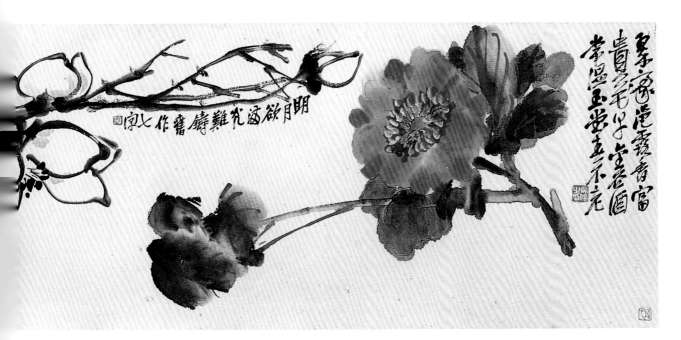

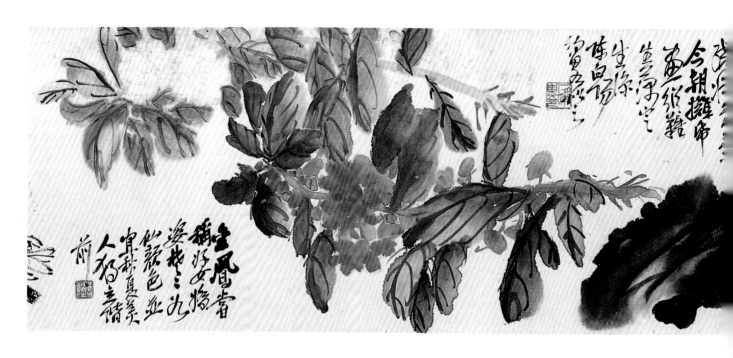

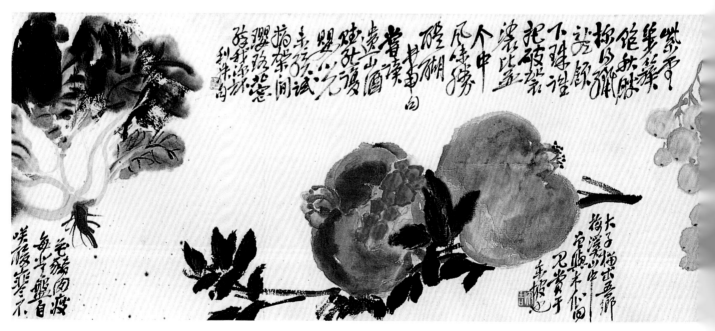

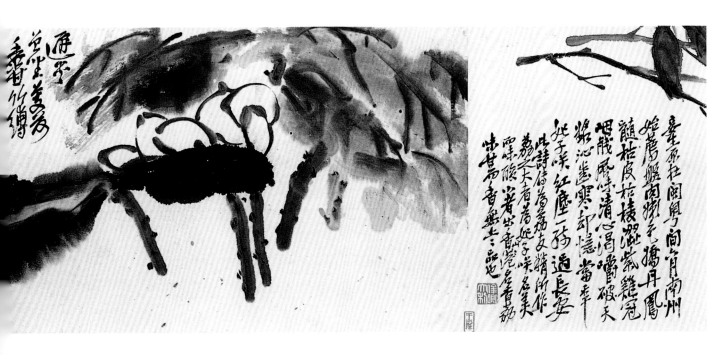

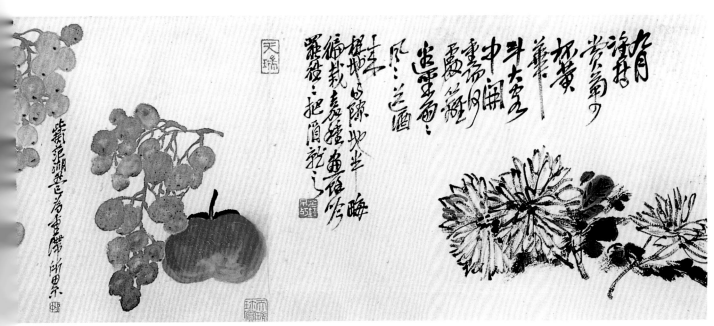

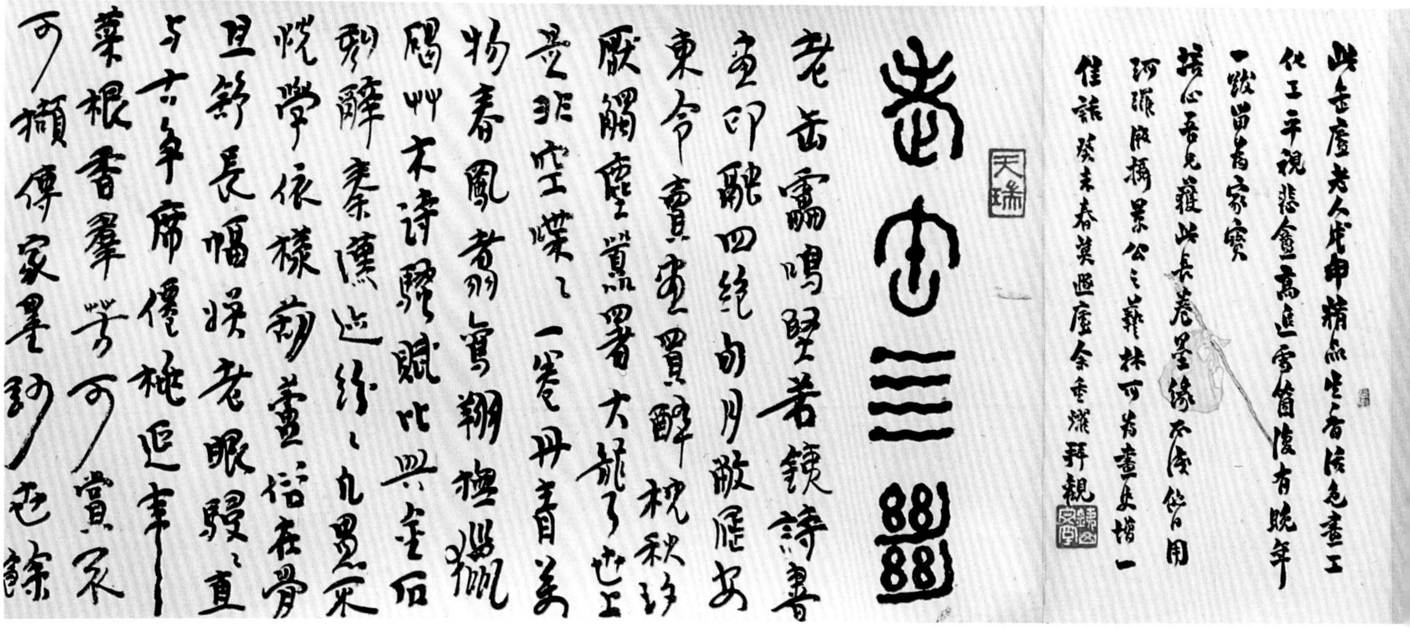

老缶霜鳴堅者鏡詩書
立印馳四絕句月敬歷史
東令賣畫醉視秋珍
厭嗣塵賞署大龍了亡
愛非空蝶一卷丹青美
物春鳳者別鸞翔德獵
腸州木詩驟賦此興金石
烈醉秦漢近行九思采
悅學依樣菊畫信在臂
旦新長幅煥者眼暖直
与言平席優桃迴草
菜根香羣芳可賞來
可摘便家墨劈老餘

此卷廬老人光甲精品先生有法先畫工
化工乎視悲盦高進雲會懷有晚年
一歲當為家寶
塔心吾兄羅此長卷墨緣在余曰用
河派贩摘業公之華株可為畫史增一
佳話癸未春莫過處余素瀝拜觀

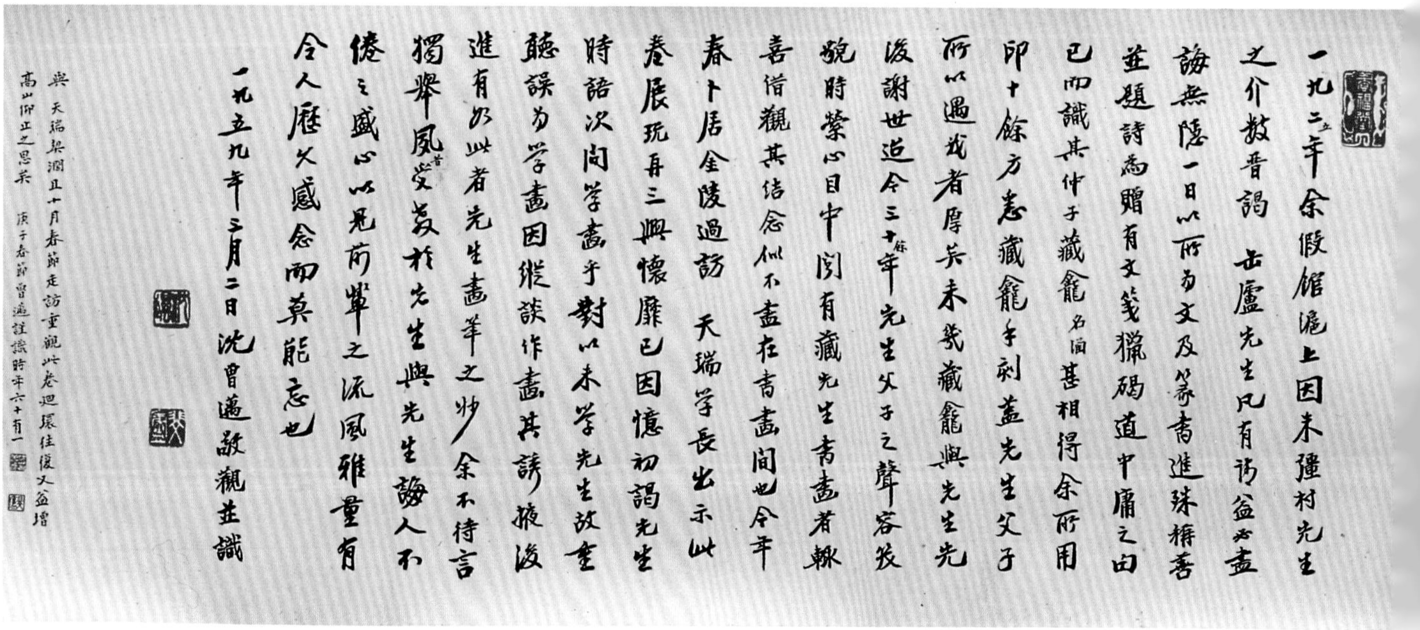

一九二年余假館滬上因未疆村先生
之介敦晉謁缶廬先生凡有詩益必盡
誨無隱一日以所為文及篆書進珠橅善
並題詩為贈有文箋獵碼道中庸之由
已而識其仲子藏龕名間甚相得余所用
印十餘方志藏龕手刻蓋先生父子
所以遍戎者厚芙共藏龕與先生父先
後謝世迨今三十年先生父子之聲容笑
貌時縈心目中倒有藏先生青畫者輙
喜借觀其結念似不盡在青畫間也今年
春卜居全陵過訪天瑞學長出示此
卷展玩再三興懷靡已因憶初謁先生
時詣次問學盡于對以未學先生故畫
聽誤為學畫因縱談作畫其誅披後
進有如此者先生畫筆之妙余不待言
獨舉鳳髮髮於先生誨人不
倦之盛心以見荷輩之流風雅量有
令人歷久感念而莫能忘也

一九五九年三月二日沈曾遍敬觀並識

與天瑞英澜丑十月�(?)節走訪重觀此卷迴環往俊又益增
高山仰止之思矣
澱于春莫曾遍謹識時年六十有一

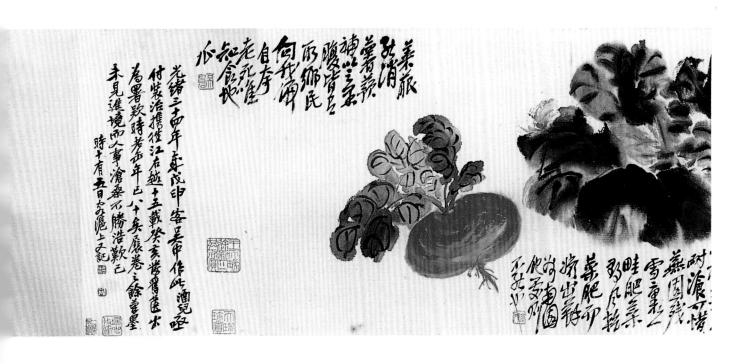

菜根咬得菜根香
消受菜根香
補此三餐
而鄉民
自甘藜藿味
老死不能
知飽暖

光緒三十四年歲戊申客吳市作此漚見呼
付裝治攜�徑江右越二十五載癸亥譽醫來求
為署欵時年八十矣展卷之餘奮墨
未見進境而人事滄桑元勝浩歎已
時十有五日苦鐵滬上又記

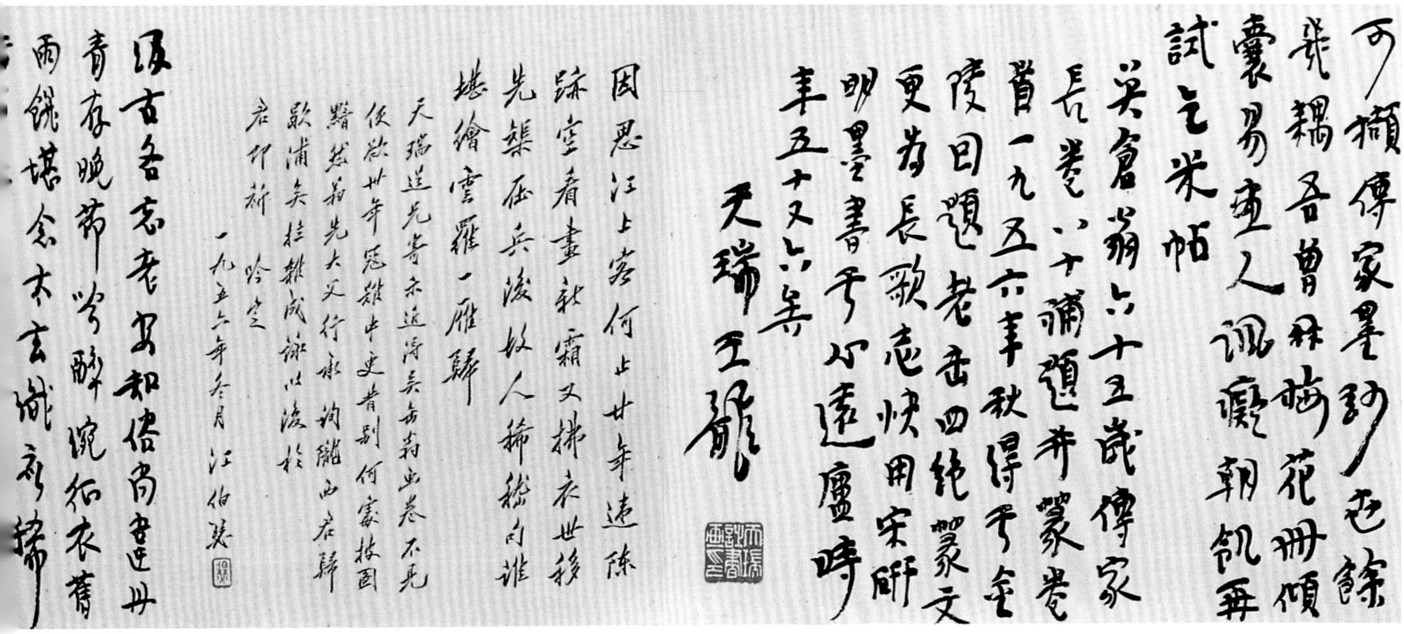

可擷傳家墨到色餘
羌糯吾曹林㫰花冊傾
橐易速人謳囂朝飢舞
試之米帖
吳倉翁六十三歲傳家
長卷八十蒲題并蒙卷
首一九五六年秋得于金
陵日題老缶四絕蒙文
更為長歌志快用宋紙
明墨書平少遙盧時
年五十又六矣
天瑞王龍

因思汪上客不遠千年遠陳
踪堂看畫秋霜又掃衣世移
先葉壓兵波叔人稀稔有誰
塘繪雲羅一雁歸
庄印新新吟之
天瑞送先寄永近浮吳岳業出卷不兲
倍欲廿年冠群中史昔剔何豪按固
黯然和先大文行承訥隨止遂歸
歎浦矢掛雜成鉢山波於
汲古各志者書和借高當逋母
青衣晚節吟醉歡就衣菁
兩饒堪禽木玄城衣揥
一九五六年三月 汪伯詸

108

吳昌碩 苦瓜圖軸
紙本 設色 縱175厘米 橫47.5厘米

Balsam Pears
By Wu Changshuo
Hanging scroll, colour on paper
175 × 47.5cm

本幅自題:"和尚以為號,山家以為肴。
以嗜甘者多,而嗜此寥寥。己酉四月吳
俊卿。"下鈐"昌碩"(白文)。

己酉為宣統元年(1909),吳昌碩時年六
十六歲。

"和尚以為號"指清初著名畫家石濤,其
別號稱"苦瓜和尚"。

此圖畫苦瓜藤葉繁茂,攀枝而上,碩果
掛滿枝頭,綠葉扶疏。瓜藤用彩墨揮寫
點畫,果實以洋紅或藤黃點畫,葉用沒
骨法,筆酣墨飽,濃淡有致。構圖下空上
實,虛實結合,別出心裁。設色艷而不
俗,為吳昌碩花果畫優秀作品之一。

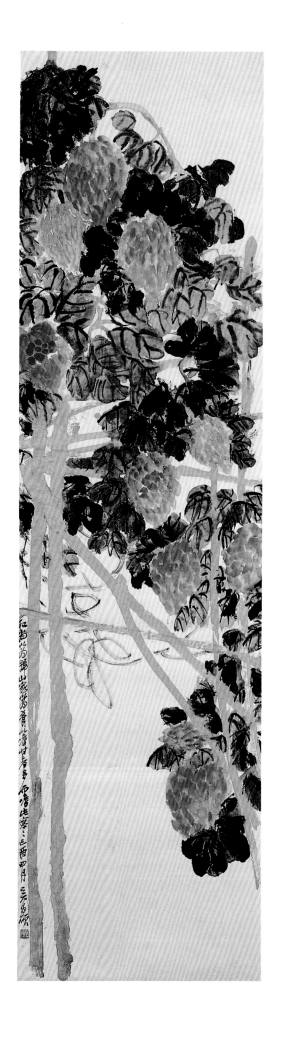

109

吳昌碩 天竺水仙圖軸
紙本 設色 縱174.7厘米 橫47.5厘米

Nandina and Narcissus
By Wu Changshuo
Hanging scroll, colour on paper
174.7 x 47.5cm

本幅自題："羣仙祝壽。擬范湖居士,己
酉吳俊卿。"鈐"昌碩"(白文)。

己酉為宣統元年(1909),吳昌碩時年六
十六歲。

此畫又名《羣仙祝壽》圖。范湖居士指同
時代花鳥畫家周閑。

圖畫天竺兩三株,枝葉扶疏,參差錯落,
嫣紅的天竺果滿掛枝頭。石旁雙勾水仙
數叢,葉碩花繁。此圖借水仙、天竺寓祝
壽之意。構圖採用"之"字形,全畫筆法
雄健渾厚,設色濃艷厚重,作者大膽地
採用西洋紅畫天竺果,石青石綠畫水
仙,山石輕勾淡染,色墨交融,大紅大綠
又不流於俗氣。

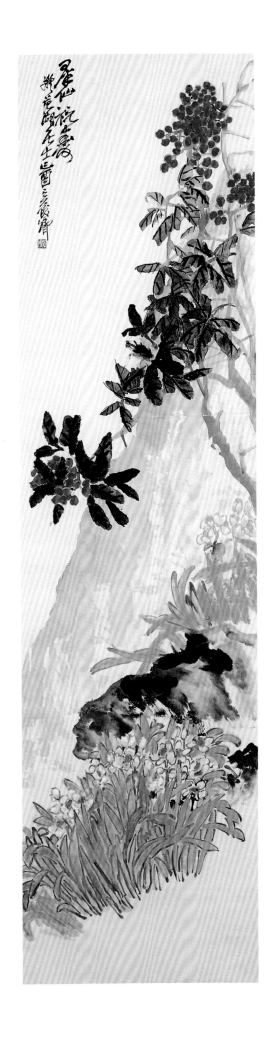

110

吳昌碩 玉蘭圖軸
紙本 設色 縱174.8厘米 橫47.5厘米

Magnolia Flowers
By Wu Changshuo
Hanging scroll, colour on paper
174.8 x 47.5cm

本幅左上方自題："木筆年年紀歲華,昌碩。"右下石旁又題曰:"風過影玲瓏,簾開雪未融。色疑來蜀後,先欲奪蟾宮。不夜雲歸晚,無瑕玉鑄工。青蓮真失汁,貧賦□姑紅。己酉夏四月安吉吳俊卿。"鈐"倉翁"(白文)、"古彰"(白文)、"昌碩"(白文)。

己酉為宣統元年(1909),吳昌碩時年六十六歲。

此圖畫玉蘭數株,枝挺花茂。枝旁怪石參天屹立,使畫面具隱重感。其花枝用濃墨一筆點畫,氣勢連貫。淡墨細筆勾花,濃墨點花蕊。全畫筆法清新靈活,工與寫、濃與淡、疏與密,安排得恰到好處,為吳昌碩晚年畫精作。

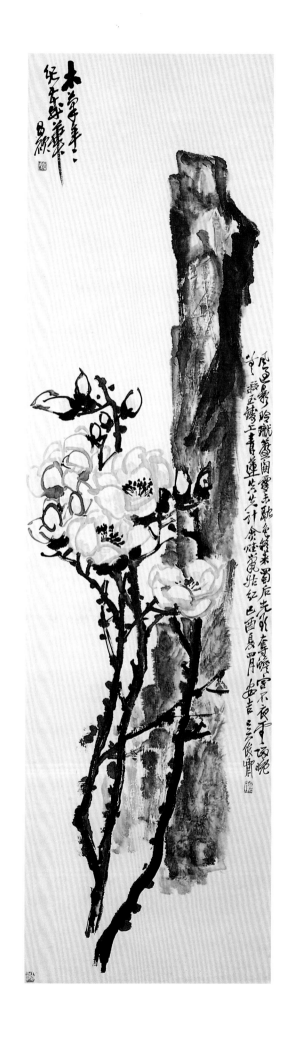

111

吳昌碩 菊石圖軸

紙本 設色 縱105.5厘米 橫49厘米

Chrysanthemums and Rocks
By Wu Changshuo
Hanging scroll, colour on paper
105.5 x 49cm

本幅自題："秋容不一,其英可餐。我方
對酒,霜螯堆盤。乙卯歲十一月客海上
病目未痊呵凍為之,吳昌碩。"鈐"吳昌
石"(朱文)、"勇於不敢"(朱文)。

乙卯為1915年,吳昌碩時年七十二歲。

此圖用篆籀筆意畫湖石、秋菊和欄杆。
花瓣勾點結合,葉用沒骨法,濃淡有致,
色墨交融,欄杆湖石用書法之筆信筆寫
之,勁挺有致。從傳世作品看,吳昌碩四
十五歲有"擬張孟皋"白菊圖,五十歲自
壽畫《菊花橫披》並題長詩。因吳氏生於
八月初一,正是菊花盛開之際,是以他
一生畫菊興味不減。

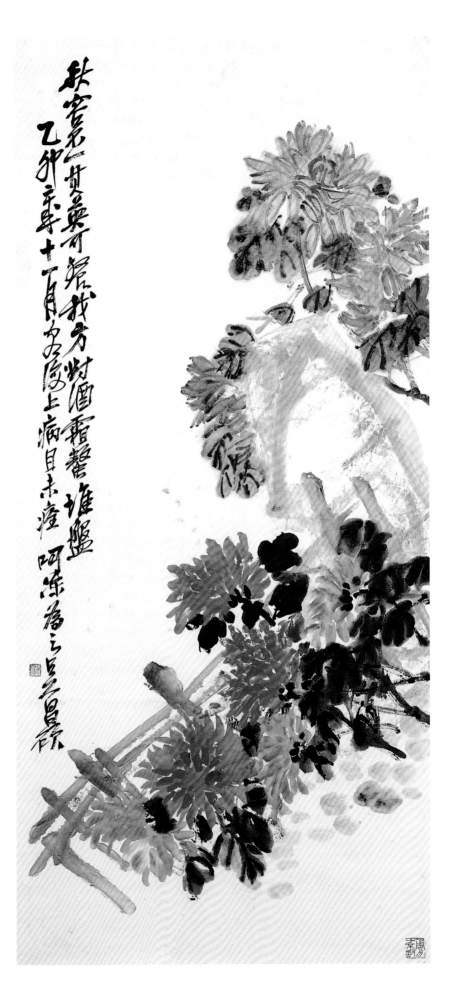

112

吳昌碩 花卉圖軸
紙本 設色 縱151.6厘米 橫80.7厘米

Flowers
By Wu Changshuo
Hanging scroll, colour on paper
151.6 x 80.7cm

本幅自題："歲朝清供。歲朝寫案頭花，
果古人所作歲時之遷流也，茲擬其意。
乙卯歲寒，吳昌碩。"鈐"蒼碩"（白文）、
"虞中皇"（朱文）。

乙卯為1915年，吳昌碩時年七十二歲。

此畫又名歲朝清供圖，為節令風俗畫。
此圖畫一蒜頭高瓶，內插蟠曲古梅一
枝，瓶左側湖石、花盆，盆內栽水仙和蘭
花，瓶下畫柿子、慈菇等物，所畫各物都
寓有"吉慶有餘、平安富貴"之意。

吳昌碩花卉畫取法李鱓和張賜寧，並以
篆、隸、籀之法入畫，落筆渾厚豪放。此
圖筆法遒勁、樸拙、氣勢雄偉，為吳昌碩
花卉畫精心之作。

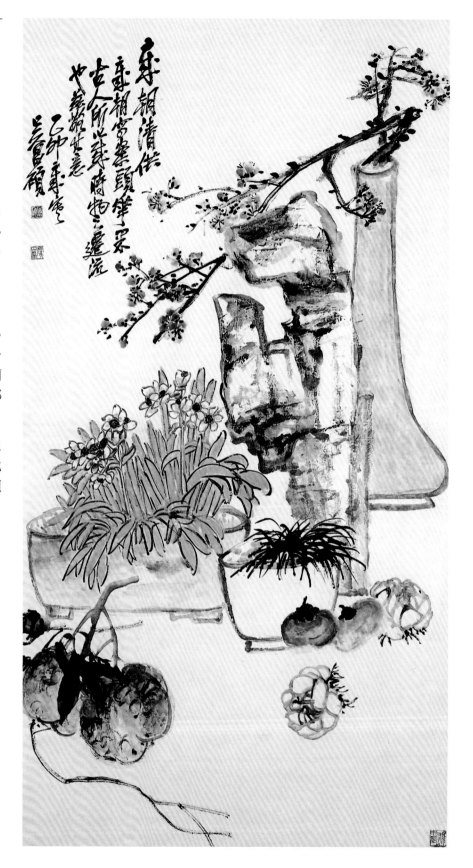

113

吳昌碩 花卉圖冊

紙本（十開） 墨筆 每開縱28.9厘米 橫34.3厘米

Flowers
By Wu Changshuo
Album of 10 leaves, ink on paper
Each leaf: 28.9 x 34.3cm

第一開　畫茶花。自題："春風奉出紅盤盂，昌碩。"鈐"吳昌碩"（朱文）、"五湖印匄"（朱文）。

第二開　畫葡萄。自題："為君持一斗，領取涼州牧，缶"。鈐"缶"（朱文）、"缶無咎"（白文）。

第三開　畫石榴。自題："擬雪個法，缶"。鈐"缶"（朱文）。

第四開　畫牡丹。自題："沉香亭北倚闌桿，昌碩。"鈐"聾"（朱文）。

第五開　畫梅石。自題："古雪，缶。"鈐"缶"（朱文）、"道在瓦甓"（朱文）。

第六開　畫蘭花。自題："香騷遺意，缶。"鈐"聾"（朱文）。

第七開　畫秋菊。自題："傲霜，大聾。"鈐"吳昌碩"（朱文）、"吳俊卿"（白文）。

第八開　畫荷花。自題："乾坤清氣，老缶。"鈐"吳俊長壽"（白文）"常壽長"（白文）。

第九開　畫竹石。自題："昨遊劍門，得此畫稿，缶。"鈐"缶"（朱文）。

第十開　畫白菜。自題："花豬肉瘦多，登盤不耐餐，可惜蕪園殘雪裏，一畦肥菜野風乾。丁巳冬為逸民法家，昌碩。"鈐"吳俊之印"（白文）、"吳昌石"（朱文）。

丁巳為1917年，吳昌碩時年七十四歲。

此畫筆酣墨飽，水墨淋漓。作者又以金石篆刻等書法之筆入畫，畫中有書，書化為畫，為吳昌碩花卉畫傑作。

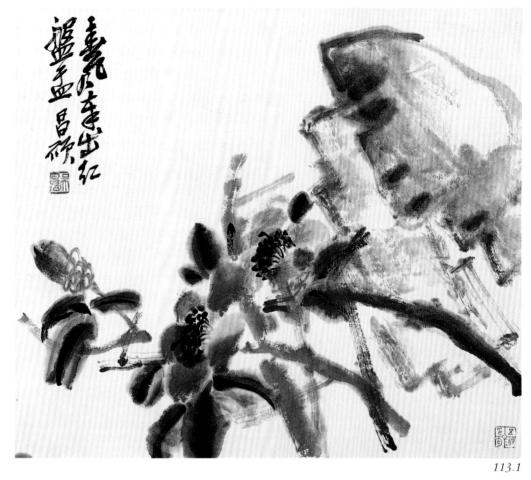

113.1

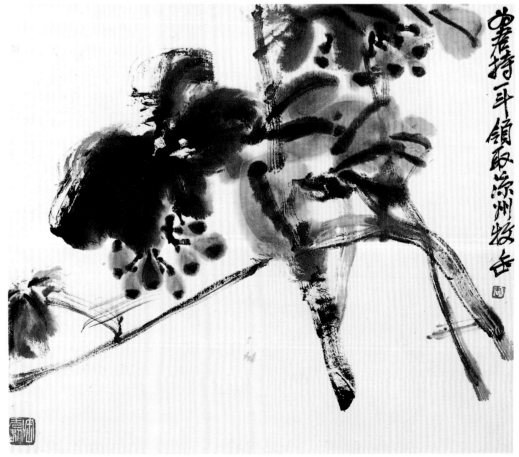

113.2

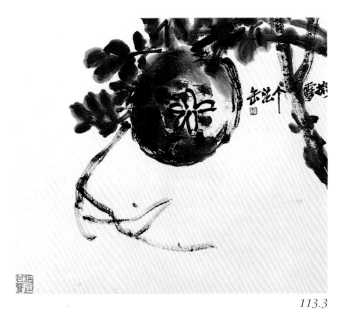

113.3

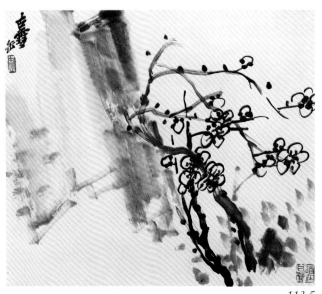

113.5

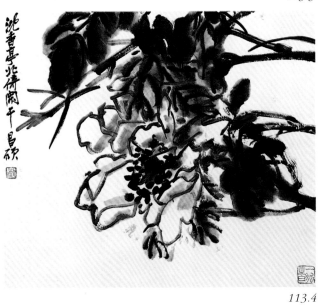

113.4

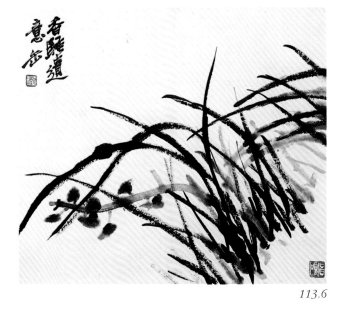

113.6

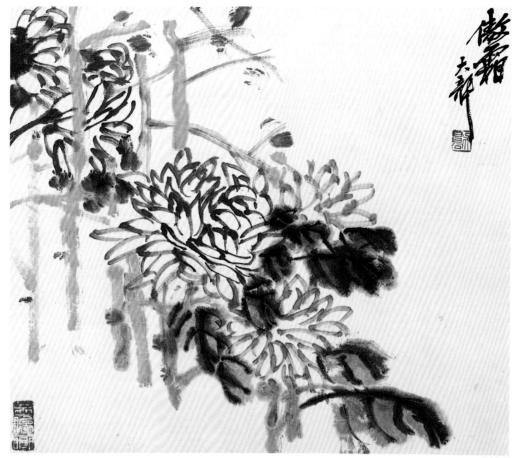

113.7

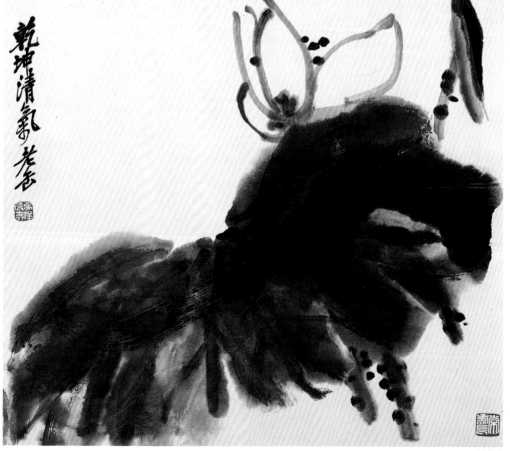

113.8

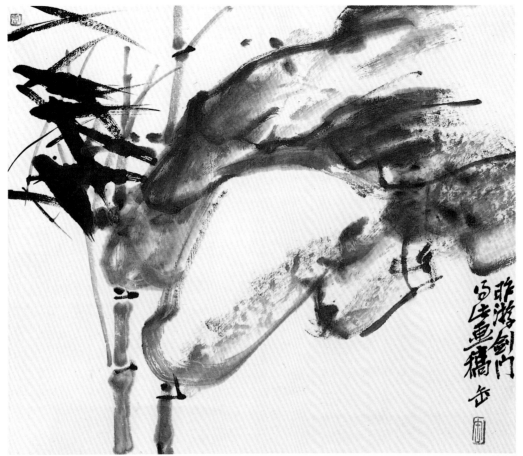

悲游剑门
昌硕画稿蚤

113.9

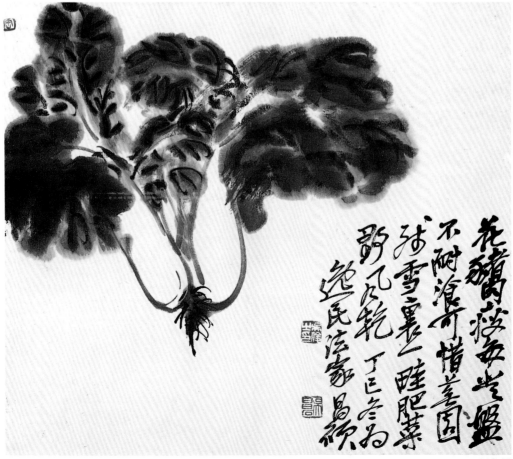

花籟接盎盏
不耐凄寒惜菜圜
强雪裹瘦肥葉
野人乾丁巳冬初
逸民法家昌硕

113.10

114

吳昌碩 藤花圖軸
紙本 設色 縱135.4厘米 橫53.3厘米

Violet Wisteria in Bloom
By Wu Changshuo
Hanging scroll, colour on paper
135.4 x 53.3cm

本幅自題："花垂明珠滴香露，葉張翠蓋
團春風。丁巳歲十有一月幾望客蘆子城
北隅吳昌碩年七十有四。"鈐"吳俊之
印"（朱文）、"吳昌石"（白文）、"勇於
不敢"（朱文）。

丁巳為1917年，吳昌碩時年七十四歲。

此圖畫紫藤一叢，委婉蟠曲，花盛枝繁。
用筆遒勁，富金石韻味。設色富麗，葉色
由嫩綠至淺絳，由苦茶而墨黑，別有韻
味，藤則以淡赭色作篆籀之勢，渾厚高
古。構圖平中求奇，為吳氏晚年藤蘿畫
精心之作。

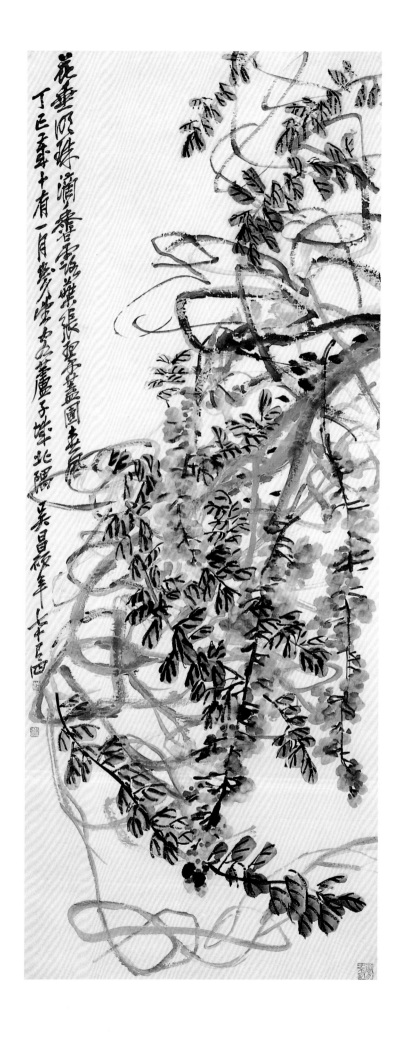

115

吳昌碩 紅梅圖軸

紙本 設色 縱197.3厘米 橫33.8厘米

Red Plum Blossoms
By Wu Changshuo
Hanging scroll, colour on paper
197.3 x 33.8cm

本幅左側自題："花明晚霞烘，幹老生鐵
鑄。歲歲寒同心，空山赤松樹。癸亥春八
十老人吳昌碩。"鈐"吳俊之印"（白
文）、"吳昌石"（朱文）、"雄甲辰"（朱
文）。

癸亥為1923年，吳昌碩時年八十歲。

此畫為大幀巨幅，畫紅梅崚石，高幹橫
枝，穿插錯落。吳昌碩一生不僅喜畫梅
花，且喜作梅花詩。他畫的梅花以篆籀
之法寫之，即所謂以"蝌蚪老苔隸枝
幹"，"不似之似聊形象。"他所作梅花
詩，無論律、絕、長調，皆膾炙人口。此圖
即代表作。圖中老幹虬枝，梅花嫣紅，湖
石陡峭，詩畫結合，韻味別具。

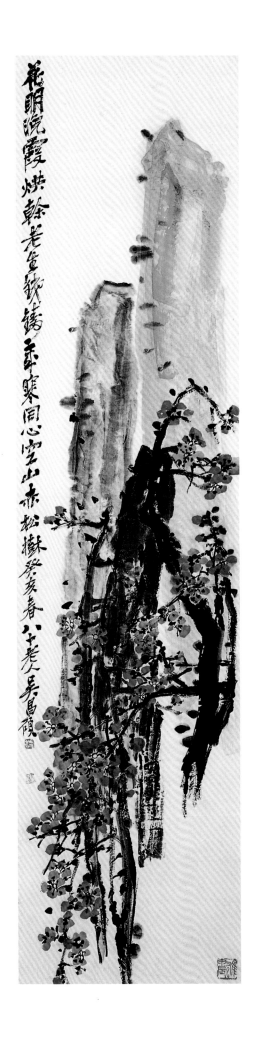

116

吳昌碩 紅蓼白荷圖軸
紙本 設色 縱107.5厘米 橫52.1厘米

Red Knotweed and White Lotus
By Wu Changshuo
Hanging scroll, colour on paper
107.5 x 52.1cm

本幅自題："蓼紅荷白占秋光。癸亥小寒
呵凍成之，略似復堂設色，八十老人吳
昌碩。"鈐"吳俊之印"（白文）、"吳昌
石"（朱文），右下鈐"鶴壽"（朱文）。

癸亥為1923年，吳昌碩時年八十歲。

"復堂"即揚州八怪之一的李鱓。吳昌碩
花卉畫深受李復堂影響而又吸收篆籀
筆法，獨居一格。

此圖中作者用奔放雄渾、大筆揮灑的筆
法畫大葉荷花和紅蓼，筆墨酣暢，墨韻
無窮。

吳昌碩花卉畫具重、拙、大的特色，"重"
指力度、"拙"指意趣、"大"指氣局，此
圖三者俱備，實為佳作。

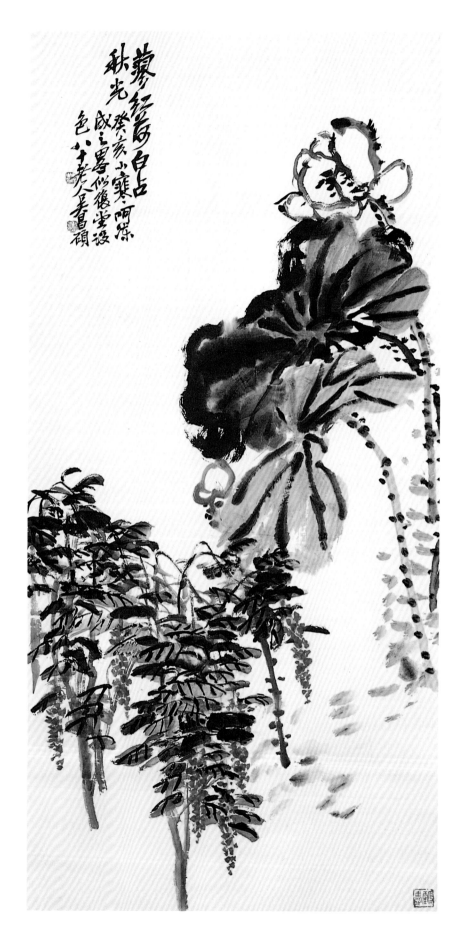

117

吳昌碩 荷蓼圖軸
紙本 設色 縱153厘米 橫40厘米

Lotus and Knotweed
By Wu Changshuo
Hanging scroll, colour on paper
153 x 40cm

本幅自題："荷蓼作秋意，汀洲生晚涼。
老缶偶學孟皋法，時客海上年八十。"鈐
"吳俊之印"（白文）、"吳昌石"（朱
文）、"破荷亭"（朱文）。

此畫用大寫意筆法，畫荷花用雙勾，荷
葉、紅蓼信筆揮灑，構圖參差錯落，平中
求奇。吳昌碩畫荷花喜用羊毫，柔中有
剛，富生拙稚雅之美。

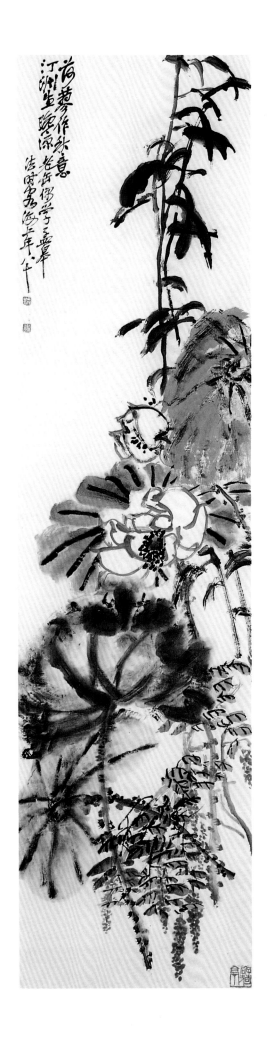

118

吳昌碩　雁來紅菊石圖軸
紙本　設色　縱151厘米　橫40.2厘米

Tricolour Amaranth, Chrysanthemum and Rocks
By Wu Changshuo
Hanging scroll, colour on paper
151 x 40.2cm

本幅自題："嫺嬿（翩）秋色雁初飛，淺碧
深紅映落暉。絕似香山老居士，小蠻扶
□著青衣。疆邨先生七十壽寫此敬祝，
時丙寅秋七月肝患初平，吳昌碩八十有
二。"鈐"吳俊之印"（白文）、"吳昌石"
（朱文）、"吳俊卿印"（白文）。

丙寅為1926年，吳昌碩時年八十三歲。

此圖為賀壽之作。圖中花瓣用雙勾填彩
法，葉用沒骨法，壽石輕勾淡染，濃墨點
綴。秋菊用濃墨和藤黃，雁來紅用洋紅，
設色絢爛，構圖新穎，在色、墨結合上獨
具慧心，為吳氏老年花卉畫之佳作。

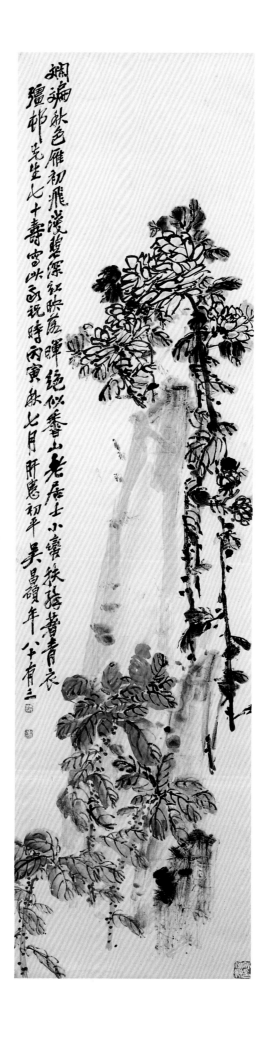

119

吳昌碩 葫蘆圖軸

紙本 設色 縱168.5厘米 橫46.8厘米

Calabash
By Wu Changshuo
Hanging scroll, colour on paper
168.5 x 46.8cm

本幅自題："上垂萬年藤，下映三歲葉，
祝公子孫繁，綿綿勝瓜瓞，石人子室寫
意。"鈐"俊卿大利"（白文）。

此圖為長幀巨幅，寫葫蘆高藤。以潑墨
寫葉，草篆作盤藤，氣勢雄偉，落筆不
凡，設色濃厚，具吳氏花卉畫重、大、拙
之妙。佈局章法別具匠心，葫蘆藤葉繁
而不亂，密處越密，疏處越疏，瀟灑自
如，表現了畫家作藤本畫深厚的功力，
已達爐火純青。此圖未署年款，從畫風
看，當為吳氏晚年精作。

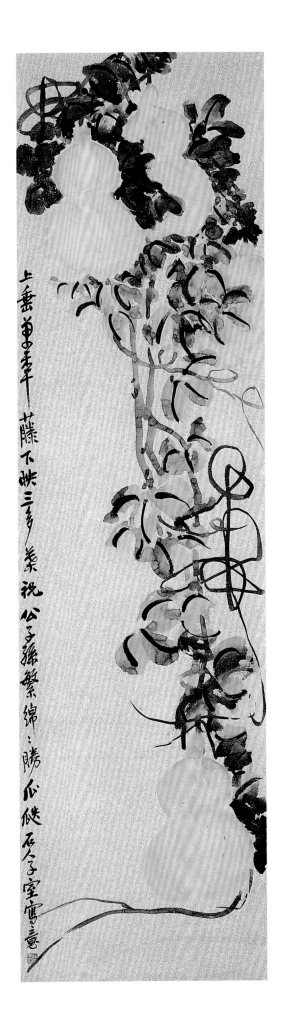

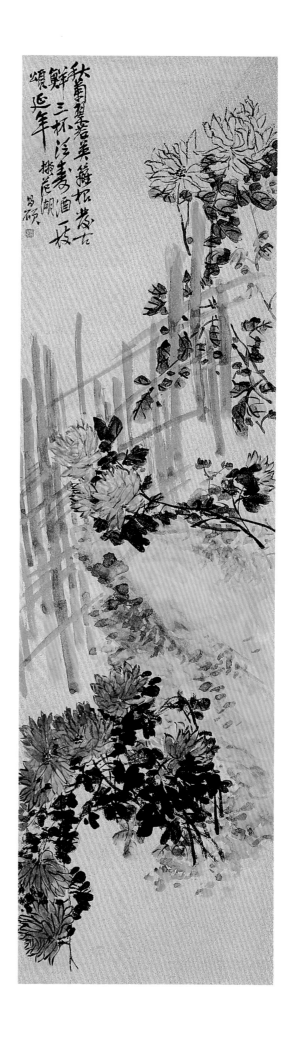

120

吳昌碩 菊花圖軸

紙本 設色 縱163.2厘米 橫47.3厘米

Chrysanthemums
By Wu Changshuo
Hanging scroll, colour on paper
163.2 x 47.3cm

本幅自題："秋菊翠若英，籬根發古鮮。三杯冷壽酒，一枝頌延年。擬范湖，昌碩。"鈐"吳俊之印"（白文）。

此圖畫秋菊藩籬，成"之"字形構圖，以茂密的菊葉烘托盛開的秋菊。根枝藩籬用筆爽利勁健，錯落穿插自然。菊葉用濃墨點簇，色墨相參。花瓣用寫意雙勾，之後填彩。全畫筆墨渾厚、豪放，濃淡疏密有致，別具一格。

121

吳昌碩 雁來紅圖軸

紙本 設色 縱168厘米 橫46.7厘米

Tricolour Amaranth
By Wu Changshuo
Hanging scroll, colour on paper
168 x 46.7cm

本幅自題："紅於二月花，在山非小草。
作霜染精神，秋光比春好。擬清湘老人
而渾古樸茂之趣遠不及，安吉吳俊卿。"
鈐"吳俊之印"（白文）。

清湘老人即石濤。

此圖自題仿石濤，實際是畫家本人風
格。

圖繪雁來紅數株，分別從中部石旁出
枝，佈滿畫面。紅葉鮮艷，石旁小草叢
生，頗富自然生趣，又破山石單調板滯
之感。圖中枝幹有曲、直、粗、細，花葉有
疏密、濃淡，表現得恰到好處。

此畫無精雕細刻之筆，卻具生拙、樸茂
之美感，為吳昌碩花卉畫優秀之作。

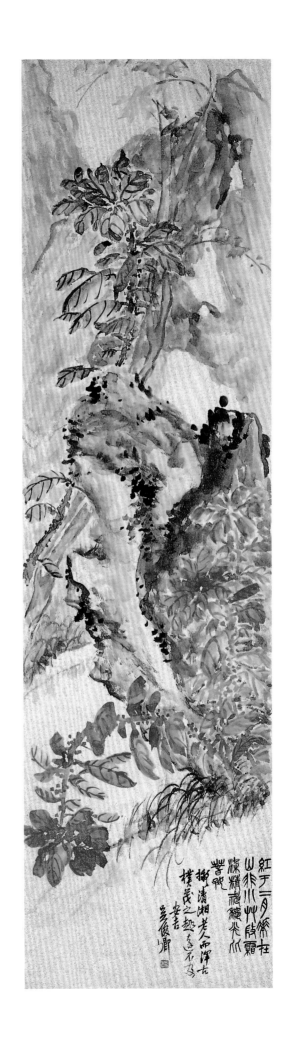

122

吳昌碩 壽星拜詩圖軸

紙本 設色 縱29.8厘米 橫70.5厘米

The God of Longevity Reading a Poem with Pleasure
By Wu Changshuo
Hanging scroll, colour on paper
29.8 x 70.5cm

本幅自題："家風行百善，文筆壽千霜。兄弟人皆有，才華道不
常。齊眉移泰岱，盈耳奏笙黃。下酒論長物，萊衣舞滿堂。施子
英六十有八，以閏紀之，已年逾古稀矣。虞琴老兄索賦詩，草率
塗四十字。大聾。"鈐"吳俊卿"（白文）、"虞琴祕笈"（朱文）。

此圖畫一老壽星長鬚白髮，手持拐杖，側面而立。人物造型風
趣誇張，作者以極簡練的綫條，寥寥數筆勾畫出老壽星的生動
形象。構圖簡潔，妙趣橫生。右側所題長詩，佔據畫面的大部分
篇幅，趣味無窮。為吳昌碩人物畫代表作。

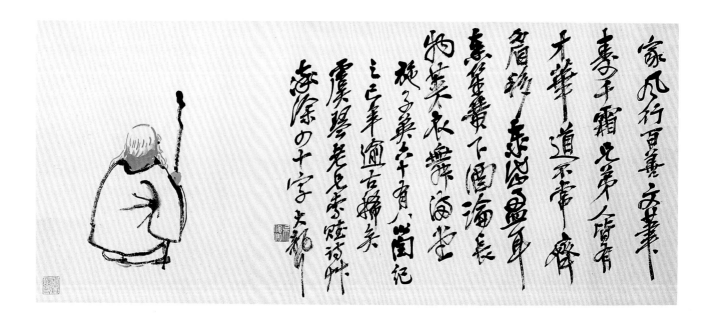

123

吳昌碩 牡丹水仙圖軸

紙本 設色 縱168厘米 橫46.8厘米

Peony and Narcissus
By Wu Changshuo
Hanging scroll, colour on paper
168 x 46.8cm

本幅自題："梅生沈老伯大人德配伯母周夫人七十雙壽，俊卿敬畫。"鈐"吳昌石"（朱文）。

此圖為祝壽之作。作者用大寫意筆法畫牡丹數株，參差錯落，花葉繁茂，枝下石旁雙勾水仙一叢，以破山石之板滯。全畫筆法雄健靈活，花瓣或用西洋紅寫之，或用細筆勾描，然後染彩，富層次和立體質感。葉用沒骨法，色墨相參，對比鮮明。構圖上實下虛，設色艷麗，為吳昌碩花卉畫精作。

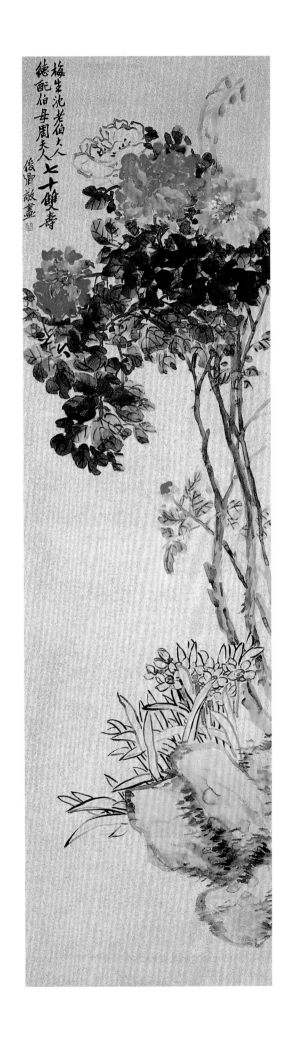

124

吳昌碩 葡萄葫蘆圖軸

紙本 設色 縱175.2厘米 橫47.6厘米

Grapes and Calabash
By Wu Changshuo
Hanging scroll, colour on paper
175.2 x 47.6cm

本幅自題："擬范湖，缶"。鈐"缶"（朱文）。

此圖為長幀巨幅，繪葡萄、葫蘆，作者以大筆潑墨寫之，筆酣墨飽，淋漓盡致。筆法堅挺，宛如執刀。用水暈表現出葡萄的渾圓透明，富質感。構圖新穎，中間疏空，上下繁密。以濃墨寫葉，蒼鬱厚重，與黃色的葫蘆，紫色的葡萄，相互映襯。

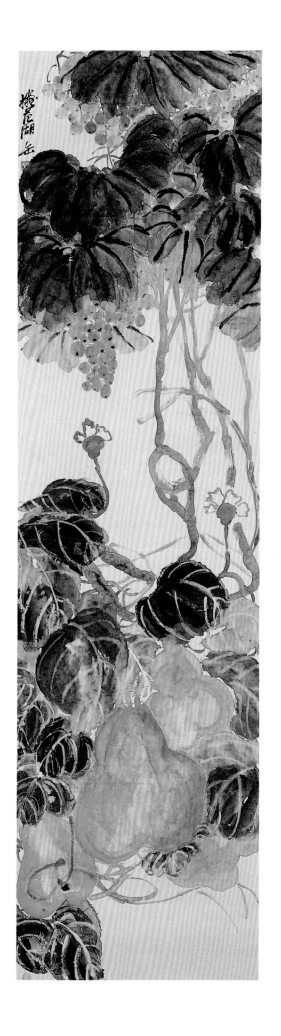

125

吳慶雲 山水圖軸

紙本 設色 縱138.7厘米 橫68.8厘米

Landscape
By Wu Qingyun
Hanging scroll, colour on paper
138.7 x 68.8cm

本幅自題："松陰瑣碎上秋衣，家住深山近翠微。歸去疏林殘照裏，尚留稚子候荊扉。甲寅冬十一月仿李思訓，白下吳石僊。"鈐"吳慶雲印"（白文）、"石僊"（朱文），左上角鈐"半池秋水房山"

甲寅為咸豐四年（1854）。

此圖畫面秋山紅樹，飛瀑幽泉，煙霧濛濛，白雲繚繞。作者用米派雲山略參西法，筆墨濕潤，皴中略染赭石，具近大遠小的立體感，為吳氏山水佳作。

吳慶雲（？－1916年），字石僊，後以字行，號潑墨道人。上元（今南京）人，流寓上海，善畫山水、人物。初以"四王"為規範，漸參西法，復用米派雲山入畫，尤其畫夏山雨景，淋漓蒼茫，人謂"渲染雲氣法，莫窺其妙"。他的山水畫，變格創新，獨樹一幟。

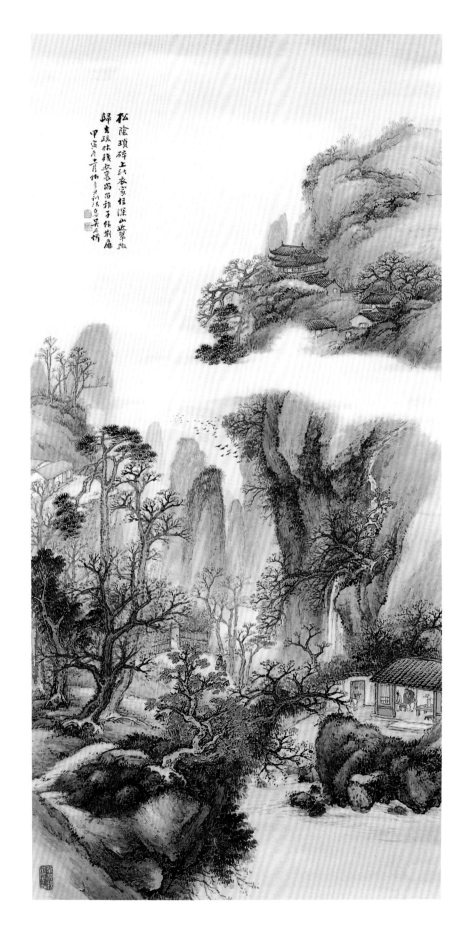

126

吳慶雲 溪山積雪圖軸
紙本 設色 縱179厘米 橫47厘米

Snowy Mountains and Stream
By Wu Qingyun
Hanging scroll, colour on paper
179 x 47cm

本幅自題："撫李營邱(丘)溪山積雪圖，
庚寅夏六月為韻高仁兄大人雅正，白下
吳石僊。"鈐"吳慶雲印"等二方。

庚寅為光緒十六年(1890)。

作者用淡墨染天空和溪水以烘托山巒、
白雪。房舍、樹木用筆工細嚴謹。

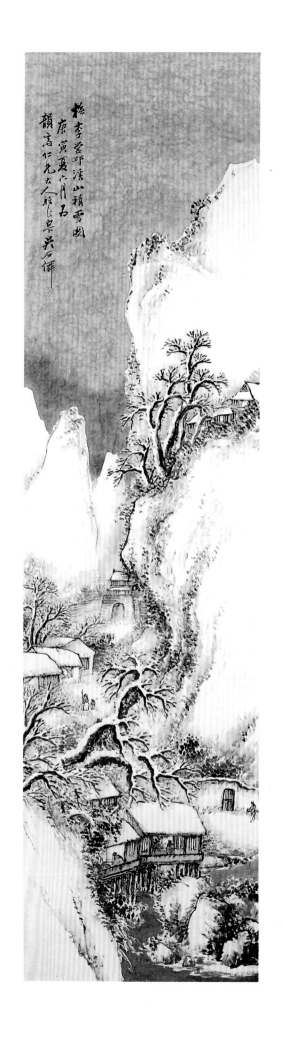

127

吳慶雲 春溪漁艇圖軸

紙本 設色 縱80.7厘米 橫37.2厘米

A Fishing Boat on the Spring Stream
By Wu Qingyun
Hanging scroll, colour on paper
80.7 x 37.2cm

本幅自題:"春溪漁艇。丁酉冬月仿趙大
年筆意,白下吳石儒。"鈐"鹿雲"(朱
文)。

丁酉為光緒二十三年(1897)。

吳慶雲的山水畫初以"四王"為宗,上溯
至元四家,後又吸取米派雲山的滋養,
煙雲浮動,筆墨蒼潤、淋漓。此圖畫高山
飛瀑,叢林茅舍。山中煙雲出沒,草木華
滋,春意盎然。山下湖水一灣,清澈見
底,一漁舟泊岸,以點出主題。用筆圓
潤,皴、擦、點、染兼施,構圖高遠,虛實
結合,疏密有致,成功地表現了江南明
媚的春江漁隱景色,具有一定的生活氣
息。畫風從"四王"中變出。

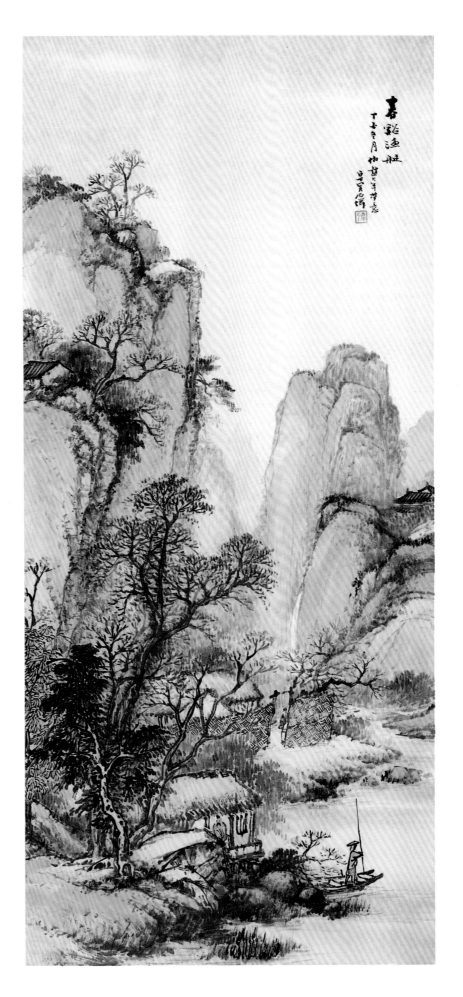

128

吳慶雲　仿米雲山圖軸

紙本　設色　縱109.8厘米　橫55.9厘米

Cloudy Mountains in the Style of Mi Xiangyang
By Wu Qingyun
Hanging scroll, colour on paper
109.8 x 55.9cm

本幅自題："仿米襄陽筆法，寶麓十一兄
大人雅屬即正，己酉夏日，白下吳石
僊。"鈐"吳慶雲印"（白文）、"石僊"
（朱文）。

己酉為宣統元年（1909）。

此圖自題"仿米襄陽筆法"，與畫史記載
十分吻合。全畫水墨淋漓，用水墨積染，
濃淡、乾濕相間的畫法表現出山石的質
感，達到筆中有墨，墨中有筆，潤而不浮
薄，厚而不枯澀的藝術效果，為吳氏晚
年山水畫代表作品。

吳慶雲擅長山水畫，凡四季雲霞變幻，
風雨晦明，無不描繪入微，形成為山水
繪畫的顯著特點。他尤長於水墨雲山，
即如此幅《仿米雲山圖》，就是典型作
品。他曾師法宋米家雲山、元高克恭兩
家水墨畫法，並採用西洋水彩技法，故
水墨渲染，煙雲明晦的處理，均能應物
象形，自然生動，較之古代擅畫水墨雲
山者，更得自然妙理，是海上諸家中兼
參西洋畫法而創為一己畫風的成功者
之一。

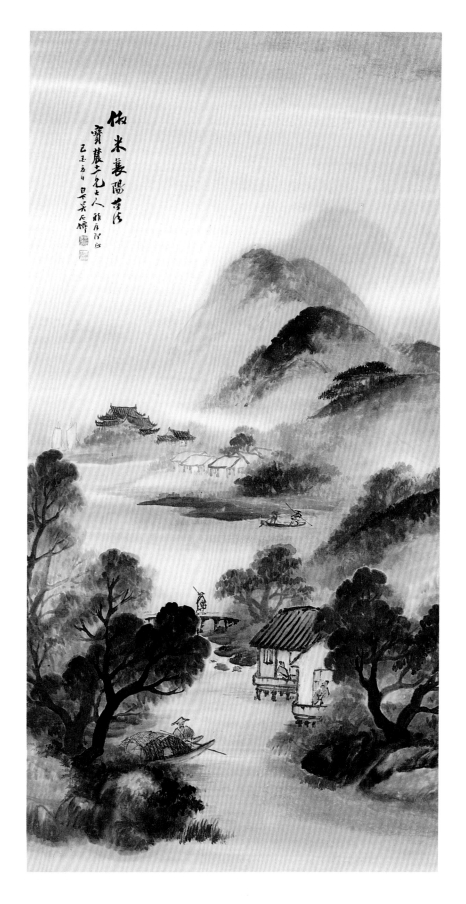

129

吳慶雲 秋山圖軸
紙本 設色 縱151厘米 橫41厘米

Autumn Mountains
By Wu Qingyun
Hanging scroll, colour on paper
151 x 41cm

本幅自題："遠來鐘聲催鳥宿,夕陽紅樹
滿秋山。乙卯夏日摹黃鶴山樵筆法,白
下吳石僊。"鈐"吳慶雲印"(白文)。

乙卯為1915年,此圖為吳慶雲逝世前一
年所作。

該畫略有王蒙遺意又稍變其法。圖中層
巒叠翠,深山古寺,夕陽似火,水村人
家,平湖汀渚,小舟泊岸,老叟策杖過
橋。山巒用傳統的勾勒略參西法勾皴,
再加淡墨、赭石及藤黃多層渲染,具有
陰陽向背、明暗變化,生動地表現了"夕
陽紅樹滿秋山"的意境。

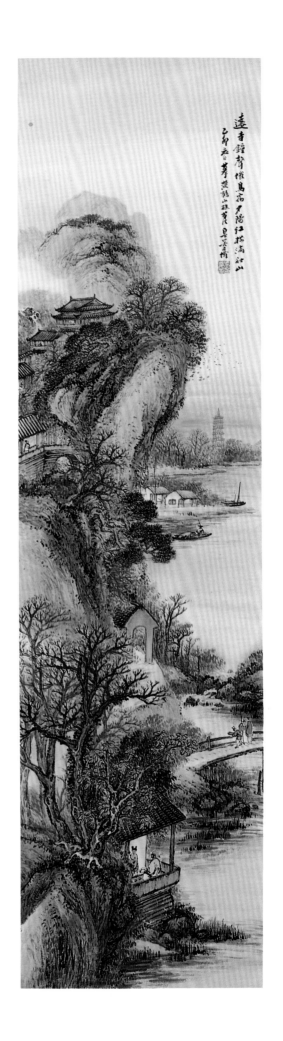

130

吳慶雲 劍閣圖軸
紙本 設色 縱151.3厘米 橫41.2厘米

Jian'ge Pass
By Wu Qingyun
Hanging scroll, colour on paper
151.3 × 41.2cm

本幅自題："劍閣雲深。乙卯夏日仿石田
老人筆,石僊。"鈐"吳慶雲印"(白文)。

乙卯為1915年。

劍閣為縣名,位於四川省北部,自古以
"劍門天下險"聞名。

此圖畫劍閣天險景色。作者以濃重的綫
條勾山體輪廓,然後用淡墨加赭石多層
皴染,濃墨點苔,具有陰陽向背的變化。
人物形象雖不十分準確,但筆法簡練而
有風趣。全畫用筆圓潤蒼勁,構圖繁復,
為吳氏山水畫佳作。

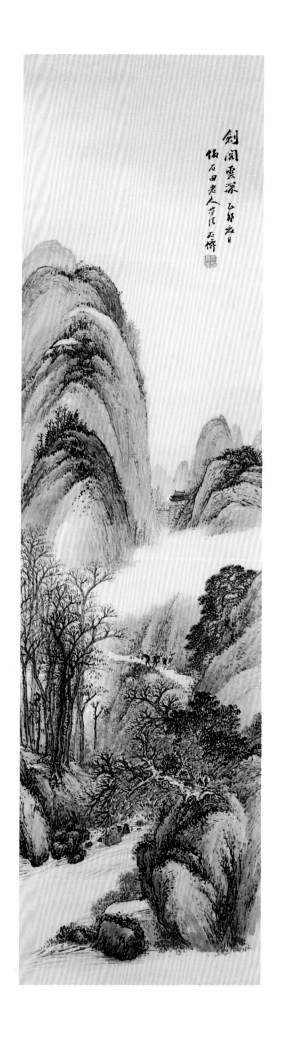

131

吳穀祥 溪南訪隱圖軸
紙本 設色 縱129.4厘米 橫42.7厘米

A Visit to a Mountain Hermitage at Xi Nan
By Wu Guxiang
Hanging scroll, colour on paper
129.4 x 42.7cm

本幅右上自識："曲水低駁紅欄分，一溪
樓台滿春雲。老夫稱得藤枝健，又向溪
南訪隱君。甲戌秋日偶見劉松年本，假
一效之秀水吳祥。"鈐"吳祥"（白文）、
"穀祥書畫"（白文）。

甲戌為同治十三年（1874），吳穀祥時年
二十七歲。

此幅《溪南訪隱圖》為吳穀祥早年的精
心之作。據畫家自題，是仿學南宋劉松
年畫法的作品。按劉松年擅長山水、樓
台，此圖所繪曲水樓台，界畫嚴格，用筆
工細，色彩淡雅，然山石近明唐寅畫法，
又遠參劉松年畫意；樹木則主要師法明
文徵明，與記載中畫家的藝術淵源一一
吻合，亦可見畫家早年習畫之功深。全
圖畫法工穩，風格於勁峭中見雅淡之
致，雖為早期作品，已開畫家主體風格，
是研究吳穀祥一生畫藝的重要作品。

吳穀祥（1848—1903年），字秋農，號秋
圃，浙江嘉興人。工山水，善畫人物、花
卉，遠宗文徵明、唐寅，近師戴熙，仍然
不失"四王"風致。所作青綠山水工整明
麗，蒼秀沉鬱。中年北遊京師，見聞日
廣，畫筆益進，在當時頗負盛名。晚歸滬
上，賣畫為生。

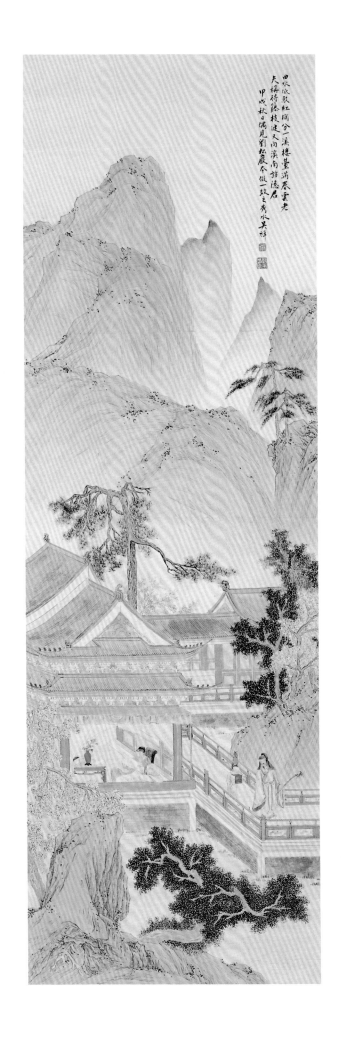

132

吳穀祥　畫怡園圖冊
紙本（八開）　設色　每開縱29厘米　橫38厘米

Sights of Yi Yuan Garden
By Wu Guxiang
Album of 8 leaves, colour on paper
Each leaf: 29 x 38cm

第一開　畫夜讀。自識：“自剔青燈頻擁卷，更呼紅袖為添香。”鈐“穀祥”（朱文）。

第二開　畫評詩栽花。自識：“婦解評詩同點筆，女因剪綵勸栽花。”鈐“穀祥”（朱文）。

第三開　畫林陰讀書。自識：“遺編展讀祖庭書。”鈐“穀祥”（朱文）。

第四開　畫夜宴。自識：“挑燈雪夜寒開宴。”鈐“穀祥”（朱文）。

第五開　畫投壺。自識：“金壺投箭消長晝。秋農寫於吳門寓次。”鈐“穀祥”（朱文）。

第六開　畫夜半作畫。自識：“不辭夜半燒紅燭，為乞春陰寫綠章。”鈐“穀祥”（朱文）。

第七開　畫吹簫填詞。自識：“夜深簫管和填詞。”鈐“穀祥”（朱文）。

第八開　畫吟詩。自識：“高齋槤薴夜聯吟。仿新羅山人筆法，壬午秋日吳穀祥。”鈐“吳印”（白文）、“穀祥”（朱文）。

新羅山人即華嵒。

壬午為光緒八年（1882），吳穀祥時年三十五歲。

此圖以描寫怡園生活為題材，有挑燈夜讀，與妻賞詩作畫，全家共宴，投壺健身，賞花等等。色彩清麗，筆法多變，環境幽雅。室內書案、油燈、盆景，屋外是高大的梧桐和籬菊，這一切都有力地烘托出畫中主人公高雅的生活情趣。

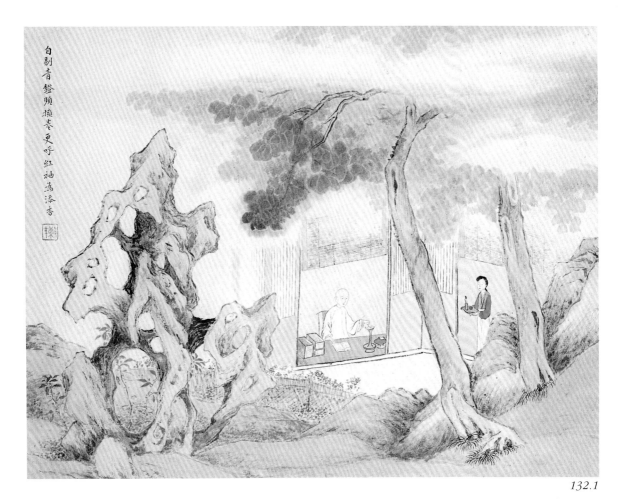

自剔青鐙題罷卷
更呼紅袖為添香

132.1

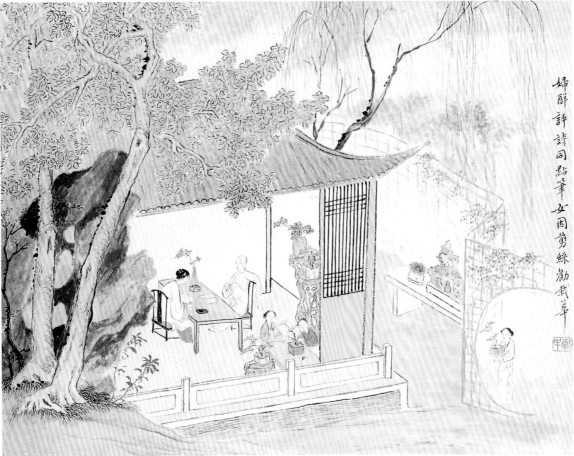

婦解評詩同點筆
女因剪綵勸栽花

132.2

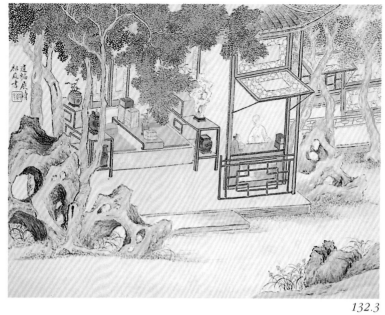

132.3

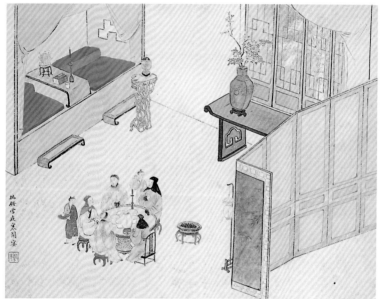

132.4

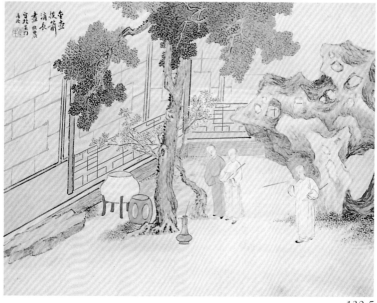

132.5

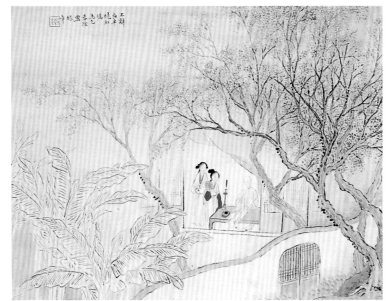

132.6

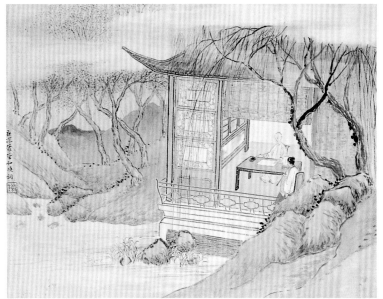

132.7

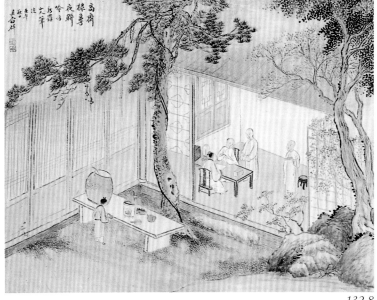

132.8

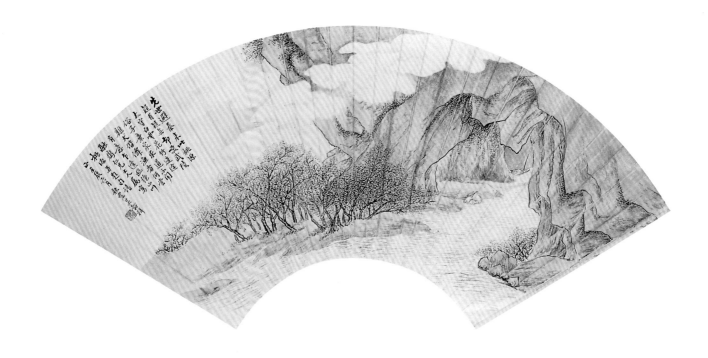

133

吳穀祥 桃源圖扇

紙本 設色 縱19.2厘米 橫54厘米

The Land of Peach Blossoms
By Wu Guxiang
Fan leaf, colour on paper
19.2 x 54cm

本幅自識："先世避秦來此,桃源疑有疑無。卻笑武陵太守,白
雲花竹迷途。俗子棄家求道,不聞雞犬偕仙。漁者何嘗有意,乍
逢幽絕山川。融齋仁兄大人屬寫桃源並題句請正。壬辰六月秋
農吳穀祥。"鈐"吳穀祥"(白文)。

壬辰為光緒十八年(1892),吳穀祥時年四十五歲。

根據款意此圖描繪的是一個想象中遠離塵世的隱居環境,以
晉陶淵明的《桃花源記》為典。畫面色彩明麗,用筆細密。

134

吳榖祥 怡園主人像圖軸
紙本 設色 縱116.5厘米 橫52.2厘米

Portrait of the Master of Yi Yuan Garden
By Wu Guxiang
Hanging scroll, colour on paper
116.5 x 52.2cm

本幅自識："欲證浚身金粟佛，幸聯同志
玉簫仙。壬午小春望後吳榖祥寫圖。"鈐
"榖祥"（朱文）。

壬午為道光八年（1882），吳榖祥時年三
十五歲。

圖中房舍半露，雲霧繚繞，主人短鬚拖
辮，着淡青長袍，雙手合十。人物面部以
細綫勾勒，赭色渲染，筆法細膩，生動傳
神。樹幹用勾勒兼細密皴法，樹葉加墨
與石綠點寫，筆墨靈巧豐富，筆法精細
蒼潤，密而不亂，其間反映了文徵明的
細筆山水畫對吳榖祥的影響。吳榖祥以
山水畫聞名，人物肖像畫極少見，此圖
頗為難得。

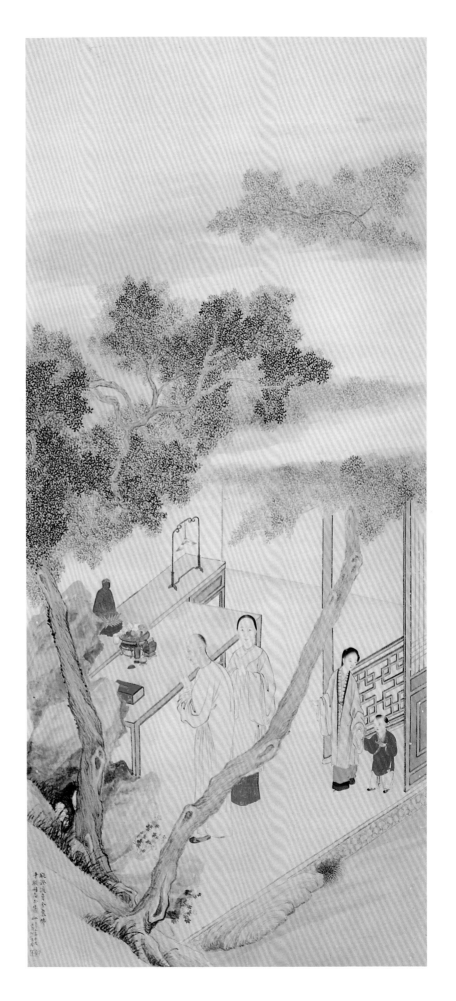

135

吳穀祥　山水圖屏

紙本 (四屏)　設色　每條縱130.5厘米　橫54.8厘米

Landscape
By Wu Guxiang
A set of 4 hanging scrolls, colour on paper
Each scroll: 130.5 x 54.8cm

第一條　平橋柳色圖屏。本幅自識 (連題三段)：濛濛山靄豐舍空，春在膏鬟染澹中。淺渚平坡誰泥著，輕煙翠袖倚東風。月落前溪鎖翠蛾，水空天遠奈愁何?小橋一夜憑春雨，嫩綠烘來淺淡波。省記明湖水面亭，畫中詩眼為誰青。神韻不關多著筆，天然初本寫黃庭。細雨斜風糝麴塵，晉卿賦色孰前因。邢房橐記琴弦語，重畫平生竺道人。

此羅兩峯臨耕煙散人仿王晉卿平橋柳色圖本也。翁覃溪學士曾題四絕句於上，精妙絕倫。余客吳中二十年來已見此圖三付裝池矣。翰墨有緣，定非偶然，寫此紀之，並錄翁詩於上。秋圃老農吳穀祥。

王晉卿風流醞藉，博雅圖書，蓄聚既富，尤精鑑賞，囊見禾中李氏千金冊中有執扇本，寫江南春圖一角，用筆之妙，正如美人橫波，不知其所以然也。壬辰十月廿又四日吳穀祥又記。" 鈐 "秋農私印" (白文)、"吳" (朱文)。收藏印 "君玉鑑藏" (朱文)。

壬辰為光緒十八年 (1892)，吳穀祥時年四十五歲。

畫面平遠式構圖，由近而遠，技法兼工帶寫，畫風秀勁簡潔，用渴筆勾畫坡岸，雖著墨不多，卻蒼茫邈遠。柳葉墨中加石綠點劃而出，給人以蒼翠欲滴之感，呈現出夏日獨有的風采。

第二條　山中雲起圖屏。作者自識："中有雲氣隨飛龍。此杜少陵句也。二米、房山、大痴皆於此中得三昧者。吳穀祥。" 鈐 "吳穀祥印" (白文)。收藏印 "君玉鑑藏"。

款題杜少陵即唐代詩人杜甫。二米為宋代書畫家米芾、米友仁父子。房山、大痴為元代畫家高克恭和黃公望。

圖為高山峭峯，樹木葱蘢，白雲紅樹。林木多樣變化，樹幹用焦墨側鋒畫出，也有沒骨渲染，色彩豐富，表現了深秋的景象。

第三條　負手觀泉圖屏。作者自識："不知負手觀泉者，可有高風繼子陵。唐六如學於周東邨而伐毛洗髓自出性靈遂為藝林獨絕。秋圃老民吳穀祥。" 鈐 "吳穀祥" (白文)。收藏印 "君玉鑑藏"。

款題唐六如即唐寅。周東邨名周臣，是唐寅的老師。

此畫作全景式構圖，峯巒層迭，樹木挺拔，地面小草新生，流泉如白龍從上而下，一人負手觀瀑，自得怡然。人物衣紋簡練，山石用細筆短皴，樹木多為針葉式，密而不亂，此圖在筆墨上和唐寅畫風有非常接近之處。

第四條　灞橋詩思圖屏。作者自識："本是冷致人，何當又風雪。風雪灞橋邊，乃令詩思列。歸來撿詩囊，雪滿詩亦無。重門覓舊徑，蹄痕已就濡。唯此橋邊樹，枯與詩思俱。墨井道人紈扇本。壬辰仲冬天寒欲雪寫此破寂，秋農吳穀祥。" 鈐 "秋農私印" (白文)、"吳穀祥" (白文)。收藏印 "君玉鑑藏。"

墨井道人即吳歷。

作者用墨渲染質地，留白作雪山，天空以淡墨闊筆刷出，留白一處，表示雲靄，強調雪天雲低的情景，形成畫面黑白對比。

以上四條屏為吳穀祥四十五歲時所作。筆墨多變，粗細結合，色彩豐富艷麗，畫風典雅清新，是吳氏中年山水畫代表作。

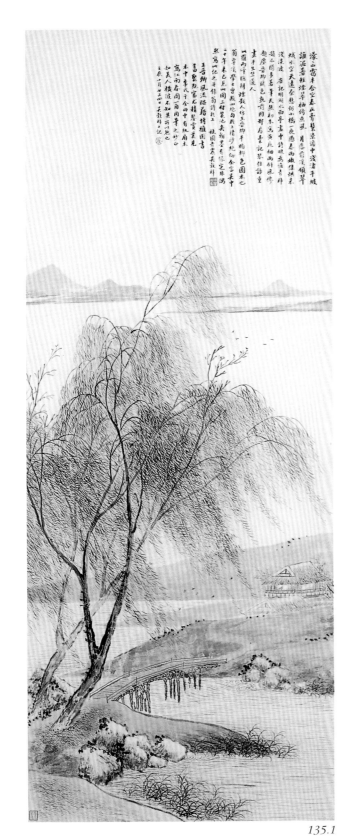

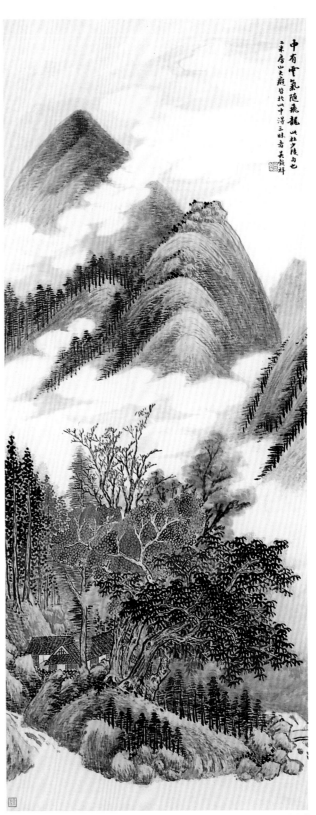

135.1

135.2

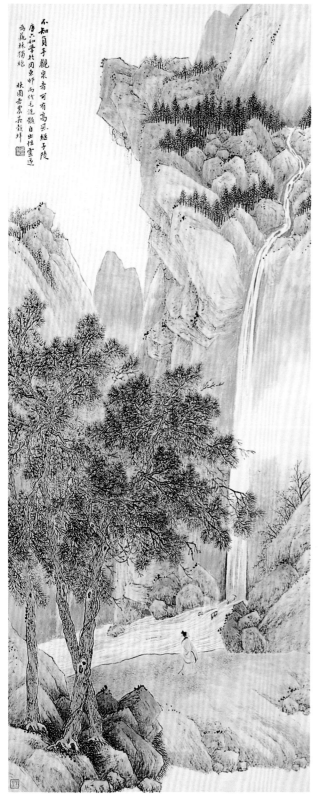

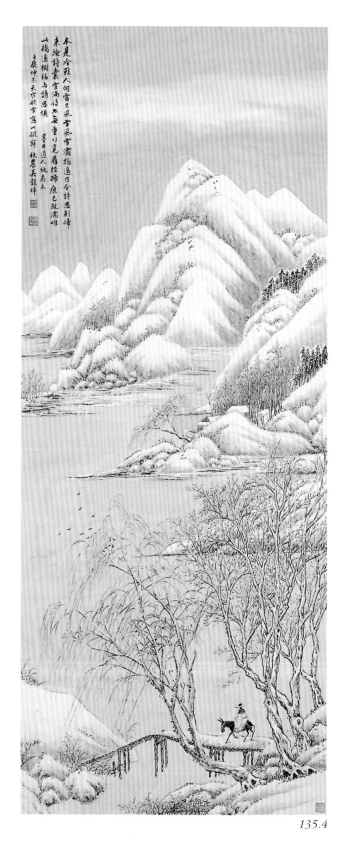

135.3

135.4

244

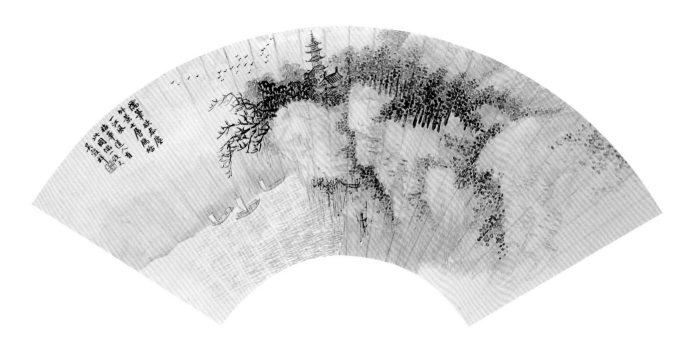

136

吳榖祥 仿梅道人山水圖扇

紙本 設色 縱18.9厘米 橫53.6厘米

Landscape after Wu Zhen
By Wu Guxiang
Fan leaf, colour on paper
18.9 x 53.6cm

本幅自識:"濡筆欲添塵外景,七層雁塔一江風。梅花道人有此
圖,偶一效之。吳榖祥。"鈐"榖祥之印"(白文)。

梅花道人為元四家之一的吳鎮。

此圖將主要景物集中於畫面右部,以較為細緻的筆法勾出斷
斷續續的水波,山石用濃墨勾畫,再以淡墨皴染。重墨畫樹木,
禿筆點葉,同時摻石綠,有潤澤之感。

137

高邕 枯木竹石圖軸

紙本 墨筆 縱92厘米 橫24.3厘米

Withered Tree, Bamboo and Rock
By Gao Yong
Hanging scroll, ink on paper
92 x 24.3cm

本幅自題:"拙庵尊兄鑑家正之,孟悔學梅花和尚。"鈐"傷心畫子"(朱文)。又自題:"丙戌小雪節,高邕作於小逍遙館。"鈐"庚子孟悔"。

丙戌為光緒十二年(1886),高邕時年三十七歲。

"梅花和尚"即元代著名畫家吳鎮。

此圖所繪墨竹筆墨簡潔,略得吳鎮秀勁之姿。畫石取法朱耷,畫竹取法石濤,頗具形模。元趙孟頫曾有論畫詩:"石如飛白木如籀,寫竹還須八法通",此圖恰為寫照,也是高邕工書,而以書法之筆法入畫的結果。

高邕(1850—1921年),字邕之,號李盦,仁和(今杭州)人,寓上海。官江蘇縣丞。尤工書法,師法唐李邕、朱耷和石濤,神味冷雋。以筆法雄逸沉厚為主要風格。雖記載其善畫山水、花卉,然傳世品較稀見。善篆刻,以賣字為生。

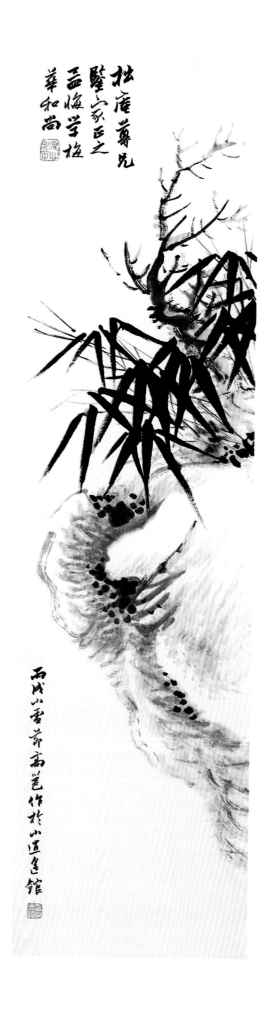

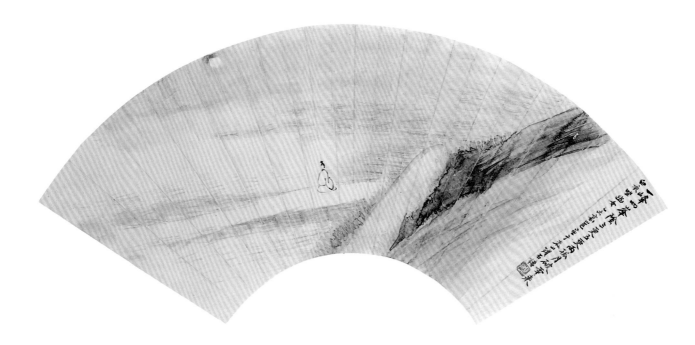

138

高邕 雲月幽思圖扇

紙本 淡設色 縱20厘米 橫54厘米

A Lady in Meditation in Moonlit Night
By Gao Yong
Fan leaf, light colour on paper
20 x 54cm

畫中自題："一峯兩峯陰,三更五更雨。孤月破雲來,白衣坐幽女。乙未高邕畫於泰山殘石樓。"鈐"高邕"(白文)。

乙未為光緒二十一年,高邕四十六歲。

中國傳統文人畫,往往並不注重寫實,而是追求筆外之意。此圖即屬這類作品。畫家隨意點染煙山、雲霧、孤月,寫出幽思的意境,雖造型較為抽象,但意趣韻味無窮。

139

胡錫珪 花卉草蟲圖冊
紙本 (十二開) 設色 每開縱30.2厘米 橫37厘米

Flowers and Insects
By Hu Xigui
Album of 12 leaves, colour on paper
Each leaf: 30.2 x 37cm

全冊共十二開，每開鈐 "胡氏三橋"、"錫珪長壽"、"三橋"、"胡珪私印"、"三橋詩書畫印" 共12方印。自識 "丙子秋八月環水漁隱，三橋寫。" 鈐 "珪印" (白文)。

丙子為光緒二年 (1876)，胡錫珪時年十九歲。

該圖係其早年作品。圖中分繪桂花、茶花、荷花、菊花、紫藤、萱花、芙蓉、鳳仙花、雁來紅等四季花卉，並綴有蜻蜓、蜘蛛、蟈蟈、螳螂、蜂、蝶等草蟲，筆法工細，畫風秀潤清新，意近惲壽平，然所繪花卉、湖石，大多縱逸渾然，頗具蒼逸之態。據畫家款題，知為其十九歲時作品，又可知為其英才早熟之作。吳昌碩曾嗟歎畫家，"年三十餘卒，遺筆不多"，故此冊尤可寶貴。

胡錫珪 (1858—1890年)，字三橋，號紅茵館主，江蘇蘇州人。幼習丹青，花卉因學惲壽平，人物學華嵒，工畫仕女，水墨白描多以工穩雅致為主要風格。吳昌碩稱其 "精細如髮，而筆鋒利。" 畫風屬傳統、古雅一派。

248

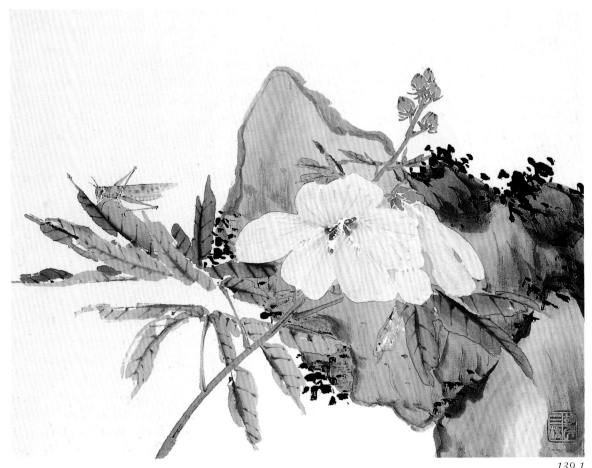

139.1

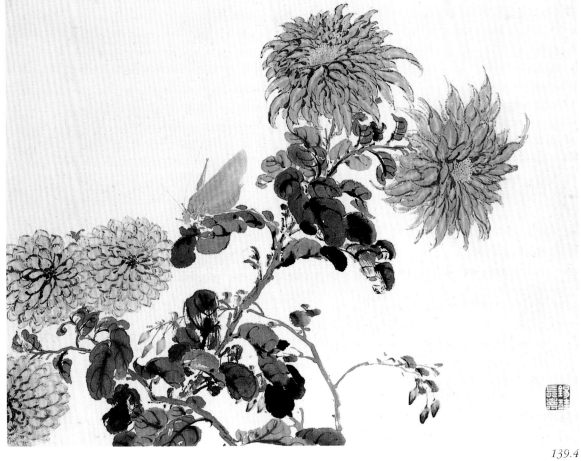

139.4

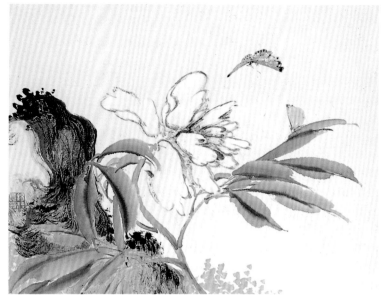

139.2

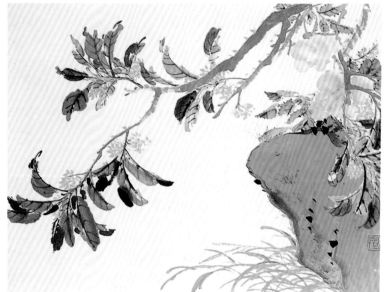

139.3

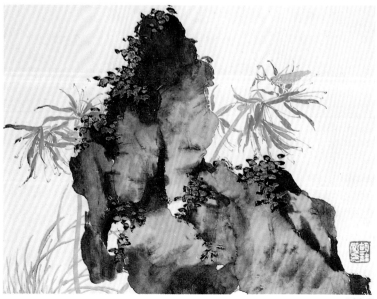

139.7

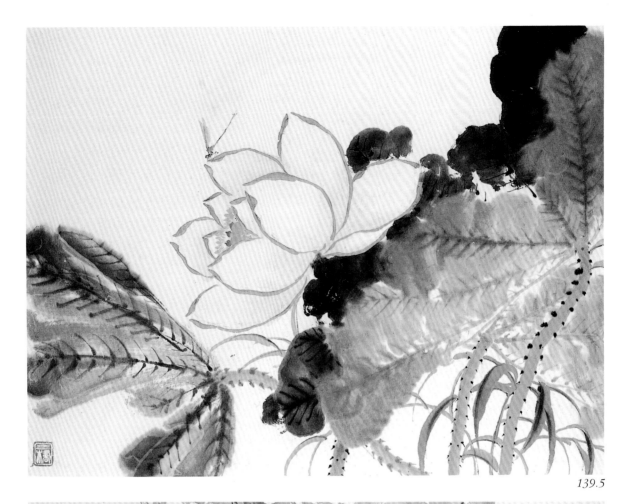

139.5

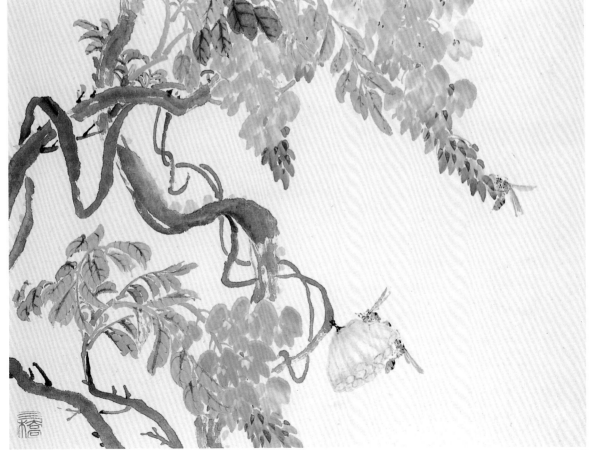

139.6

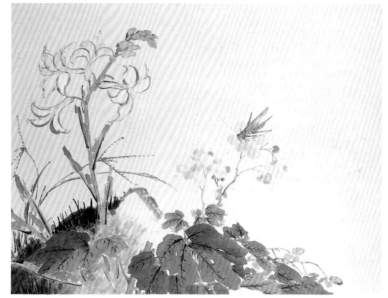

139.8

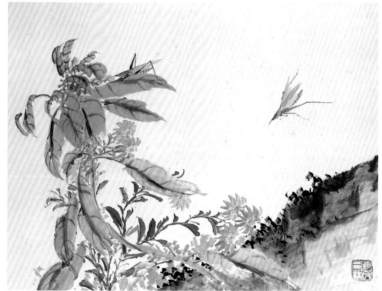

139.10

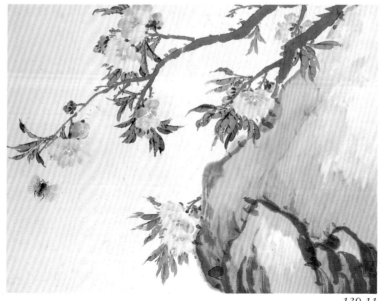

139.11

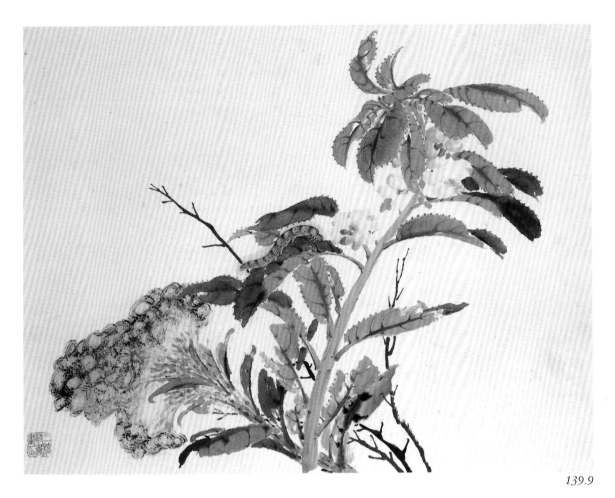

139.9

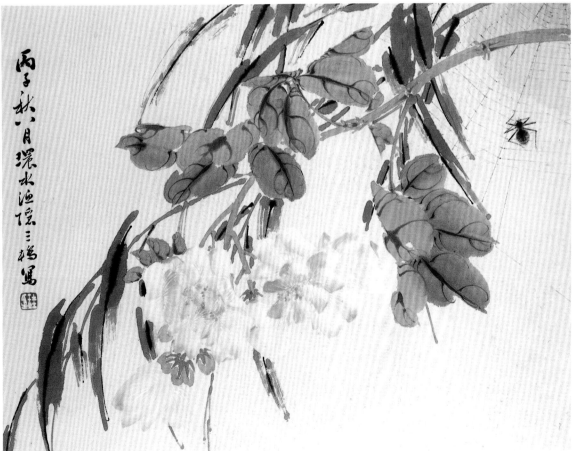

139.12

140

胡錫珪　洗硯烹茶圖卷
綾本　設色　縱40.2厘米　橫177厘米

Washing Inkslab and Brewing Tea
By Hu Xigui
Handscroll, colour on silk
40.2 x 177cm

本幅自識："洗硯魚吞墨，烹茶鶴避煙。戊寅春二月以應鳶前三
兄大人清玩，胡錫珪。"鈐"三橋詩書畫印"（朱文）。後幅吳華
源、朱竹雲、蔣忠傑三家題記。前引首吳華源題"新羅遺韻"行
書四字。收藏印"似葵"。

戊寅為光緒四年（1878），胡錫珪時年二十一歲。

畫面展現古代文人雅士洗硯烹茶的場景。構圖豐富和諧，人物
形象鮮明，風格較為粗放。

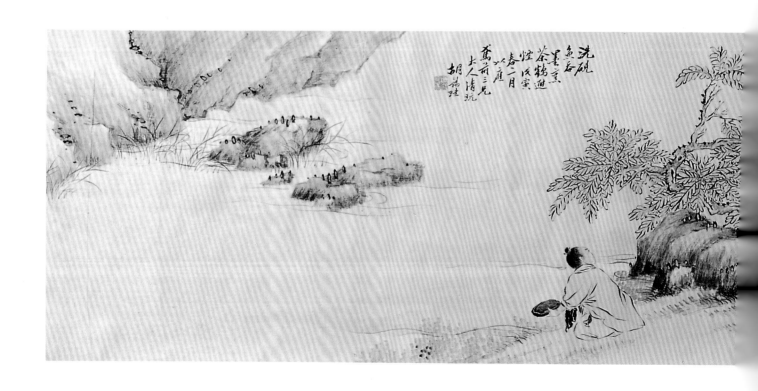

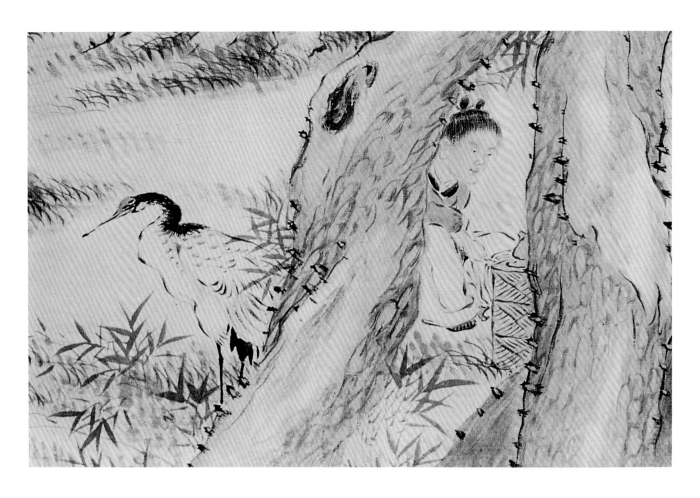

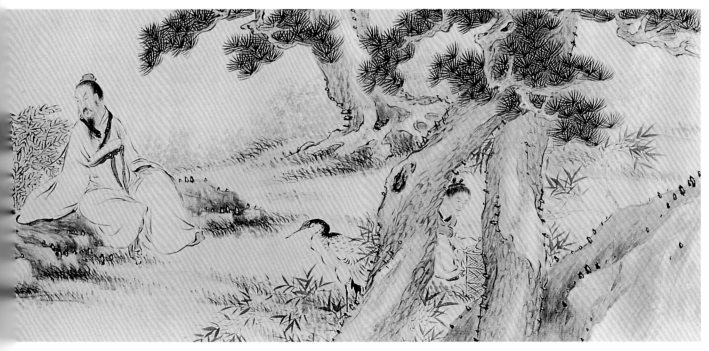

141

胡錫珪 雲峯求己圖軸

紙本 設色 縱133厘米 橫52.7厘米

Portrait of Yun Feng
By Hu Xigui
Hanging scroll, colour on paper
133 × 52.7cm

本幅自識："求己圖。雲峯仁兄大人玉照
清玩。己卯秋九月三橋弟胡錫珪寫。"鈐
"珪印"（白文）。又周後亭、李頌聲、黃
寶恩、朱毓琳、潘鍾瑞、孔傳綬、朱兆鴻、
陳德修、陳祖琛、樂閑主人十家題跋。

己卯為光緒五年（1879），胡錫珪時年二
十二歲。

該圖係胡氏早年肖像畫代表作。圖中作
者以雲峯清癯樸素的肖像表現其"清廉
謹慎"的性情。

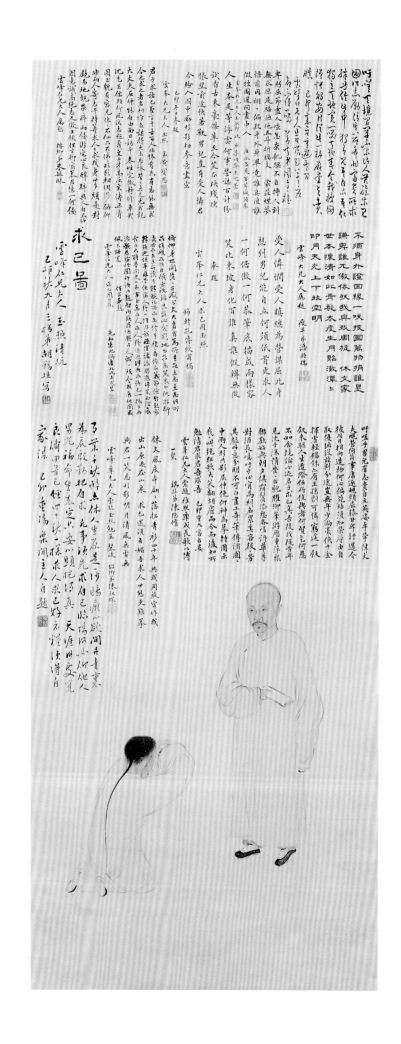

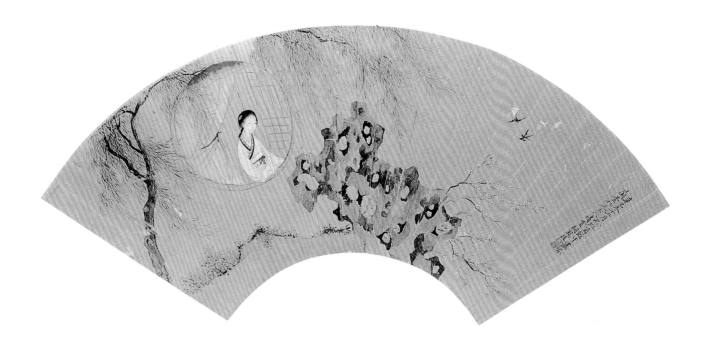

142

胡錫珪 仕女圖扇

金箋 設色 縱19厘米 橫53.5厘米

A Lady in Her Chamber
By Hu Xigui
Fan leaf, colour on gold-flecked paper
19 x 53.5cm

畫面自識："辛巳冬十二月於紅茵館中。畫奉闌瑩仁兄大人清
賞，胡錫珪。"鈐"錫珪畫"（白文）。

辛巳為光緒七年（1881），胡錫珪時年二十四歲。

圖繪閨中少婦春日幽思情景。設色淡雅，用筆輕疾鬆秀，風格
秀逸，頗具情致。

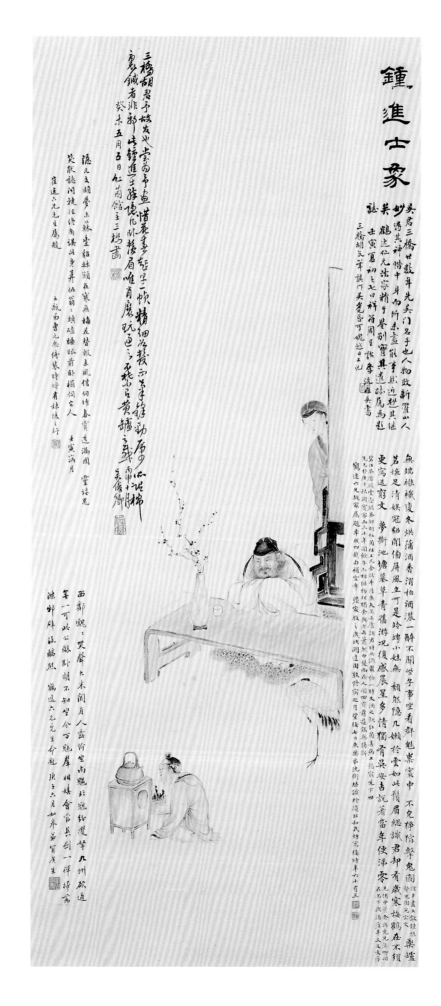

143

胡錫珪 鍾馗圖軸

紙本 設色 縱118厘米 橫39厘米

Portrait of Zhong Kui
By Hu Xigui
Hanging scroll, colour on paper
118 x 39cm

本幅自識："癸未五月紅茵館主三橋
畫。"鈐"三橋"（朱文）。畫心有吳俊卿
題，裱邊有沈衛等人題記。

癸未為光緒九年（1883），胡錫珪時年二
十六歲。

鍾馗是神話傳說中能捉惡鬼的人物。畫
面鍾馗頭戴烏紗帽，衣着寬袍，表情坦
蕩，雙眼半睜，似睡非睡，雙手籠袖縮頸
作伏案狀。案上臘梅一株，加強作品寒
冷的氣息。其面部刻畫，先以淡墨勾出
輪廓，再用淡赭色層層渲染，顯示出陰
陽凹凸變化，復以細筆勾畫濃密蜷曲的
絡腮鬍鬚，人物特色鮮明。景物配置簡
單，襯托得人物形象格外突出。

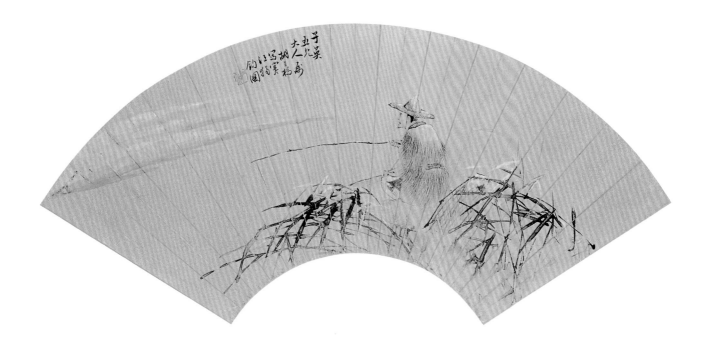

144

胡錫珪 寒江獨釣圖扇

金箋 設色 縱17.8厘米 橫50.3厘米

Fishing alone in Cold River
By Hu Xigui
Fan leaf, colour on gold-flecked paper
17.8 x 50.3cm

畫面自識："子英五兄大人屬胡三橋寫寒江獨釣圖。"鈐"三
橋"（朱文）。

此圖扇繪唐柳宗元《江雪》詩意："千山鳥飛絕，萬徑人蹤滅。
孤舟蓑笠翁，獨釣寒江雪。"用筆奔放，意境荒寒。

陸恢 柳鵝圖軸
紙本 設色 縱135.2厘米 橫41厘米

Willow Trees and Geese
By Lu Hui
Hanging scroll, colour on paper
135.2 x 41cm

本幅自題："庚子八月晨起作此，用意在
冷逸，識者當有以鑑之。陸恢。" 鈐 "吳江
陸恢之章"（白文）。

庚子為光緒二十六年（1900），陸恢時年
五十歲。

該圖所繪鵝、柳，設色艷而不俗，用筆工
而不板，為陸氏花鳥畫成熟期之代表
作。

陸恢（1851—1920年），字廉夫，號狷
叟，一字狷盦，原籍江蘇吳縣人，卜居吳
縣（今蘇州）。書工漢隸，善畫山水、人
物、花鳥、果品。少從禹之鼎弟子劉德六
學花果、翎毛，後上窺唐宋，下撫元、明
各家之長，畫藝大進。筆意蒼勁遒麗，古
拙幽深，為江南老畫師。

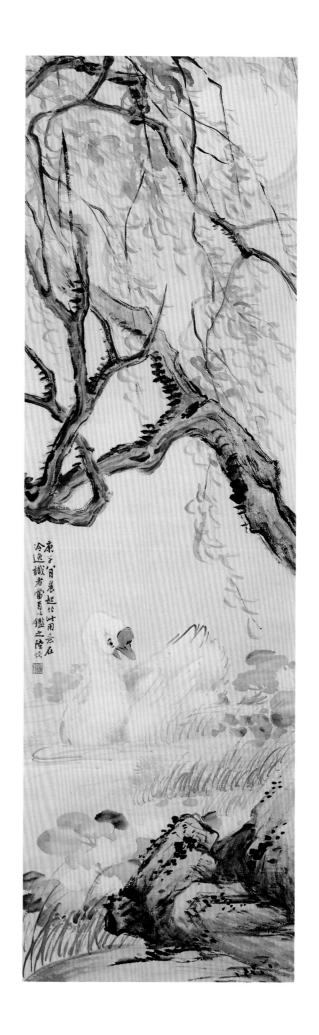

146

陸恢 寤歌軒圖軸

紙本 墨筆 縱106厘米 橫35.1厘米

Wu Ge Pavilion
By Lu Hui
Hanging scroll, ink on paper
106 x 35.1cm

本幅自題："寤歌軒圖，癸卯正月廿四日
下榻於研荷老弟家，談藝興發，商量作
此，即以為贈。廉夫陸恢剪燭記之。"鈐
"廉夫"（朱文）。

癸卯為光緒二十九年（1903），陸恢時年
五十三歲。

該畫記作者癸卯冬日造訪友人研荷家
之事。筆法勁挺圓潤，意境古拙幽深，為
陸氏中年山水畫佳作。

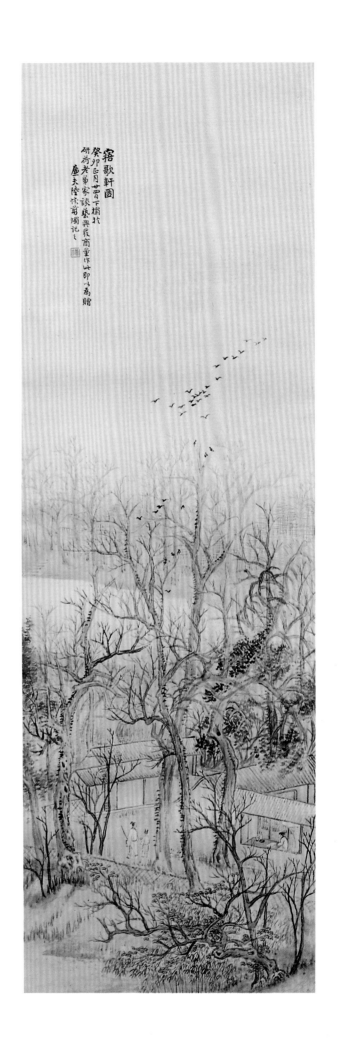

147

陸恢　餞春圖軸

紙本　設色　縱177.7厘米　橫94.7厘米

Flowers and Plants in Spring
By Lu Hui
Hanging scroll, colour on paper
177.7 x 94.7cm

本幅自題："餞春圖。善寫生者,宋人精
到,元人運意,明則畫師兩朝,不能自出
新意。國初南田融化古人,運山水如花
草之中,故生趣盎然,而為後來開畦徑。
予特取其巧思,而以雄壯出之,丁未陸
恢所作。"下鈐"陸恢之印"(白文)、廉
夫摹古"(朱文)。

丁未為光緒三十三年(1907),陸恢時年
五十七歲。

此圖以沒骨法畫芍藥、桑葉、竹筍等春
季花卉果品。自題"餞春圖",含有惜春
之意。運筆雄壯生動,構圖主次分明,為
陸氏晚年花卉畫佳作。

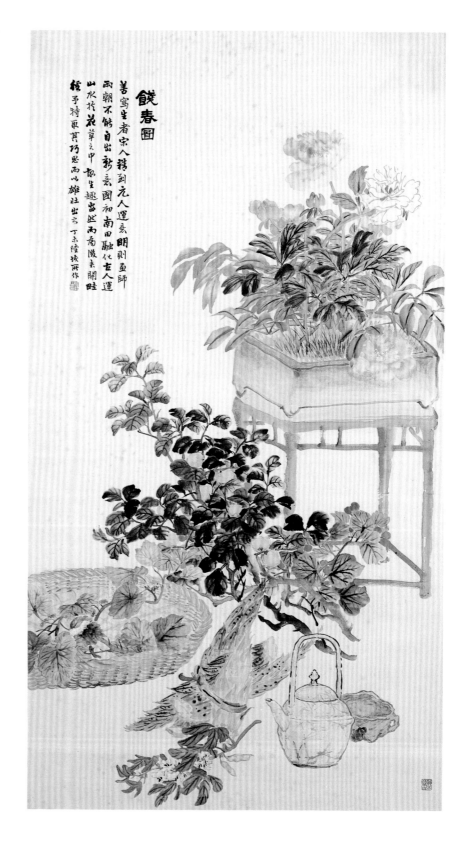

陸恢 喜上眉梢圖軸
紙本 設色 縱140.5厘米 橫37.3厘米

A Magpie on the Plum Branch
By Lu Hui
Hanging scroll, colour on paper
140.5 x 37.3cm

本幅自題："辛亥歲首，在舍築室，見臘梅未殘，山茶初開，喜鵲昵人，砌邊遊戲，覺春風拂拂，着處皆生，圖以樂之。陸恢。"鈐"陸恢之印"（白文）。

辛亥為宣統三年（1911），陸恢時年六十一歲。

作者繪喜鵲棲止梅梢，寓意喜上眉梢，為吉祥喻意之畫。該圖筆法活潑瀟灑，設色淡雅，秀逸超俗。構圖平中求奇，靜中寓動，為陸氏晚年花鳥畫佳作。

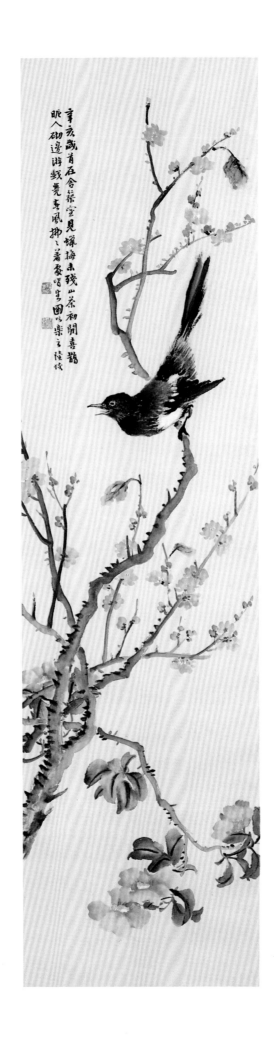

149

陸恢 玉堂富貴圖軸
紙本 設色 縱184.5厘米 橫95.8厘米

Auspicious Flowers
By Lu Hui
Hanging scroll, colour on paper
184.5 x 95.8cm

本幅自題："金堂玉樹富貴壽考之圖。宣
統三年辛亥四月廉夫陸恢寫。"鈐"吳江
陸恢章"（白文）、"廉夫"（朱文）。

辛亥為1911年，陸恢時年六十一歲。

該圖為祝壽之作，寓富貴長壽之意。畫
法多樣，筆力遒勁，設色明麗，為陸恢晚
年花卉畫佳作。

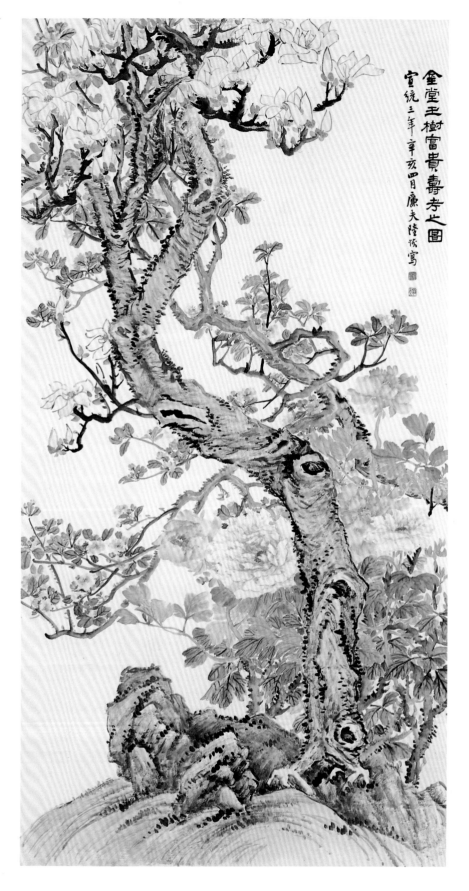

150

陸恢 牡丹圖軸
紙本 設色 縱94.7厘米 橫44厘米

Peony
By Lu Hui
Hanging scroll, colour on paper
94.7 x 44cm

本幅自題："富貴壽昌，癸丑三月之吉寫此，以博子順先生一笑，即請鈞政。廉夫恢並識。"鈐"廉夫畫印"（白文）、"陸恢私印"（白文）。

癸丑為1913年，陸恢時年六十三歲。

作者用小寫意筆法畫二色牡丹數株，寓榮華富貴之意，為順先生賀壽而作。運筆靈活秀潤，設色艷麗。

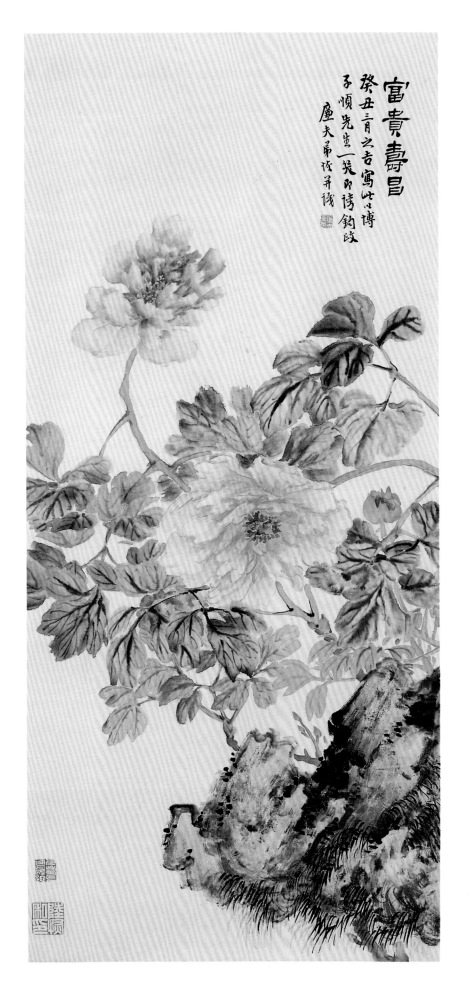

陸恢 繡球幽鳥圖軸

紙本 設色 縱28.2厘米 橫45.3厘米

Big-leaf Hydrangea and Birds
By Lu Hui
Hanging scroll, colour on paper
28.2 x 45.3cm

本幅自題："余畫凡數變，生初能潤而失之光，其既繼能蒼而失之滯，今稍渾厚而又失之生。甚矣，畫之難也！陸恢重題。"

此圖繪繡球花、小鳥。筆法靈活生動，設色淡雅，風格蒼中含秀，為陸恢花鳥畫代表作。畫中陸恢重題的一段跋語尤為珍貴。其間既有作者對自己一生畫風數變及得失的總結，又有對追求高點之艱難的感慨，是今人了解陸恢畫風和畫論的重要資料。

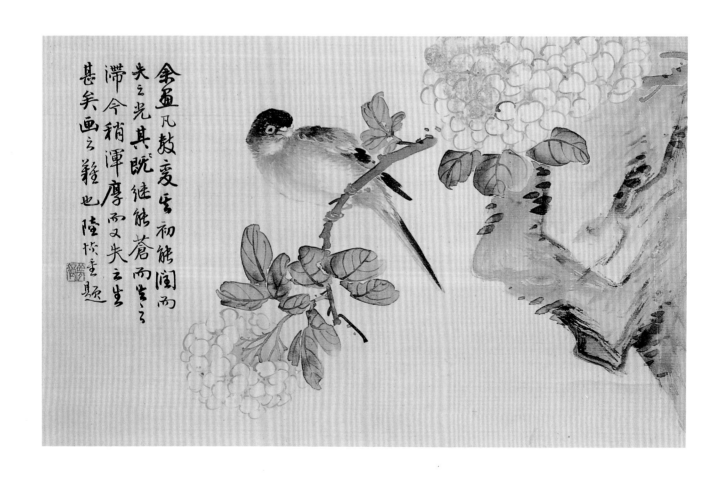

152

陸恢 老樹冬榮圖軸
紙本 設色 縱138.1厘米 橫34厘米

Towering Old Cypresses in Winter
By Lu Hui
Hanging scroll, colour on paper
138.1 x 34cm

本幅自題："老樹冬榮。歲寒松柏黛色參天，已曾於玄墓司徒廟見其氣象，雖時隔多年，形影猶在胸中，茲以黃鶴山樵解索皴寫其樹理，蜷曲臃腫之態其庶幾乎。陸恢。"鈐"陸恢書畫"（白文）。

"黃鶴山樵"即元代著名畫家王蒙。

圖畫古柏、靈芝，作者以王蒙畫山水的解索皴繪柏樹，頗具新意。

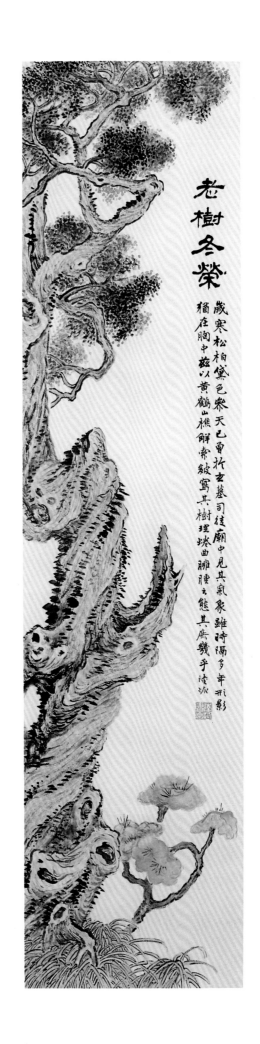

153

任預 吳平齋合家歡圖橫幅

紙本 設色 縱56.5厘米 橫134.5厘米

**A Family Group Painting of Wu Pingzhai
By Ren Yu**
Horizontal strip, colour on paper
56.5 x 134.5cm

本幅自題："歲次戊寅九秋蕭山任預立凡寫。"鈐"任預私印"
（白文）。

戊寅為光緒四年（1878），任預時年二十六歲。

此圖畫吳雲合家行樂情景，圖中古樹參天，荷花亭亭玉立，仙
鶴長鳴，孔雀開屏，一派祥和歡樂景象。主人依樹而立，觀賞美
景，妻室孩童遊戲於旁。全畫人物刻畫生動傳神，衣紋細勁流
暢，不同人物的不同特點表現得恰到好處。人物、樹石和其他
點景自出新意，設色不事絢染，自然天成。

任預（1853—1901年），字立凡，浙江蕭山人，任熊子。善山水、
人物。初無師承，純以天然秀出塵表，自有一種風趣。但風格的
演變還是源於任熊、任薰，後得趙之謙指教，繪畫別闢谿徑。

吳平齋，名吳雲（1811—1883年），字少甫。官蘇州知府，好古
精鑑賞。性喜金石彝鼎、法書名畫等。偶寫山水、花鳥，隨意點
染，脫盡畫家蹊徑。

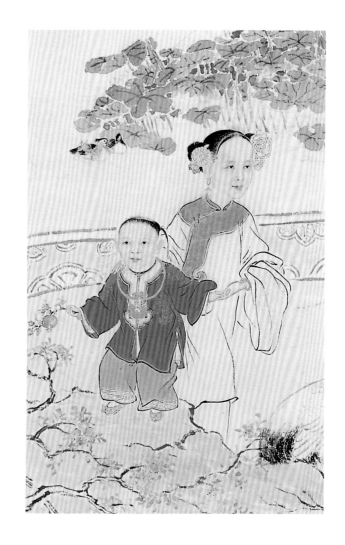

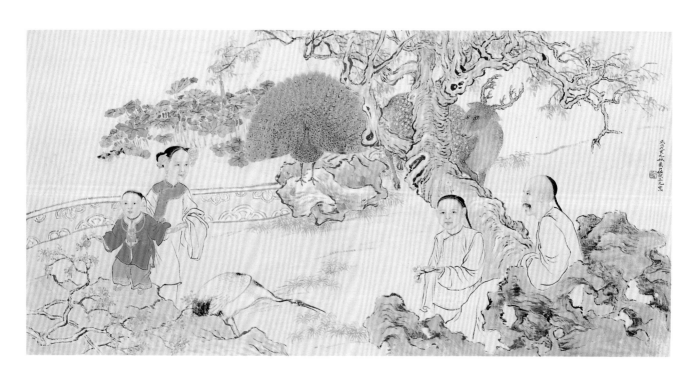

154

任頤 鍾馗夜遊圖軸

紙本 設色 縱127.5厘米 橫64.1厘米

Zhong Kui Making a Journey at Night
By Ren Yu
Hanging scroll, colour on paper
127.5 x 64.1cm

本幅自題："歲次癸未孟冬蕭山立凡任
頤。"鈐"任頤"（白文）、"立凡"（朱
文）。

癸未為光緒九年（1883），任頤時年三十
一歲。

此圖畫鍾馗身着長袍，頭戴禮帽，雙目
圓睜，面留長鬚，在小鬼陪同下夜遊。圖
中鍾馗高大威嚴的形象，小鬼怪誕風趣
和謹慎小心的神情描寫得細緻傳神，表
現了作者紮實的人物畫功力。

全畫用筆沉着，靈活多樣。鍾馗等人物
面部五官用細綫勾描，衣紋用粗獷凝重
的筆法寫之，小鬼用於遮體的樹葉則用
雙勾填彩法。風格粗獷瀟灑，構圖簡潔
明快，為任頤人物畫代表作。

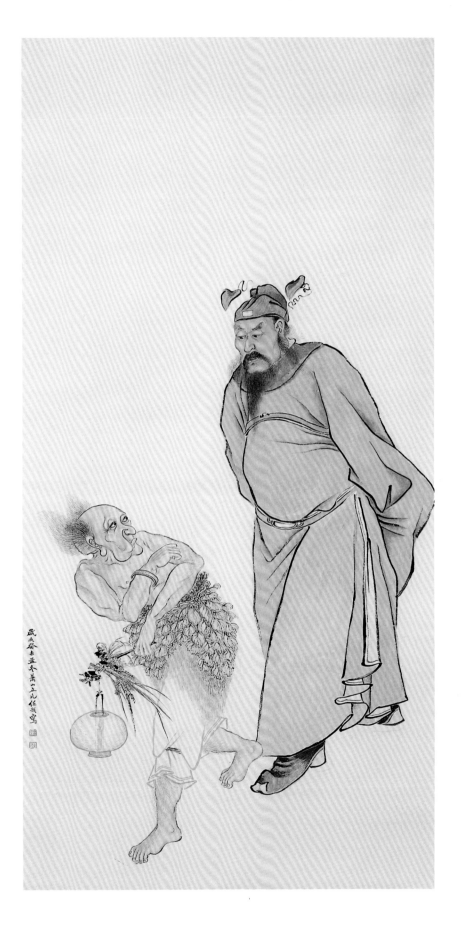

155

任頤　金明齋肖像軸

紙本　設色　縱92.2厘米　橫34厘米

Portrait of Jin Mingzhai
By Ren Yu
Hanging scroll, colour on paper
92.2 x 34cm

本幅自題"明齋先生六十六歲小像。蕭山立凡任頤。"鈐"任頤"（白文）。

根據畫中"明齋先生六十六歲"的題記，推斷此圖作於光緒二十三年（1897），任頤時年四十四歲。

金明齋（1832—1911年），名金鑑。癖好書畫，書法似梁同書。精鑑別，立辨真贗。善圍棋，江浙無匹敵。亦能刻印，得浙派正宗，但不輕為人作。

畫面金明齋神采奕奕，作者以淡墨勾面部輪廓後再用赭石層層渲染，具有明暗、凹凸的立體質感，説明任頤的肖像畫不僅繼承了傳統肖像畫重墨骨的傳統，而且受到西畫的某些影響。圖中人物衣紋簡練流暢，頓挫有法，為任頤晚年肖像畫精作。

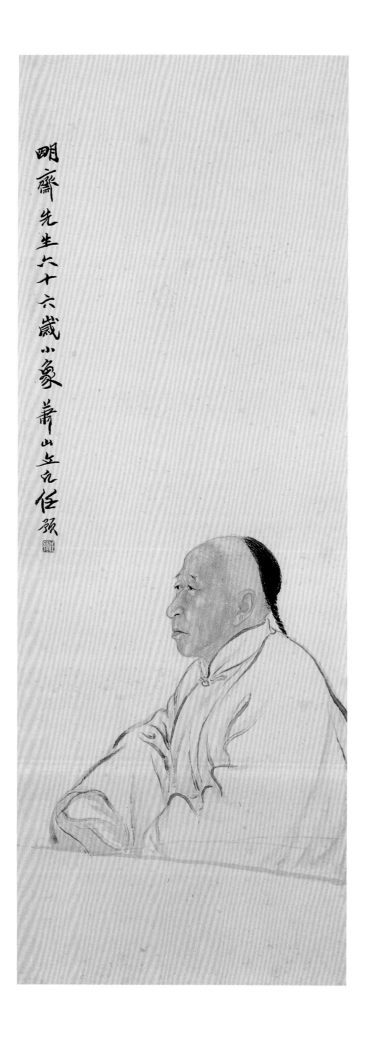

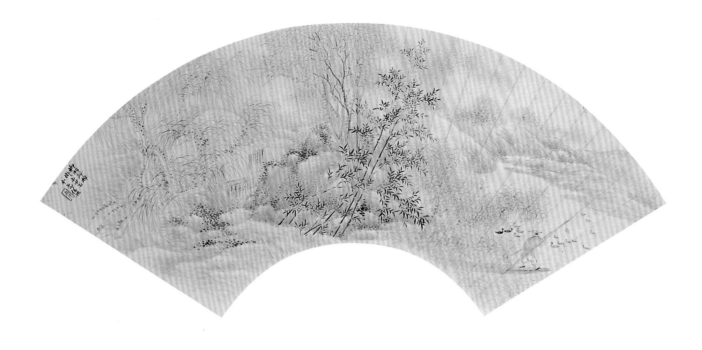

156

任預 柳湖歸棹圖扇

紙本 設色 縱18厘米 橫52厘米

Returning Boat in a Lake by Willows
By Ren Yu
Fan leaf, colour on paper
18 x 52cm

此圖畫垂柳婀娜多姿，脩竹葱蘢，湖光掩映。一襲衣長者趕着
一羣相互追逐的水鴨歸舟似箭。水鴨雖小，造型卻生動逼真，
表現了作者深厚的寫生功力。全畫筆法秀逸簡潔，構圖疏朗灑
脫，自有一種風趣。

作者自題："柳塘歸棹。擬南田翁本，立凡任預。"鈐"立凡"（朱
文）。

157

任預 雲山無盡圖軸
紙本 墨筆 縱186.5厘米 橫97.6厘米

Cloudy Mountains without End
By Ren Yu
Hanging scroll, ink on paper
186.5 x 97.6cm

本幅自題："略摹大痴道人雲山無盡圖
筆意，立凡任預。"鈐"立凡"（朱文）。

"大痴道人"即元代著名山水畫家黃公
望。

此圖畫層巒疊嶂，白雲飛瀑，山下平溪
水榭，小橋橫臥，意境幽靜。近處高樹坡
陀，一人騎馬趕路，一人挑擔隨行。右側
湖面開闊浩渺，雲山無盡。雖畫中自題
略仿黃公望雲山無盡圖筆意，但無論從
筆墨、技巧、構圖看，主要還是任預自己
的畫格。圖中山石用中鋒細筆勾輪廓和
脈絡，乾筆皴擦，畫樹信筆寫之，簡率之
中見生動之致。構圖高遠、飽滿，虛實結
合，為任預大幀畫佳作。

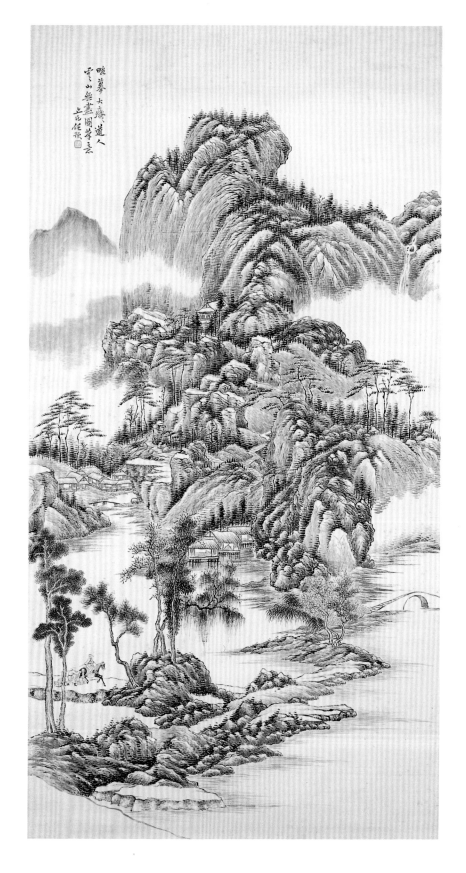

158

王震 芙蓉圖軸
紙本 設色 縱133.5厘米 橫96厘米

Hibiscuses
By Wang Zhen
Hanging scroll, colour on paper
133.5 x 96cm

本幅自題："粗枝大葉，拒霜魄力。甲寅夏白龍山人畫，吳昌碩題字。"下鈐"俊卿之印"、"昌碩"、"王震"（白文），右下角鈐"海雲樓"（朱文）。

此圖作於1914年，王震時年四十七歲。

作品構圖大膽新穎，色彩濃麗而不俗。兩枝芙蓉，一為設色，一為墨筆。設色芙蓉以沒骨寫意法巧妙地利用不同程度的水份加以渲染。墨色勾勒的白色芙蓉花則行筆靈動，綫條流暢，婉曲轉折間頓挫自然。此幅作品雖是花卉畫，但筆墨結構間的氣概卻頗渾厚博大。

王震與吳昌碩相處甚密，並拜吳為師，這使他形成了筆恣墨縱、不拘成法、氣勢磅礴的風格。當時他的畫名之高幾與吳昌碩比肩，成為海上畫壇巨子。其花鳥作品受吳昌碩畫風影響的痕迹也很明顯。

王震（1867—1938年），字一亭，號白龍山人，浙江吳興人，寄居上海。工書畫，花果、鳥獸、人物、佛像，無所不能。筆法雄健渾厚，與吳昌碩相近。大幅小幀，揮灑自如。

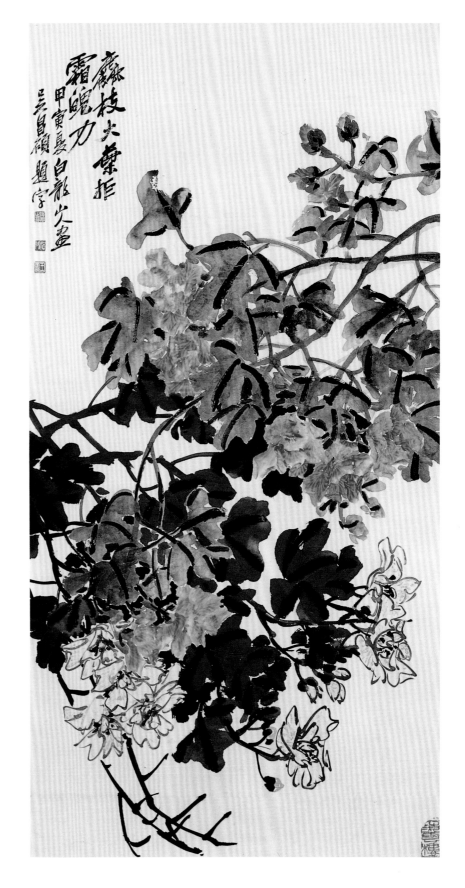

159

王震　枯木寒鴉圖軸

紙本　墨筆　縱178厘米　橫95厘米

Jackdaws on Withered Trees
By Wang Zhen
Hanging scroll, ink on paper
178 x 95cm

作者自題："烏鴉喳喳鳴，聲寒震叢木。
卻笑飢驅人，澤畔行吟獨。丁巳白龍山
人寫。"下鈐"王震"（白文），右下鈐"能
事不受相促迫"（白文）。

此圖作於1917年，王震時年五十歲。

作品尺幅較大，畫寒林叢木，烏鴉棲於
枯枝之上。用墨狂放大膽，行筆快捷有
力度，不拘章法。所畫枝條縱橫交錯，繁
亂密雜，又以乾濕相濟的墨筆。畫出樹
幹肌理，再用輕重有別的墨色區分出遠
近不同的枝幹。烏鴉以濃重的墨色繪
出，造型生動。這幅作品構圖新奇，重點
集中於上部，條理不甚明確。王震的作
品大多脫離常法，從用筆設色到構圖佈
局均獨樹一幟，氣度不凡，頗具個性。

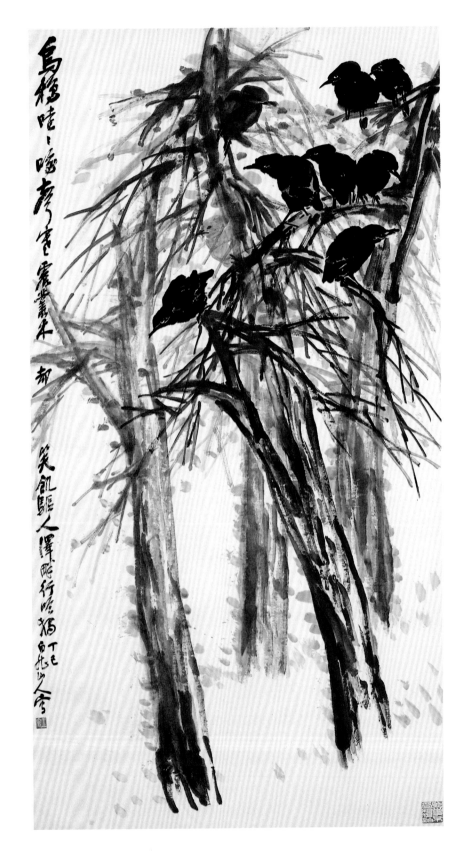

王震 人物屏

紙本（四屏） 墨筆 每條縱128.5厘米 橫41.1厘米

Figures
By Wang Zhen
A set of 4 hanging scrolls, ink on paper
Each scroll: 128.5 x 41.1cm

第一條　左上吳昌碩題："茅卷三重四壁虛，人非上古奈巢居。天能富我能窮我，寄語金銀漫厚儲。吳昌碩題於痴斯堂之南樓。"鈐"吳俊長壽"（白文）、"吳昌石"（朱文）。王震自題："白龍山人寫。"鈐"一亭大利"（白文），右下角鈐"明道若昧"（朱文）。

第二條　左上吳昌碩題："溝壑貙頭動四肢，可憐行路見流離。飢腸鳴嚥窮無告，脫粟移來當肉靡。己未孟秋讀畢書之昌碩時客滬。"鈐"吳俊之印"（白文）、"吳昌石"（朱文）。王震自題："白龍山人寫。"鈐"一亭五十後作"（朱文），右下鈐"吳壁城鑑寶印"（朱文）。

第三條　右上吳昌碩題："顆粒無收草不青，風排岩壑水齊城。種田今日田如石，勸種心田看晚成。吳昌碩題字時己未秋七月。"鈐"缶道人"（白文）、"吳俊之印"（白文）。王震自題："白龍山人王震寫。"鈐"一亭五十後作"（朱文），右下鈐"本來無一物"（朱文）。

第四條　左側吳昌碩題："大風拔木禾難起，雷電從之六合中。短句吟成淚霑臆，同思大廈杜陵翁。天作風災，窮黎無告，一亭王君繪成，題二十八字哀之，己未秋杪吳昌碩時年七十有六。"鈐"吳俊長壽"（白文）、"缶道人"（白文）。右下角鈐"茗溪王震印信"（白文）。

此圖作於1919年，王震五十二歲。

此四條屏為紀實性作品，記錄風災過後，房倒屋塌，窮苦百姓流離失所、飢寒交迫的情景。作者用渴筆焦墨，以不拘小節的筆法描繪出一片淒苦景象。人物形象簡潔生動。王震平生篤信佛教，熱心於社會公益事業，經常巨資捐贈、賑災、濟貧，他的這幅作品充分體現了其悲天憫人的胸懷。吳昌碩的題詩點明了這套作品的主題，體現了二人對貧民百姓的同情和關注。這類紀實性繪畫，尤其是以百姓遭災為題材的作品在傳統的中國繪畫中並不多見。近代社會的發展使畫家更多地關注身邊的現實生活，擺脫了長久以來文人畫的空泛局限。作為工商企業家的王震，其作品中的時代特徵也更鮮明。

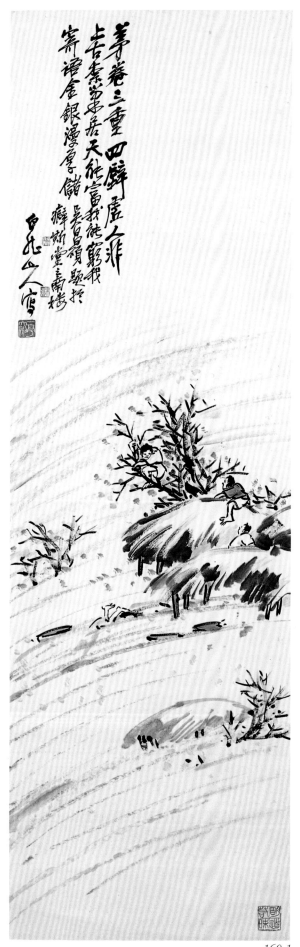

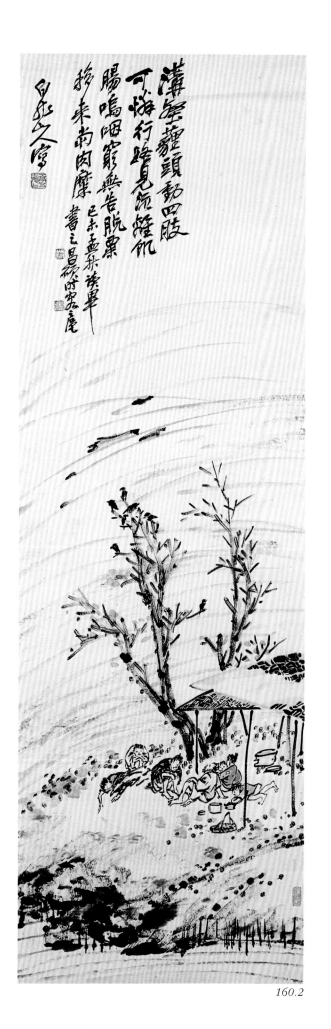

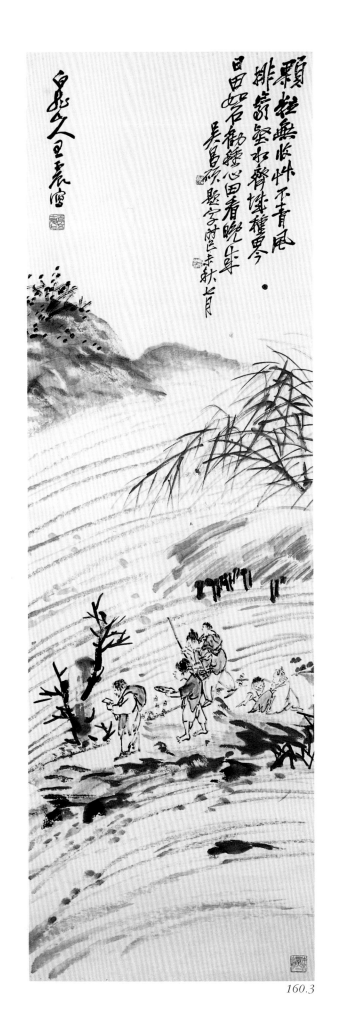

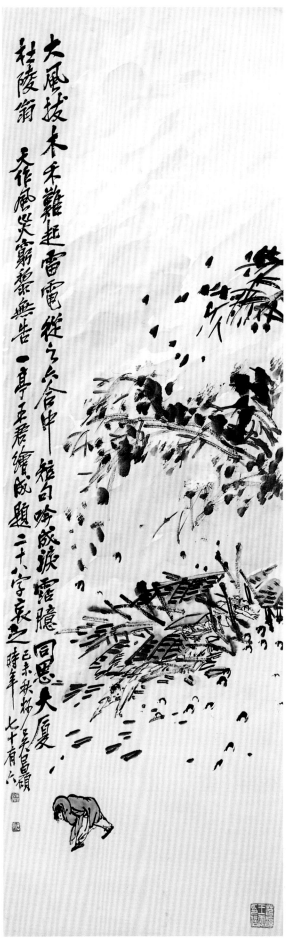

160.3

160.4

161

王震　荷花燕子圖軸

紙本　設色　縱141.5厘米　橫34.8厘米

Lotus with Swallow
By Wang Zhen
Hanging scroll, colour on paper
141.5 x 34.8cm

本幅自題："白荷紅蓼蕩微馨，古艷斕斑
宿雨經。燕子行將如客去，已源天氣逗
前汀。甲子夏白龍山人寫。"鈐"王震大
利"（白文）、"一亭"（朱文），右下角鈐
"海雲樓"（朱文）。

此圖作於1924年，王震五十七歲。

作品墨色滋潤，以大筆飽蘸水墨和石青
色畫荷葉，再以淡墨略加赭色勾勒花
形。荷莖秀挺高挑，頗具亭亭玉立之態。
一隻燕子停棲在乾枯的荷莖之上。數枝
紅蓼花色嬌艷，垂向水面。水中浮萍點
點，豐富了下半部較虛空的畫面，也使
構圖更加穩定。

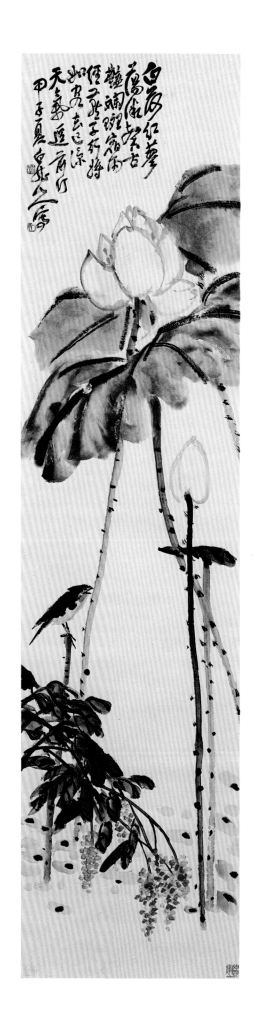

162

王震　花鳥圖軸

紙本　設色　縱102厘米　橫25.5厘米

Birds and Flowers
By Wang Zhen
Hanging scroll, colour on paper
102 × 25.5cm

本幅自題:"叔蓀先生雅屬,乙丑冬仲白
龍山人寫。"下鈐"王震大利"(白文)、
"一亭"(朱文),右下鈐"樟園"(朱
文)。

此圖作於1925年,王震五十八歲。

畫中一叢夾竹桃花開爛漫,濃淡相間的
胭脂色點染出花朵片片。短硬濃重的墨
色綫條與花青色朱磦色相配合畫出概
念化的變形葉片。四隻麻雀有飛有停,
穿插於花葉之間,平添幾分生趣。

此圖為王震晚年作品,個人風格臻於成
熟,受吳昌碩影響頗深。王震花鳥作品
筆墨純熟,天真稚拙,下筆如疾風驟雨,
追求粗枝大葉的效果,不在細節上作過
多刻畫。

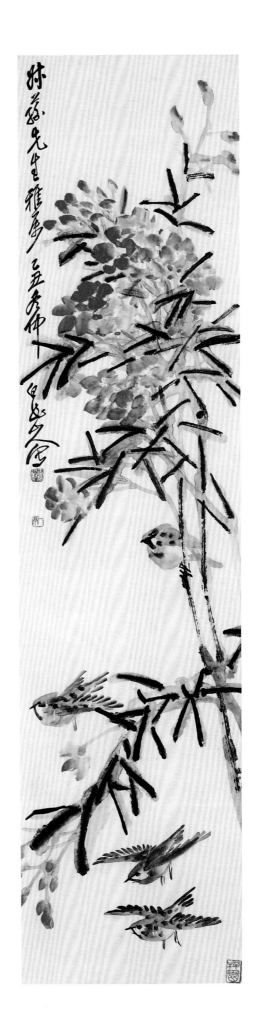

163

王震 國香春霽圖軸

紙本 設色 縱131.1厘米 橫32.3厘米

Peonies on a Clear Day in Spring
By Wang Zhen
Hanging scroll, colour on paper
131.1 x 32.3cm

作者自題："一品衣披一捻紅,沉香亭子
倚天風。無疆貴壽談何易,羨煞人間郭
令公。作民先生雅屬,辛未新秋白龍山
人寫。"鈐"王震大利"(白文)、"一亭"
(朱文),左下角鈐"白龍山人"(白文)。

此圖作於公元1931年,王震六十四歲。

作品色彩艷麗,兩朵盛開的牡丹花瓣層
層叠叠,富麗堂皇。茂密的葉片或稍加
赭石色,或略帶藤黃色,顯出新老不同。
重墨勾勒筋脈,偶有幾片還稍帶幾縷紅
絲。與繁密的花葉相比,枝幹顯得有些
軟弱,但旁邊隨意點綴的雜草使枝幹的
根基有了穩定感。

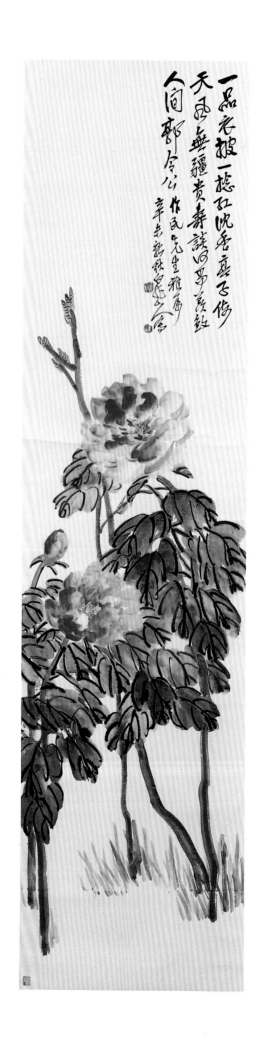

164

程璋 月季雙禽圖軸

紙本 設色 縱140.9厘米 橫80厘米

Monthly Roses and Double Birds
By Cheng Zhang
Hanging scroll, colour on paper
140.9 × 80cm

本幅自題："朵朵精神葉葉柔,雨晴香拂
醉人頭。石家錦障依然在,閑倚狂風夜
不休。乙未暮春擬徐崇嗣法,新安瑤笙
程璋寫於滬上寓齋。"鈐"新安程璋之
印"(白文)、"瑤笙"(朱文)。

乙未為光緒二十一年(1895),程璋時年
二十七歲。

此圖為長幀巨幅,用沒骨法畫花卉,工
筆重彩畫雙鳥。用筆瀟灑靈活,設色艷
麗,為程璋早年花鳥畫精心之作。

程璋(1869－1938年),字瑤笙,安徽休
寧人。工花鳥,亦能山水、人物。畫風略
參西洋透視法,所畫景物具有陰陽向
背、明暗變化的立體感。在上海賣畫時
頗受滬商喜愛。

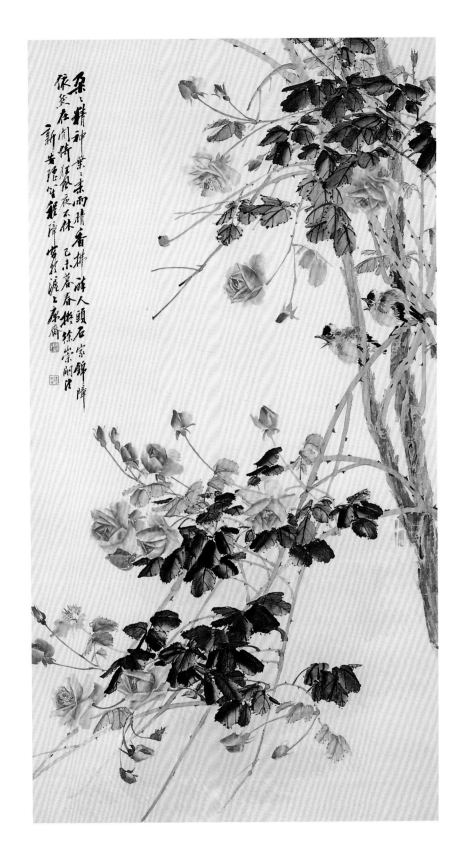

165

程璋 秋葵海棠圖軸

紙本 設色 縱137.2厘米 橫68厘米

**Yellow Hollyhocks and Cherry-apples
By Cheng Zhang**
Hanging scroll, colour on paper
137.2 x 68cm

本幅自題:"砌角牆陰,冷艷欲絕,濡毫寫
此,旅思悄然。庚申新秋奉觚園先生雅
教。新安瑤笙程璋時客海上。"鈐"程璋
之印"(白文)、"瑤笙詩詞書畫"(朱
文)、"瑤笙為花寫照"(朱文)。

庚申為1920年,程璋時年五十二歲。此
圖為程氏晚年佳作。

觚園,名邵曾訓,字衷彝,號觚園,江蘇
無錫諸生。工詩文,書法學王羲之。其法
書與弟曾紹之畫時稱為雙絕。

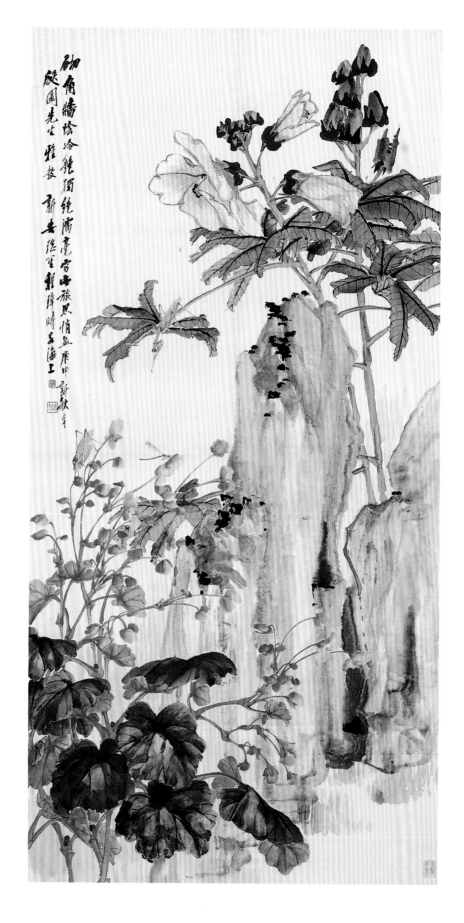

166

程璋 松猿圖軸
紙本 設色 縱110.2厘米 橫50厘米

Apes in Pine Forest
By Cheng Zhang
Hanging scroll, colour on paper
110.2 × 50cm

本幅自題："得似故鄉風物否?松濤雲影
山猿聲。丙寅冬成範先生雅屬正之。瑤
笙程璋。"鈐"程璋之印"(白文)、"瑤笙
長壽"(朱文)。

丙寅為1926年,程璋時年五十八歲。

此圖為寫生畫,猿猴造型準確生動。畫
風略參西方素描技巧,而又有自己的特
色。構圖平中求奇,成功地表現了"松濤
雲影山猿聲"的意境,為程璋晚年花鳥
翎毛畫作佳品。

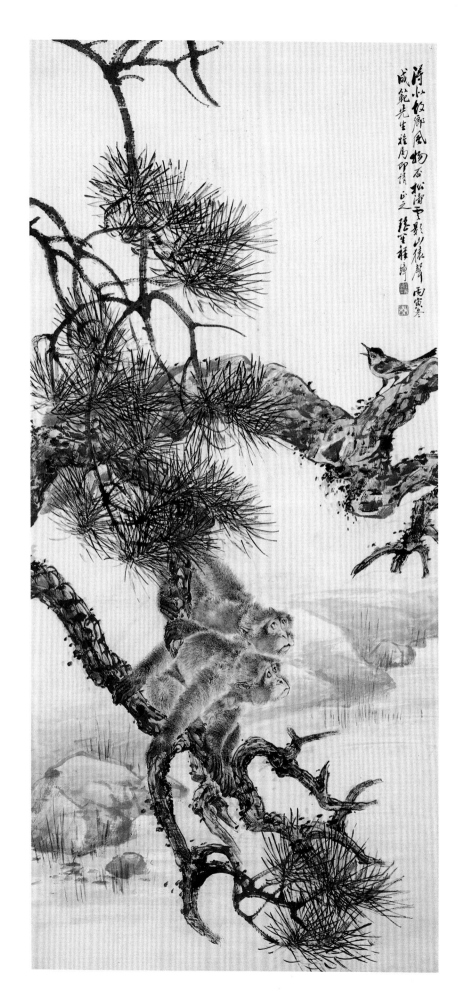

167

程璋　齒德遐齡圖軸

紙本　設色　縱150厘米　橫80厘米

Squirrels and Maples
By Cheng Zhang
Hanging scroll, colour on paper
150 x 80cm

本幅自題："忽覺清光來眼底，偶然活躍
到毫端。蕭疏未染塵中意，此境塵中時
得看。己巳六月新安瑤笙程璋。"鈐"程
璋之印"（白文）、"瑤笙"（朱文）。

己巳為1929年，程璋時年六十一歲。

此圖以松鼠、楓樹寓齒德遐齡之吉祥語
意。松鼠形象逼真，畫風略參西法，構圖
密而不塞，疏而不空，為程璋晚年代表
作。

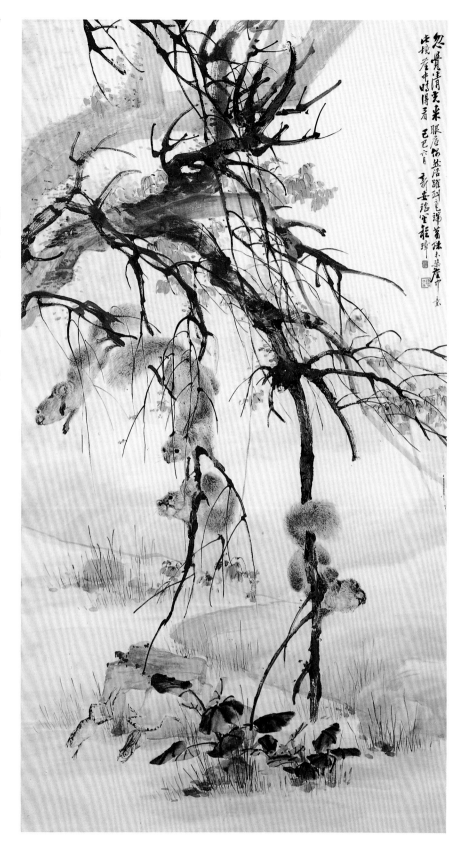

168

程璋　雙貓窺魚圖軸

紙本　設色　縱148厘米　橫80.8厘米

Two Cats Peeping at Fish
By Cheng Zhang
Hanging scroll, colour on paper
148 x 80.8cm

本幅自題："花前撲蝶還，水際窺魚戲。
卻嗤彈鋏人，獨抽依人計。庚午上巳瑤
笙程璋。"鈐"程璋之印"（白文）、"瑤
笙"（朱文）、"瑤笙周甲後作"（朱文）。

庚午為1930年，程璋時年六十二歲。

此幅《雙貓窺魚圖》為程璋晚歲精品之
作。所畫雙貓形象逼真，用筆細勁流暢，
枯枝疏葉，淨水游魚，極盡秋深景明之
致。畫家在傳統畫法基礎上，參用西畫
明暗透視、水彩之畫法，如坡岸突兀的
坡石，整體皆用水墨勾、染、皴出，惟最
前的一小石頂端露白，是西畫中典型的
"高光"畫法。故其所繪圖畫，皆能色彩
絢麗、構圖別致，景物生動傳神，形成獨
特畫貌。

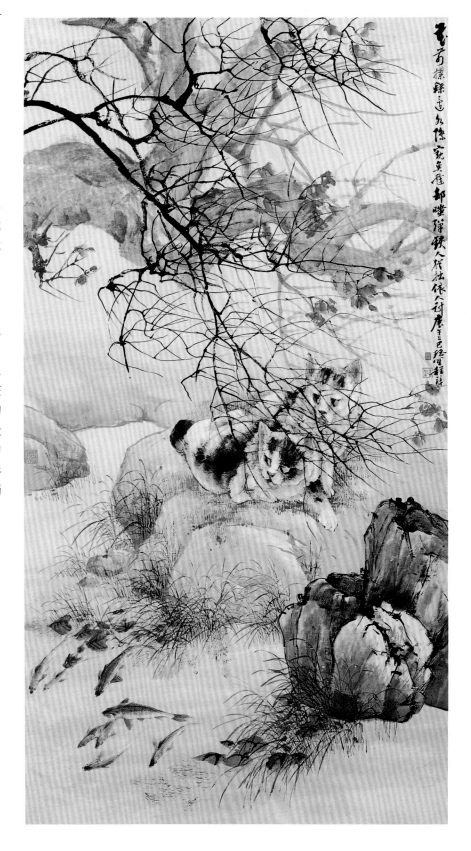

169

程璋 江皋霜艷圖軸

紙本 設色 縱148.8厘米 橫81.3厘米

Autumn Scenery on River Bank
By Cheng Zhang
Hanging scroll, colour on paper
148.8 x 81.3cm

本幅自題："江皋霜艷。擬子西，新安瑤
笙程璋。"鈐"程璋之印"（朱文）、"瑤笙
詩詞書畫"（朱文）。

作者略參西法，畫楓葉、牡丹和鱖魚，具
有立體感，為程璋花鳥畫代表作。

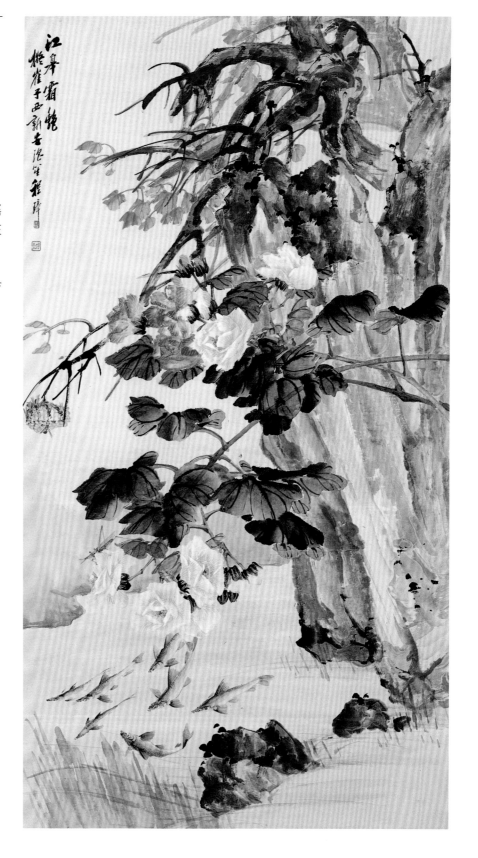

170

程璋 牡丹鱖魚圖軸

紙本 設色 縱151.5厘米 橫48.5厘米

Poenies and Mandarin Fish
By Cheng Zhang
Hanging scroll, colour on paper
151.5 x 48.5cm

本幅自題："擬徐崇嗣法，瑤笙。"鈐"新
安程璋之印"（白文）。

徐崇嗣為五代著名花鳥畫家，作畫不以
墨筆勾勒，僅用沒骨法。程璋此畫成功
地將沒骨法與西法中的透視法相結合，
使畫面具有明暗感和立體效果。

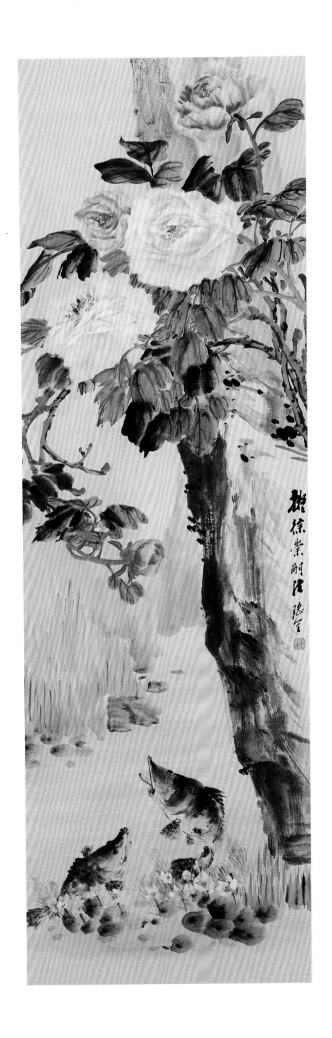

171

陳衡恪 讀畫圖軸

紙本 設色 縱87.8厘米 橫46.6厘米

Visiting an Exhibition of Paintings
By Chen Hengke
Hanging scroll, colour on paper
87.8 x 46.6cm

本幅左上自題："丁巳十二月一日，葉玉甫、金鞏伯、陳仲恕諸君集京師收藏家之所有。於中央公園展覽七日，每日更換，共六七百種，取來觀者之費以賑京畿水災，因圖其當時之景以記盛事，陳衡恪。"鈐"師曾"（朱文）。

丁巳為1917年，陳衡恪時年四十六歲。

作為紀實性繪畫，此圖描繪畫展中的一個場景，人物眾多，氣氛熱烈。不同人物各具情態，生動傳神。畫面佈局體現了一定的空間層次，雖然密集，卻錯落有致。這幅作品在題材選取、結構佈局、人物塑造和用筆設色等方面均摻有西洋畫的因素，體現了陳衡恪對西洋繪畫與傳統中國畫進行融合匯通的探索，雖然藝術表現尚不完善，結構比例也不很準確，但這種嘗試是十分可貴的。

陳衡恪（1876—1923年），字師曾，號＊者、朽道人，所居號曰槐堂，江西義寧（今江西修水）人。工詩文、篆刻，善畫山水，得力於沈周、道濟、髡殘等。筆法生辣堅硬，勾多皴少，尤不耐皴染，瘦骨嶙嶙，筆筆有力。花卉則綜合陳淳、徐渭、華嵒、李鱓等之長，筆法挺拔俊逸。偶作人物，亦時寫生，又曾留學日本，熟悉西洋繪畫，西洋畫法間或融入筆端。

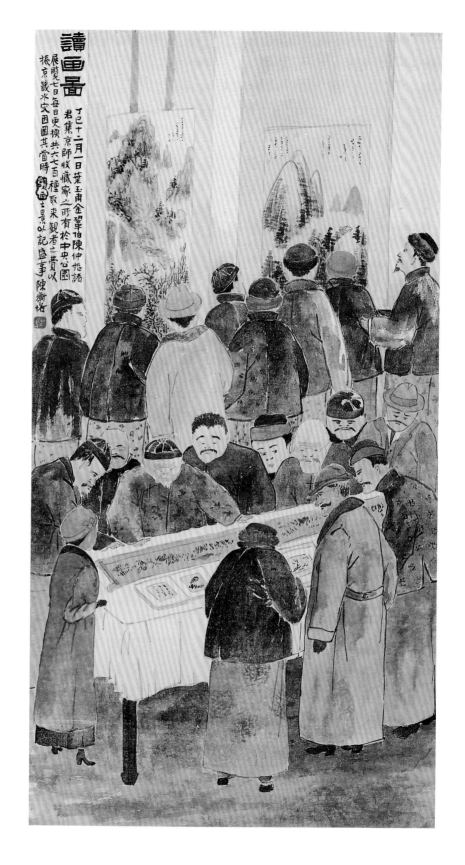

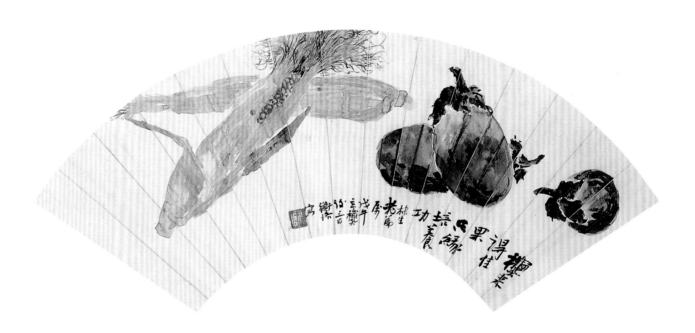

172

陳衡恪 蔬果扇頁
紙本 設色 縱16.7厘米 橫51.9厘米

Aubergines and Corns
By Chen Hengke
Fan leaf, colour on paper
16.7 x 51.9cm

本幅自題："秋來得佳果,只緣培養功。棣生老弟屬,戊午立秋後三日衡恪寫。"鈐"師"(白文)。

戊午為1918年,陳衡恪時年四十二歲。

圖中以沒骨法繪茄子、玉米,設色古樸淡雅,乾濕濃淡相間,色彩豐富而和諧。畫面洋溢着作者自耕秋成的喜悅之情。

173

陳衡恪 桃榴枇杷圖軸

紙本 設色 縱87.5厘米 橫44.8厘米

Peaches, Pomegranates and Loquats
By Chen Hengke
Hanging scroll, colour on paper
87.5 x 44.8cm

本幅左上自題："纍纍華實，並茂煌煌。朱紫增妍，嘉客頻來。湻湻紅顏，老圃年年。庚申九月義寧陳衡恪。"鈐"陳朋"（白文），右下角鈐"翡翠蘭苕"（朱文）。

此圖作於1920年，陳衡恪時年四十四歲。

畫中以花青色配以不同濃淡的墨色畫桃葉，再以重墨勾勒筋脈。桃實紅綠相間，色澤自然。石榴的枝條硬朗秀挺，小葉片片看似隨意，但點畫得輕靈活潑，與較濃重的桃葉、枇杷葉相映襯，使畫面輕重有別，富有韻律感。

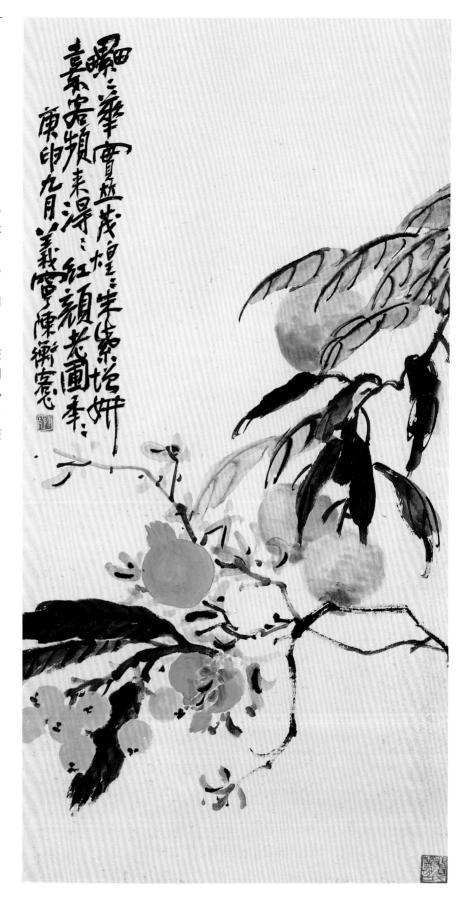

174

陳衡恪 山水圖軸

紙本 設色 縱84.8厘米 橫33.3厘米

Landscape
By Chen Hengke
Hanging scroll, colour on paper
84.8 × 33.3cm

本幅左上自題："巨然馬鞍山色圖。鳳洲先生屬畫，師曾恪。"鈐"師曾"（朱文）、"朽者"（白文），"義寧衡客章"。右下角鈐"一笑而已"。

此圖仿宋代山水名家巨然筆法，繪山巒溝壑，墨色較乾，但設色滋潤典雅，意境清新恬淡，是典型的文人山水畫之作。

陳衡恪嘗著文《文人畫之價值》，提出"文人畫首重精神，不貴形似"，"畫法與書法相通"等看法。其繪畫的史論觀，則依然持明董其昌所倡的"南北宗説"。以為荆、關、董、巨下開元四家，明清諸家法門云云。此幅山水圖，似可看作該文圖示。一是此圖仿巨然畫法，而暗合元黃公望山水遺意；二是畫風以荒率而取純任天真之意，尤其是畫幅下部坡石，勾多皴少，不假修飾；三是筆法生辣勁強，融入金石書法之用筆。齊白石曾讚其畫："君無我不進，我無君則退"，故二人山水畫頗有相契之處，具有鮮明的個性特點，而有別於傳統的文人山水畫，對近、現代繪畫有較深的影響。

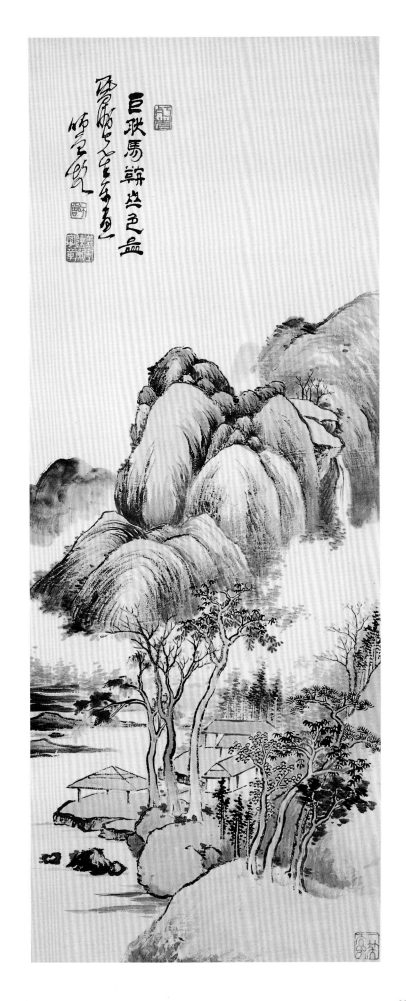

175

陳衡恪 玉蘭圖軸

紙本 設色 縱135.2厘米 橫44厘米

Magnolia Flowers
By Chen Hengke
Hanging scroll, colour on paper
135.2 x 44cm

本幅左上自題："紅妝留伴木蘭
舟，安得空山大匠求。惹我五湖心
事切，春陰初換翠雲裘。衡恪。"鈐
"陳衡大利"（白文），右下角鈐
"今之隱人者"（白文）。

此圖行筆快捷靈活，設色艷麗奪
目，為陳氏寫意花卉佳作。

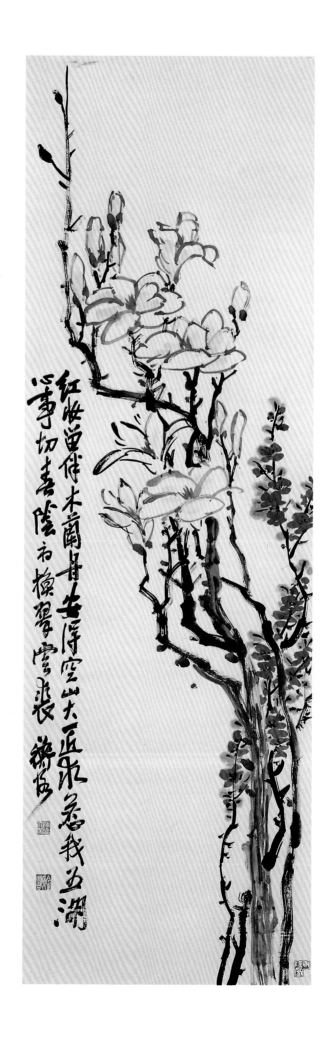

176

陳衡恪 谿山欲雨圖軸

紙本 墨筆 縱141厘米 橫38.2厘米

Mountain Rain Coming
By Chen Hengke
Hanging scroll, ink on paper
141 x 38.2cm

本幅左上自題："谿雨亂淋幔,山
雲低度牆。衡恪。"鈐"師曾"(朱
文)。

此圖的創作明顯帶有西洋畫對景
寫生的特點。其佈局和用筆比較
隨意疏放,給人以真實自然之感。
風格與傳統程式化的"四王"山
水截然不同,皴擦點染間不刻意
追求章法技巧,但又渾然天成,不
失中國畫的筆墨功力。

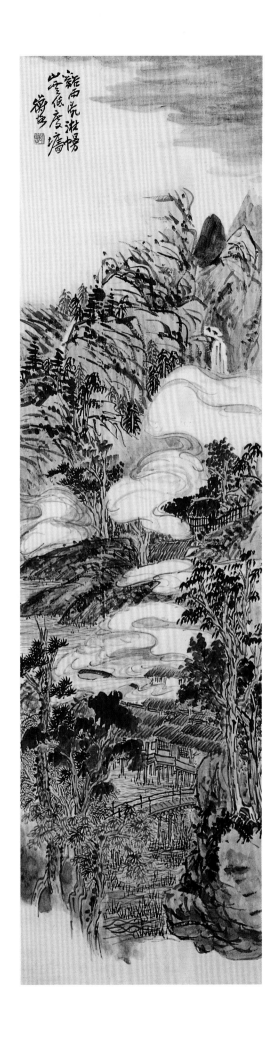

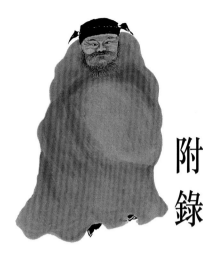

附錄

圖 11

任熊 姚大梅詩意圖冊

"橐筆明卅,下榻姚氏大梅山館,與主人復莊訂金石交,余愛復莊詩與復莊之愛余畫若水乳之交融也。暇時復莊自摘其句囑予為之圖。燈下構稿,晨起賦色,閱二月餘得百有二十葉。其工拙且不必計,而一時品辭論藝之樂,若萬金莫能易也。筆墨因緣或以斯為千古券耶!咸豐紀元上元之日,蕭山任熊渭長自跋。"鈐"任熊之印"(朱文)。

圖 103

吳昌碩　花卉圖卷

一、林鴉飛帶夕陽姿,終古揚州月上遲,醉尉自攜千日酒,青山來弔六朝祠。人經浩劫還貪佛,僧捲寒雲怪說詩,松樹廿年聞手植,西風鱗甲動之而。殘碑斷碣摩挲讀,仄徑長林窈窕攀,識字今朝容我輩,助人前度此江山。淮南雲日帆拖錦,海角沙蕪雁入關,蠟履衝寒期盡興,莫教潭影照離顏。偕褐庭布衣遊平山堂和乳伯均。

二、珍重曹瞞對酒歌,光陰殘臘又消磨,救時藥少三年艾,學造禽虛一日羅。夜夜海潮醒夢早,層層襆被裹愁多,此身朽木休同視,曾伴梅花宿澗阿。奉算口占。

三、樂喧瓴缶會高朋,紫草青蒲爛熟蒸,在手酒杯酬老圃,戴期花朵摘秋藤。犬聲號斷穿林月,牛鼻噴翻掛壁鐙,輸爾南村先卜宅,魏塘亭子覰吳興。飲魏塘田家。

筱公於予詩有嗜痂之癖,拉襍書此,聊博一粲。吳俊卿。甲辰十二月四日。

四、謝康樂言,永嘉水際竹間多牡丹,彼時尚不以為重,至唐開元中始極盛,至今沿之。予謂有色無香,大似不通文墨美人,尊為花王,貯之瓊台金屋,饒倖太過,昌碩。

五、晨鐘未報樓閣曙,牆頭扶出玉蘭樹,南鄉老翁侵曉起,持

贈一枝帶曉霧。捲簾遙望忽卻步,疑來蜀後宮中遇。貞白無慚靜女姿,醲薰乍覺芳蘭妬。妻孥指點畫不成,明月欲滿光難鑄。感翁惠重索我深,借使春風開絹素。老梅雪落垂柳金,子雲宅畔春無數,願從日日花下遊,一日看花三百度。寓居無花木,欲求一枝,作清供不可得,藐翁齋外玉蘭盛開,折以惠我。汲井華水貯古缶救之,香滿一室,翁索畫為花寫照。昌碩吳俊卿病臂書畫。

六、昨夜東風巧,吹開金帶圍,折花欲有贈,香露霑羅衣。芍藥大紅重台者名丹山鳳,而江南則無之。老缶記。

圖 107

吳昌碩　花卉蔬果圖卷

一、引首自題:見虎一文,癸亥嘉平月吳大臺戲題,年八十。

二、翠豪浥露香富貴,花早金穀酒常溫,玉堂春不老。

三、明月欲滿光難鑄,舊作七字。

四、翠條無力引風長,點綴銀花玉屑香。韻友自知人意遠,隔簾親解白霓裳。奪綴字。

五、君子道長,小人道消。空谷無人,水流花開,永懷太古,此必悠哉。

六、妾生原在閩粵間,六月南州始薦盤,肉嫩色嬌丹鳳髓,皮枯棱澀紫雞冠。噙殘風味清心渴,嚼破天漿沁齡寒。卻憶當年妃子笑,紅塵一醉過長安。此詩傳為荔枝精所作。荔之大者為妃子,笑名美而味酸。小者出香山,名香荔,味甘而香,無上品也。

七、邂堂曾坐菱荷香,竹縛湖樓水殘牆,荷葉今朝攤紙畫,縱難生藕定生涼。陳白陽約略似之。

八、金鳳常稱好女,嬌姿楚楚如仙,顏色並宜秋夏,美人獨立階前。

九、九月誰持賞菊杯,黃華斗大客中開。重陽何處籬邊坐,雨雨風風送酒來。租地得隙,地半晦偏,栽嘉種,畫餘吟罷,往往把酒就之。

十、此擬范湖然,已為重滯所累。

十一、紫雲幾簇飽秋勝,掠得驪龍頷下珠。誰把破裂裘比並,個中風味勝醍瑚。書南句,常讀遺山酒賦。能復嬰光未駮,試摘架間瓔珞,北窗醉我涼杯,利叔句。

十二、大子榴出吾鄉梅溪山中,曾與木瓜同見,賞於東坡也。

十三、花豬肉瘦每登盤,自笑酸寒不耐餐。可惜蕪園殘雪裹,一畦肥菜野風乾。菜肥而嫩,出蘇州南園,他處則不能也"。

十四、萊菔能消,薯蕷補,以之果腹皆有取。鄉民向我偏自誇,老死唯知食地瓜。